근거이론 분석의 기초

Barney G. Glaser 저 | 김인숙 · 장혜경 옮김

글레이저의 방법

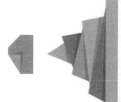

학지사

옮긴이 서문

근거이론(grounded theory)은 질적연구에서 압도적 인기와 명성을 누리면서, 전 세계 질적연구 시장을 이끌고 있다. 근거이론 방법은 근거이론을 개발하고자 한 원래의 목적에 머물지 않는다. 이론 개발에 목적을 두지 않은 많은 질적연구에서 분석방법으로도 사용되고 있다. 조금 과장하면, 근거이론 방법은 이제 질적분석의 일반적인 방법으로 여겨지고 있다. 질적자료를 다루는 근거이론의 이러한 인기와 명성은 어디서 기인한 것일까?

근거이론은 글레이저(Barney Glaser)와 스트라우스(Anselm Strauss)의 공동 작품이지만, 인기와 명성으로 치자면 그것은 글레이저의 것이기보다는 스트라우스의 것이다. 두 사람의 공동 저작인 『근거이론의 발견』(1967)이나 글레이저의 『이론적 민감성』(1978)을 사용하는 연구자보다는 스트라우스와 코빈(Corbin)의 『질적연구의 기초』(1990; 1998; 2008)를 사용하는 연구자가 압도적으로 많은 사실이 이를 말해 준다. 스트라우스가 제시하는 방법이 글레이저가 제시하는 방법보다 이용자 중심으로 구체적인 방법들을 충실히 안내해 준다고 보기 때문이다. 방대한 질적자료 앞에서 분석을 어떻게 해야 할지 막막해하는 연구자를 상상해 보면, 이런 스트라우스의 인기는 어쩌면 자연스럽고 인지상정인 면이 있다.

근거이론의 창안자인 두 사람은『근거이론의 발견』이후 별다른 학문적 교류를 갖지 않은 것 같다. 글레이저가 단독으로 1978년에『근거이론의 발견』의 후속으로 근거이론의 절차와 방법을 진전시킨『이론적 민감성』을 출간하였고, 스트라우스는 1987년과 1990년에『사회과학자의 질적분석』과『질적연구의 기초』를 출간하였다. 특히, 가장 문제가 된『질적연구의 기초』는 코빈과 함께 1990년 초판에 이어, 1998년 2판, 2008년에 3판이 출간되었다.『질적연구의 기초』는 개정의 과정을 거쳐 왔지만 1990년 초판의 골격을 유지하고 있다.

이 책은 글레이저가 1992년에 쓴『Basics of Grounded Theory Analysis』를 번역한 것으로, 스트라우스와 코빈이 1990년에 근거이론 개발의 과정과 절차를 기술한『질적연구의 기초』에 대한 글레이저의 반론이자 자신의 방법에 대한 설명이다. 동시에 이 책은 글레이저와 스트라우스 방법과의 차이를 가장 분명하게 보여 주는 저작이다. 이 책을 번역하게 된 직접적 계기는 바로 여기에 있다. 스트라우스의 분석방법이 사회적 실재를 뭔가 부자연스럽게 쪼개고 재구성하는 것 같은 미심쩍은 부분이 있었지만, 국내에서는 근거이론에 관한 다른 접근을 접할 수 없었다. 특히 글레이저와 스트라우스가 갈라지면서 구체적으로 이 둘 간에 어떤 차이가 있는지, 그것이 내포하는 방법론적 함의가 무엇인지 알려진 바가 없었기 때문이다. 국내에서 근거이론 방법이 처음 소개된 것은 스트라우스와 코빈의 1990년, 1998년 판『질적연구의 기초』가『근거이론의 이해』(1996), 『근거이론의 단계』(2001)로 번역되어 나오면서부터다. 그래서인지 국내에서 근거이론 방법을 사용한 거의 대부분의 연구들은 스트라우스의 방법에 기대고 있다. 스트라우스의 인기와 명성은 국내에서도 그대로 이어지고 있는 셈이다.

글레이저는 이 책에서 자신의 근거이론 방법을 '출현'으로, 스트라우스의 방법을 '강제'로 명명한다. 엄밀히 말해, 이 두 용어는 자료를 다루는 방식의 차이를 보여 준다. 근거이론에서 '근거'는 자료에 근거한다는 의미이고, 근거이론은 자료로부터 체계적으로 발견되어 나온 이론이다. 그러나 선험적 전제에서 연역하여 나온 이론을 제외하면, 대부분의 이론과 개념은 자료에 근거하여 도출된다. 따라서 자료에 근거하지 않는 연구가 과연 있는가라는 질문을 던져 보면, 근거이론의 '근거'가 단순히 자료에 근거한다는 것만을 의미하지 않음을 알 수 있다. 그것은 자료에 근거하되, 그 자료를 어떻게 다룰 것인가의 문제를 내포한다. 대부분의 연구가 자료에 근거하지만, 그 자료에 접근하고 자료를 다루는 방식에는 차이가 있다. 이런 의미에서 근거이론의 작명이 잘못되었다는 일각의 주장도 일리가 있기는 하다.

글레이저는 이 책이 실체영역에서 귀납적 근거이론을 생성하는 데 필요한 기초지식과 절차를 제공하기 위한 것임을 분명히 한다. 글레이저가 근거이론을 생성하기 위해 자료를 다루는 방법은 '출현'과 '귀납'을 핵심 원리로 하고, 지속적 비교방법과 이론적 표집을 핵심 전략으로 한다. 스트라우스, 샤마즈(Charmaz), 레니(Rennie)를 비롯한 다수의 연구자들이 근거이론을 수정하고 확장하려는 시도가 진행되고 있지만, 글레이저의 근거이론 방법은 이들 중에서도 가장 '출현'과 '귀납'에 충실하다. 그리고 이 원리를 반영한 질적분석의 방법들을 가장 자연스럽고 간명하게 제시한다. 글레이저의 방법은 원작인 『근거이론의 발견』을 출간할 당시의 문제의식, 즉 기존의 이론에 지배되지 않는 귀납적 이론을 생성한다는 관점을 가장 잘 반영하고 있다고 볼 수 있다.

그렇다면 왜 꼭 출현과 귀납인가? 출현과 귀납의 경계를 벗어난 방법은 자료에 근거한 이론을 산출할 수 없는가? 그렇지 않다. 글레이저도 근거이론은 이론을 생성하기 위한 무수히 많은 방법 중의 하나임을 분명히 하였다. 만일 연구자가 이론의 지배 혹은 이론을 선입적으로 적용하지 않는 지식 산출을 원한다면, 출현과 귀납의 원리에 충실한 방법을 제시한 글레이저의 방법이 가장 효율적일 것이다. 그러나 만일 연구자가 선입적일 수밖에 없는 현실을 적극적으로 수용하여 이론을 창출하고자 한다면, 그에 합당한 방법들을 사용할 수 있다. 글레이저가 말하는 논지는 출현과 귀납이 원래의 근거이론 창안의 출발점이었기 때문에 자신은 그에 따른 방법들을 제안한다는 점이다.

나아가 글레이저는 스트라우스가 출현과 귀납에서 벗어난 방법들을 제시하면서 그것을 근거이론 방법이라고 부르는 것은 심히 잘못되었다고 본다. 그에 의하면, 스트라우스의 방법은 '근거이론'이 아니라 '개념적 서술'을 산출한다. 스트라우스에 대한 글레이저 반론의 핵심이 바로 여기에 있다. 글레이저는 스트라우스가 『질적연구의 기초』에서 말하는 근거이론 방법은 『근거이론의 발견』(1967)에서 함께 논의했던 바로 그 근거이론이 아니라는 것이다. 즉, 스트라우스의 방법은 분명 질적자료에 접근하는 '하나'의 방법이지만, 그것은 함께 근거이론을 창안할 당시의 그 방법이 아니라는 것이다.

이 책은 스트라우스 방법이 원래의 근거이론 방법에서 크게 이탈했다는 글레이저의 주장에 설득력을 실어 준다. 글레이저 방법의 핵심 원리와 방법이 스트라우스 방법과 대조를 이루면서 전개되고 있다. 그는 대조를 통해 스트라우스의 방법을 비판하고 정정하느라 정작 자신의 방법을 독자 친화적으로 일목요연하게 형식화하여 보여 주지는 못한다. 대비와 대조를 통해 자신의 것을 형상화하는 것은 쉽지 않다. 그것은 자신을 드러내기 위해 상대방과의 차이에 더 방점을 두어야 하기 때문이다. 그래서인지 글레이저의 글은 간혹 공격적이고, 강박적이고, 반복적이고, 경우에 따라서는 치졸한 표현도 마다하지 않는다. 글레이저가 감정을 억제하지 않고 직설적이며 비판적인 반면 스트라우스는 태도가 부드러운 편이었다는 스턴(Stern)의 말이 떠오르는 대목이다. 이 책을 읽는 독자 중에는 글레이저의 이러한 표현에서 거부감을 느낄지도 모르겠다. 그러나 한편으로 상대방과의 차이를 드러내고자 하는 방식을 선택했기 때문에, 그리고 다른 한편으로는 억울한 심정을 선(善)으로 위장하지 않았다고 생각하면 너무 좋게 봐 주는 것일까.

글레이저 방법의 장점은 스트라우스의 방법에 비해 자연스럽고 간단하며, 자료에 근거한 개념 도출로 빨리 진입하게 해 주고, 인위적으로 범주를 묶지 않고 자연스럽게 '출현' 하게 해 준다는 점이다. 글레이저는 스트라우스에 비해 근거이론 방법의 핵심이 코딩 방법들보다는 '지속적 비교방법' 에 있음을 강조하면서, 이 것이 범주와 개념들이 자료에 기반을 두어 '출현' 하게 만든다고 주장한다. 질적연구방법론 수업시간에 학생들에게 스트라우스 방법과 글레이저 방법으로 자료를 분석하게 해 본 경험으로 보면, 글레이저의 방법이 학생들에게 간단하면서도 범주가 출현하는 즐거움을 주고 있었다.

이 책이 비록 스트라우스 방법을 정정하는 방식으로 쓰여서, 글레이저 자신의 방법을 깔끔하고 명확하게 단계별로 형식화해 주지는 못하고 있지만, 메모하면서 꼼꼼히 읽어 가고 정리하면 단순하면서도 초점이 분명한 글레이저 방법을 만나게 될 것이다. 스트라우스의 방법을 사용했을 때, 복잡한 기법들이 서로 엉켜 있어 혼란스러웠거나, 무언가 인위적으로 짜여 있어 해석의 폭을 좁힌 것 같았거나, 맥락을 놓친 것 같은 느낌을 받았거나, 그 절차가 방해하고 있어 찜찜함과 의구심을 가졌던 경험이 있는 연구자들에게 글레이저 방법의 사용을 권하고 싶다. 또한 범주나 개념이 '출현' 하는 즐거움을 맛보면서 질적분석을 하고 싶은 초심 연구자들에게도 사용을 적극 권하고 싶다. 글레이저의 방법은 이론개발의 목적이 아닌 실체영역의 현상을 서술하려는 연구자들도 유용하게 사용할 수 있다.

질적연구에서 근거이론의 인기는 사그라질 것 같지 않다. 다른 어떤 방법보다도 질적자료를 분석하기 위한 구체적인 절차와 방법을 제시하고 있기 때문이다. 특히 두 사람 모두 밝혔듯이 근거이론 방법은 이론을 개발하기 위한 목적만이 아니라 주제분석과 개념 생성을 위해서도 사용할 수 있기 때문이다. 글레이저 방법의 소개가 질적분석에 접근하는 연구자들에게 출현과 귀납의 원리로 자료를 다루는 효율적인 방법으로 널리 사용되기를 바란다.

마지막으로, 글레이저는 스트라우스와 코빈의 『질적연구의 기초』처럼 근거이론 방법을 이용자 중심으로 형식화하지 않았다. 1978년의 『이론적 민감성』에서 어느 정도 그의 방법을 형식화했다고 볼 수 있지만 근거이론 연구를 위한 주요 요소들 중심으로 구성되었기 때문에, 이 역시 이용자 중심의 친절한 안내서라고 보기는 어렵다. 글레이저는 모든 연구자는 근거 이론 산출을 위한 자기만의 고유한 레시피를 가져야 한다고 생각했다. 무엇보다 글레이저는 창의성이 재능을 계발해 가면서 배울 수 있기 때문에 근거이론 방법을 배우면서 창의적 능력을 갖게 된다는 점을 강조하였다. 이 책 또한 친절한 레시피보다는 스트라우스의 방법 하나하나에 대한 반론을 담고 있기 때문에 독자가 글레이저의 방법을 간단히 형식화하려면 꼼꼼히 읽기가 요구된다.

그러나 글레이저의 취지에도 불구하고, 약식화가 가져올 오해와 왜곡의 가능성을 무릅쓰고, 글레이저 방법에 대한 독자의 이해를 돕기 위해 〈옮긴이 해제〉를 덧붙였다. 〈옮긴이 해제〉가 다소 길어진 것은 국내에서 글레이저 방법이 잘 알려져 있지 않기 때문이다. 이 책을 읽기 전에 먼저 〈옮긴이 해제〉를 읽으면 부족하나마 근거이론에서 글레이저 방법의 위치와 골격을 큰 틀에서 이해할 수 있을 것이고, 이 책의 내용을 이해하는 데도 도움이 될 것이다. 따라서 본문을 읽기 전에 〈옮긴이 해제〉를 먼저 읽어 보길 권한다. 또한 글레이저 방법과 스트라우스 방법의 차이를 세세히 알아보고 싶은 독자는 이 책을 스트라우스와 코빈의 1990년판 역서인 『근거이론의 이해』와 비교해 보면서 읽으면 색다른 재미를 느낄 것이다. 끝으로 이 책의 번역을 흔쾌히 수락해 주신 학지사에 깊이 감사드린다.

2014년 8월
옮긴이 일동

/ 차 례 /

글레이저의 근거이론 방법[*]

김인숙
(가톨릭대 사회복지학과 교수)

1. 왜 글레이저의 방법인가

1) 글레이저와 스트라우스의 분기

근거이론(grounded theory)은 1967년 글레이저와 스트라우스가 '질적분석의 전략'이라는 부제를 달고 출간한 『근거이론의 발

---

[*] 이 글은 글레이저의 방법에 대한 이해를 돕기 위한 것으로, 글레이저의 저작 중 『근거이론의 발견』(1967), 『이론적 민감성』(1978), 『근거이론 분석의 기초』(1992), 『근거이론 관점』(2001), 『근거이론 관점 II』(2003)과 「근거이론의 분기: Glaser와 Strauss의 차이를 중심으로」(김인숙, 2011), 「근거이론의 담론과 사회복지 지식형성: 그 지형과 의미」(김인숙, 2012)에서 인용한 다양한 문헌을 토대로 보완하고 재구성한 것이다. 이 글은 왜 글레이저의 방법인지, 글레이저의 분석 과정과 방법은 어떠한지, 근거이론의 이슈는 무엇인지, 근거이론 방법이 어떻게 진화하고 있는지를 중심으로 구성되었다. 읽기의 편의를 위해 상기 인용출처를 삭제하였으므로 필요한 경우 상기 문헌과 논문을 참조하기 바란다.

견(*The Discovery of Grounded Theory*)』에서 유래한다. 근거이론은 이 두 사람이 자료분석과 이론개발을 묘사하기 위해 만들어 낸 말이었다. 그들에 의하면, 이론은 가설연역적이 아니라 귀납적으로 이루어지고, 변수들 간의 관계를 검증함으로써가 아니라 범주와 범주 간의 관계를 개발함으로써 이루어진다. 근거이론의 관심은 '이론검증'이 아니라 '이론생성'에 있었고, 사회적 환경과 맥락이 어떻게 사람들의 행동과 상호작용을 설명할 수 있는가에 있었다.

1967년 탄생한 『근거이론의 발견』의 토대가 되었던 것은 글레이저와 스트라우스의 공동연구인 『죽어감의 인식』(1965)에서 유래한다. 이 연구에서 사용된 원칙과 연구실천이 이론생성을 위한 사회학적 연구의 가이드로 공식화되었다. 『근거이론의 발견』은 당시 가설검증과 양적연구에 대한 지나친 강조와 유행에 균형을 가져오는 데 핵심적 역할을 하였다. 1967년 발간된 『근거이론의 발견』은 독창성이 풍부한 저작으로서 근거이론을 '세계적' 현상으로 만들었다. 이는 다양한 학문분야로 확장되었고, 미국과 캐나다를 비롯한 영국, 프랑스, 오스트리아, 아일랜드, 스웨덴, 핀란드 등에 퍼져 갔다.

오늘날 질적연구에서 근거이론이 차지하는 위치와 영향은 심대하다. 이는 근거이론에 대한 평가와 묘사에서 단적으로 드러난다. 근거이론은 질적연구 시장의 선두주자이며, 질적연구방법의 챔피언이고, 질적연구의 역사에서 혁명적인 것으로 여겨진다. 또한 사회과학에서 질적방법이 정당화되고 수용되는 데 가장 크게 기여했음은 물론 질적연구 선택의 패러다임이 되어 가고 있고, 오늘날 사회과학에서 가장 널리 사용되는 해석적 틀의 질적방법이라는 논평들이 이를 입증한다.

근거이론의 창안자인 글레이저와 스트라우스 사이의 분열은 『근거이론의 발견』을 출간한 지 20년이 지나면서 가시화되기 시작하였다. 그사이에 무슨 일이 있었는지는 모르나 1972년 이후로 이들의 공동 저작을 찾아보기 어렵다. 각자가 각자의 근거이론을 진전시켜 나갔다고밖에 볼 수 없다. 『근거이론의 발견』 이후 글레이저는 『이론적 민감성』(1978)을 통해 근거이론 생성을 돕기 위한 절차와 방법을 구체화하였다. 이 책은 1967년 『근거이론의 발견』을 기반으로 원작의 내용을 충실히 진전시켰다는 평가를 받았다.

문제가 된 것은 1987년부터다. 1987년에 스트라우스는 원본에 중대한 변화를 꾀한 『사회과학자의 질적분석』을 출간했다. 이어 스트라우스와 코빈은 1990년에 『질적연구의 기초(*Basics of Qualitative Research*)』를 출간하였는데(1998년에 2판, 2008년에 3판이 출간됨), 이것이 원작의 한 당사자인 글레이저를 자극하였다. 글레이저와 스트라우스의 분열이 가시화된 것은 글레이저가 1992년 『근거이론 분석의 기초』 출간을 통해 스트라우스의 저작(1990)에 대한 강한 반론을 제기하면서부터였다. 이 책에서 글레이저는 연구과정의 기본 논리에서부터 코딩의 절차적 과정과 방법에 이르기까지 스트라우스의 주장을 반박하고 비판하였다. 그는 스트라우스가 근거이론이 아닌 방법을 마치 새로운 방법인 양 소개하고 있고, 『근거이론의 발견』을 공동 저작할 때부터 근거이론을 이해하지 못했다는 결론에 이른다.

글레이저와 스트라우스 분열의 핵심은 근거이론의 존재론적 · 인식론적 측면보다 방법적인 것에 있었다. 글레이저는 스트라우스 방법 속에는 1967년 원작에서 강조한 '발견'과 '출현'의 논리가 아니라 '검증'과 '강제'의 논리가 지배한다고 비판하였다. 그는 스트라우스가 원래의 공동 저작을 무시하고, 근거이론과 아무 상관없는 검증모델을 제안했으며, 이는 단연코 출현과 지속적 비교방법을 사용하는 이론생성 모델이 아니라고 반박하였다. 그의 어조는 단호하면서 결연했으며, 스트라우스에 대한 실망으로 감정이 고조되기도 하였다. 반면 스트라우스는 글레이저의 이러한 격렬한 비판에 대해 별다른 반응을 보이지 않았다.

글레이저와 스트라우스의 분기에 대한 후학들의 반응은 다양했다. 글레이저의 주장에 좀 더 동의하는 입장, 스트라우스의 기여를 좀 더 인정하는 입장, 그리고 이 둘의 중간지대에 있는 입장으로 갈리었다. 이들은 글레이저가 고전적 근거이론에 충실한 반면, 스트라우스와 코빈은 이러한 고전적 양식을 재형성하려 하였다고 평하였다. 또한 글레이저가 이론적 표집, 이론적 코딩, 이론적 메모의 활용과 같은 개념을 좀 더 구체적으로 설명하기 위해 1967년의 원작을 넘어 확장하려 한 반면, 스트라우스와 코빈은 신참 연구자들에게 도움이 되는 분석적 기법과 지침을 개발하려 하였다고 평하였다. 또 다른 한편에서는 1967년 '근거이론 원작의 의도에서 벗어나지 말아야 한다는 원칙론적 입장'과 '양쪽의 한계와 기여를 동시에 인정하는 양시론적 입장'도 있다. 특히 양시론적 입장은 글레이저의 저작이 근거이론의 발견에 희미한 빛을 가져다 주었다면, 스트라우스의 접근은 흥미롭고 빈틈없으며 두 사람의 방법을 이론개발에 대한 서로 다른 접근이라고 본다.

글레이저와 스트라우스의 분열을 놓고 벌어지는 이러한 입장 차이는 근거이론 연구자들을 글레이저주의자와 스트라우스주의 자로 갈라지게 만들었다. 그러나 근거이론 연구자들은 아직도 이 두 사람의 분열이 내포하는 방법론상의 함의에 대해 확신보다는 혼란의 상태에 있다. 레니는 스트라우스가 명백히 가설검증을 근거이론에 결합하였고, 그의 가설 창출과 검증은 아주 지루하며 그의 절차는 너무 이른 해석으로 이끌 수 있어 근거이론 원작에서 소중하게 다룬 '발견'을 달성할 수 있을지 의문이지만, 그렇다고 원작의 근거이론 방법으로 회귀하는 것이 과연 타당한지도 확신하기 쉽지 않다고 혼란의 심정을 토로하였다. 후일 글레이저의 접근은 비판적 실재론 접근으로, 스트라우스 접근은 다소 모호하지만 상대주의적 접근으로 인식론적 차원에서 재해석되는 등 근거이론은 창안자의 분열을 뒤로하고 새로운 차원에서 후학들을 맞이하게 된다.

그러나 근거이론의 분기는 글레이저보다는 스트라우스에게 더많은 명성과 인기를 안겨 주었다. 글레이저의 접근은 여러 지지자들에도 불구하고 스트라우스와 코빈의 것보다 덜 각광받고 있다. 물론 영국과 같이 어떤 지역에서는 글레이저의 『이론적 민감성』 저서가 근거이론을 진전시키는 데 기여했음이 잘 알려져 있는 곳도 있다. 그러나 글레이저의 저작들을 아는 사람은 소수이고, 스트라우스와 코빈 인용은 증가하고 있다. 즉, 근거이론은 글레이저와 스트라우스의 저작이지만 스트라우스와 코빈의 텍스트와 동의어로 사용되고 있다. 심지어 더 나아가 스트라우스의 근거이론 방법은 근거이론을 떠나 일반적인 질적분석의 패러다임으로 진전되고 있다.

근거이론을 두고 벌어진 이 둘 간의 논쟁과 분기는 질적연구 방법에서 가장 많이 논란이 되고 논쟁적인 것으로 여겨진다. 물론 근거이론의 분기는 패러다임 논쟁과는 달리 소모적이기보다 근거이론을 비롯한 질적연구 방법에 대한 논의를 자극하고 진전시켰다는 평가를 받고 있다. 스트라우스의 죽음으로 논쟁을 둘러싼 격한 분위기는 누그러졌지만, 논쟁의 유산은 근거이론 방법으로 질적연구를 하려는 현재와 미래의 연구자들에게 그대로 남겨져 있다. 예를 들어, 국외의 경우 어떤 이는 1967년 글레이저와 스트라우스의 저작에 의존하고, 또 어떤 이는 글레이저의 저작(1978; 1992)에 기대며, 또 다른 어떤 이는 스트라우스와 코빈의 저작(1990; 1998; 2008)에 의존해 근거이론 작업을 해 나간다. 그러나 여전히 누구의 저작에 기대어 연구를 진행할지에 대해서는 연구자들 사이에 혼란이 있다.

2) 왜 글레이저의 방법인가

앞에서 살펴본 바와 같이, 근거이론 방법은 창안자들 간의 분기로 인해 연구자들에게 혼란을 주고 있다. 오늘날 근거이론은 '구성주의 근거이론' '확장적 근거이론' 처럼 창안자들의 분기에 머무르지 않고 다양화되고 있다. 그러나 이러한 근거이론의 다양한 버전들은 분석절차에서 다소 차이가 있기는 하지만, 기본 골격은 글레이저와 스트라우스의 틀 안에 있다. 또한 일부의 방법상의 차이 혹은 방법의 변형이 있다 하여, 인식론적으로 다른 지식을 생산하지는 않는다. 이들은 글레이저와 스트라우스의 분기에 함축되어 있는 지식생산의 원리와 방법의 연장선 그 어딘가에 위치해 있다.

그런데 왜 글레이저의 방법인가? 글레이저의 방법은 근거이론을 세상에 탄생시킨 『근거이론의 발견』의 원리를 충실히 따르고 있고, 스트라우스의 방법에 비해 자연스럽고 간단하다. 또한 연구자에게 분석과정에서 '출현하는' 뜻밖의 즐거움을 누릴 수 있게 해 주며, 분석과정에서 과잉 개념화로 인한 혼란을 줄일 수 있고, 명명의 범위가 조정됨으로써 명명의 타당성과 일관성을 높일 수 있는 있다. 글레이저 방법의 이러한 강점들은 사실상 근거이론의 핵심 원리인 '출현'과 '비교'라는 양대 축으로부터 얻을 수 있는 것들이다. 왜 글레이저의 방법인지 그 강점들을 좀 더 구체적으로 살펴보자.

(1) 『근거이론의 발견』의 '출현'과 '비교'의 원리를 충실히 계승하고 있다

『근거이론의 발견』에서 이론 발견을 위한 가장 중요한 핵심 키워드는 '출현'이다. 글레이저와 스트라우스는 『근거이론의 발견』에서 '출현'이 이론 발견의 핵심이라고 말한 바 있다. '출현'

은 연구자가 인내심을 갖고 자료를 강제하지 않으면서 나타나기를 기다리는 것으로서 '귀납'의 논리를 반영한다. 글레이저에 의하면, 근거이론에서 귀납이란 자료 내 패턴으로부터 개념과 가설이 '출현'하는 것을 이해하는 것이다.

글레이저는 그의 저작들에서 근거이론은 '출현' 되어야 함을 일관되게 강조하였고, '출현'에 입각한 방법들을 제안하고 있다. 이 책에서도 글레이저는 '출현'이 연구주제의 선정에서부터 문헌고찰, 자료분석의 전 과정에 핵심적 원리로 작동되어야 함을 강조한다. 글레이저가 '출현'의 논리를 연구과정에 적용하는 방법들을 확장하려 한 반면, 스트라우스와 코빈은 이러한 초기 입장에서 떠나 다른 방식의 논리를 구성하였다. 글레이저는 스트라우스가 '출현'이 아닌 '강제'의 논리를 근거이론에 끌어들였고, 그 결과 근거이론에서 너무 멀리 나갔다고 비판하고 있는데, 이는 여러 논자들 사이에서도 상당히 공감을 얻고 있는 사안이다.

'출현'과 더불어 『근거이론의 발견』에서 강조되는 이론생성의 핵심 전략은 '비교'다. 비교는 질적분석의 지배적 원리다. 『근거이론의 발견』에서는 책의 절반 이상을 '비교분석'이라는 제목하에 전개하고 있다. 글레이저는 질적분석의 가장 핵심적 방법으로 '지속적 비교방법'을 든다. 여러 코딩방법, 이론적 표집도 지속적 비교방법이라는 우산 아래 위치시키며 그것의 일부로 본다.

예들 들어, 이 책에서도 언급하고 있듯이 글레이저는 개방코딩을 지속적 비교방법의 최초 단계로, 이론적 표집을 지속적 비교방법의 일부로 본다. 글레이저에 의하면, 근거이론가는 자료와 자료를 비교하고 자료와 출현하는 개념을 비교하는 간단한 작업만 하면 된다. 이에 비해 스트라우스의 방법은 자료와 출현하는 개념을 지속적으로 비교하기보다는 연구자의 선입적인 논리를 통해 비교하려 하고, 코딩방법들(개방코딩, 축코딩, 선택코딩 등)을 지속적 비교방법보다 우위에 둔다. 이런 이유 때문에 글레이저는 스트라우스가 실패한 것은 비교하기라고 말한다.

이처럼 글레이저의 방법은 스트라우스의 방법에 비해『근거이론의 발견』에서 강조되었던 핵심 원리인 '출현'과 '비교하기'를 일관성 있게 견지하고 있다. 따라서 글레이저의 방법은 스트라우스의 방법보다『근거이론의 발견』의 원리를 충실히 계승하고 있다고 말할 수 있다. 이는『근거이론의 발견』을 비롯한 이후의 글레이저의 저작들(1978; 1992; 1998; 2001; 2003; 2004; 2005)을 통해 표현되고 있다.

(2) 스트라우스 방법보다 자연스럽고 간단하다

해석주의에 속한 대부분의 질적분석 방법은 현상을 '범주들'로 떼어 내어 명명하고, 이 범주들을 상호 연결하는 방법을 제시한다. 근거이론 방법도 여기서 예외가 아니다. 근거이론 방법은 자료를 범주들로 해체하여 재구성하는 과정에서 일련의 코딩단계들과 전략들(지속적 비교방법, 이론적 표집, 이론적 메모)을 제시한다. 글레이저와 스트라우스 둘 다 이론생성을 위해 코딩단계와 전략에 대해 이야기한다. 이 두 사람이 말하는 근거이론 방법의 단계와 전략은 사용하는 용어와 일반적 과정이라는 피상적 수준에서는 차이가 없어 보이지만, 실제 연구수행에서는 차이가 크다.

글레이저에 따르면 근거이론은 지속적으로 코딩하고 비교하고 분석하고 메모하면서 '이 사건이 나타내는 범주나 범주의 속성은 무엇인가?'의 질문을 던지면 된다고 할 정도로 간단하다. 그에 의하면, 코딩은 범주와 속성이 출현하도록 지속적 비교방법을 통해 자료를 개념화하는 것이다. 범주와 속성은 지속적 비교방법을 사용하고 질문을 던지면 출현한다. 근거이론은 이 지속적 비교와 질문하기를 통해 핵심범주를 도출하고, 이 핵심범주를 중심으로 이론적 표집을 시행하여 범주들을 포화시켜 나가면서 출현하는 범주들 간의 관계를 이론적 코드들로 코딩하면 출현한다.

스트라우스의 방법에 있는 코딩과정에서 차원이나 패러다임 모형, 스토리 윤곽, 상황 모형, 각종 비교기법들을 사용할 필요없이, 글레이저의 방법은 지속적 비교방법을 충실히 하고 분석과정에 대한 메모를 충실히 하기만 하면 근거이론은 출현된다([그림 1] 참조).

(3) 분석과정에서 '출현하는' 뜻밖의 즐거움을 누릴 수 있다

국내외의 여러 문헌에서 스트라우스 방법에 대한 연구자들의 공통적 경험은 자료의 무엇인가가 인위적으로 짤려 나가는 듯한 허전함이 있고, 방법들이 너무 복잡하게 얽혀 있어 혼란스럽다는 것이다. 이들은 스트라우스의 방법을 사용했을 때 복잡한 기법들이 서로 엉켜 있어 혼란스러웠고, 무언가 인위적으로 짜여져 있어 해석의 폭이 좁혀지는 듯한 느낌, 그리고 맥락을 놓친 것 같은 느낌을 받았거나 혹은 근거이론의 절차와 기법들이 결과도출을 오히려 방해하고 있는 듯한 찜찜함과 의구심을 갖었던 경험들을 토로하였다.

글레이저는 스트라우스의 방법에 왜 즐거움과 기쁨이 없는지에 대해 궁금하지 않다고 하면서도 몇 가지 이유를 제시한다. 그것은 현상적인 것(the phenomenological)보다는 논리적 정교화(logical elaboration)를 중시하고, 선개념화되고 강제하는 방식으로 분석이 이루어지기 때문이다. 이런 방식은 연구자에게 즐거움보다는 지루함을 주고, 관련성이 있다는 느낌과 핵심적 '결말'을 발견하는 느낌을 주지 않는다. 즉, 스트라우스 방법들에 들어 있는 논리적 규칙과 복잡한 여러 언명과 씨름하는 것은 연구자들을 재미없게 한다.

결국 글레이저의 방법에서 출현을 경험하면서 뜻밖의 즐거움을 느낄 수 있는 것은 글레이저의 방법이 출현의 원리를 기반으로 하고 있고, 지속적 비교방법을 분석을 이끌어 가는 가장 핵심적인 전략으로 사용하기 때문이다. 연구문제, 범주와 속성, 핵심범주, 이론적 표집, 이론적 메모 등 연구과정의 모든 것이 출현에 의해 안내된다. 또한 글레이저의 방법에서는 코딩방법들도, 이론적 표집과 메모도 지속적 비교방법의 일환이고 일부다.

질적연구 방법론 수업에서 글레이저의 방법으로 자료를 분석했던 학생들도 글레이저가 말했던 발견의 기쁨이 무엇인지 알게 되었다는 경험을 토로하였다. 특히 그들은 글레이저가 근거이론 분석에서 가장 핵심적 방법으로 언급한 지속적 비교하기를 모든 분석의 시점에서 의도적으로 적용해 본 결과 맥락에 민감해져서 코딩을 좀 더 세밀히 할 수 있었다던가, 자료에 안에 있는 사건들에 상상력을 갖고 몰입하게 되었다든가, 상황의 속성과 범주가 자동적으로 발견되어 분석이 재미있다는 것을 알게 되었다고 말하였다.

(4) 과잉 개념화로 인한 혼란을 줄일 수 있다

근거이론에서 범주와 범주의 속성을 발견하기 위해서는 자료를 해체하고 개념화하는 작업이 필수적이다. 자료를 해체하고 개념화하기 위해 스트라우스는 '미시분석(micro analysis)'을 제안하였다. 이는 단어별로 자료를 분석하여 단어나 단어집단 속에서 의미를 찾아내는 코딩으로서, 문장이나 문단을 떼어 놓고 각각의 사건과 아이디어에 현상을 나타내 주는 개념적 이름을 부여하는 것이다. 스트라우스 방법에서는 이렇게 이름을 붙인 다음 유사점과 차이점을 중심으로 그룹핑한다.

그러나 글레이저는 스트라우스의 견해에 반대하여 자료를 해체하고 개념화한다는 것은 자료를 철저히 보면서 사건과 사건, 사건과 개념을 비교하는 것을 의미한다고 말한다. 사건과 사건을 비교하면 범주와 속성이 발견되면서 자료 안에 존재하는 패턴들을 찾게 된다. 글레이저에 의하면, 분석가가 이렇게 지속적 비교방법을 사용하면 힘을 가진 개념을 빠르고 쉽고 즐겁게 얻을 수 있다. 이 과정에서 범주들은 비교를 통해 나타나고 속성들은 더 많은 비교를 통해 출현한다.

글레이저는 라벨을 붙인 다음 그룹핑하는 스트라우스의 방법은 전적으로 불필요하고, 힘겨운 작업이며, 시간 낭비라고 보았다. 그는 스트라우스의 방법이 단일 사건에 대해 '과잉 개념화'의 결과를 가져온다고 비판하였다. 자료를 개별 단어로 분할함으로써 중요하지 않은 사소한 자료 안에서 분석의 길을 잃게 되고, 너무 많은 단어가 선택됨으로써 혼란을 가져다주어 결국 우리가 찾으려는 것이 무엇인지 잘 모르는 경험을 하게 된다는 것이다.*

(5) 지속적 비교를 통해 명명의 범위가 조정됨으로써 명명의 타당성과 일관성을 높일 수 있다

해석적 질적분석에서 가장 중요한 것은 나타나는 범주와 속성에 이름을 부여하는 것, 즉 명명이다. 이 명명을 통해 구체적인 것이 추상화되면서 현상의 본질이 드러나기 때문이다. 그런데 문제는 연구자마다 해당 자료를 해석하는 방식과 범위가 다르기 때문에 동일한 자료에 대한 명명의 진폭이 널을 뛰기도 하고, 자료에 담긴 의미를 침소봉대하기도 한다. 글레이저의 방법은 이러한 명명의 범위를 조정되게 함으로써 명명의 타당성과 일관성을 높일 수 있다. 글레이저의 방법이 명명의 조정, 타당성, 일관성을 갖게 하는 핵심에 지속적 비교방법이 있다.

『근거이론의 발견』에서 이론 발견의 핵심은 '출현'이었고 그것

---

* 질적연구 방법론 수업시간에 있었던 학생들의 분석 경험은 글레이저의 과잉 개념화 논의를 넘어서는 것도 있었다. 또한 글레이저는 사건과 사건을 비교하는 자신의 방법이 불필요한 과잉 개념화를 막아 준다는 점만 지적했으나, 학생들의 분석 경험에는 엉성하고 헐거운 개념들을 촘촘히 밀도 있게 채워 준다는 것도 있었다. 이것은 우리가 자료분석을 할 때 스트라우스의 미시분석을 따르는 것이 힘들다고 느끼게 되면, 자료를 건너뛰면서 엉성하게 코딩하게 되는 경우가 많은데, 글레이저의 방법은 이런 경우에도 효과가 있었다. 즉, 과소 개념화를 적절한 개념화로 이끌어 주는 효과가 있다.

은 귀납의 논리를 반영한다. 이는 원래의 근거이론이 출현의 원리와 귀납의 논리를 충실히 반영해야 하는 방법임을 말해 준다. 글레이저의 방법은 바로 이 고전적 근거이론을 충실히 계승하는데, 여기서 출현과 귀납은 지속적 비교방법을 통해 관철된다. 따라서 글레이저의 방법에서 가장 중요한 것은 지속적 비교방법이다. 글레이저의 방법은 스트라우스의 방법과는 달리 코딩방법보다 지속적 비교방법의 우위를 강조한다. 즉, 자료 속의 사건과 사건을 비교하고, 사건과 개념을 비교하고, 개념과 개념을 비교하는 끊임없는 지속적 비교의 과정을 통해 핵심범주는 물론 범주, 속성이 드러난다. 이렇게 지속적 비교방법을 우위에 둠으로써 범주와 속성에 대한 명명은 자료의 순환과정에서 비교됨으로써 상호 타당성을 확보하게 된다.

2. 글레이저의 분석 과정과 방법

1) 개 관

근거이론은 실체영역에서 무엇이 일어나고 있는지를 알기 위해 자료를 개념화하고, 이 개념들을 위계화하여 이론으로 만드는 것이다. 실체영역에 관한 이론은 이 개념들 간의 가설적 관계를 발전시킴으로써 탄생한다. 근거이론은 개념들 간의 가설적 관계를 발견하기 위해 여러 절차와 기법을 제시하는데, 이런 점에서 근거이론은 확실히 하나의 방법이다. 그러나 동시에 자료에 대해 사고하는 하나의 방식이기도 하다. 근거이론에서 제안하는 절차와 기법은 이 사고를 돕기 위한 도구다. 따라서 근거이론 연구자가 배워야 할 것은 절차와 기법에 압도되지 않으면서 자료에 대해 사고하고, 사고하는 방식에 익숙해지는 것이다.

글레이저의 근거이론에서 자료를 다루고 사고하는 방식은 선입적 개념을 가지지 않고 자료를 끊임없이 '비교'하면서 자료에서 개념들이 '출현'되도록 하는 것이다. 출현되는 아이디어들은 추상화 과정을 거쳐 개념화되며, 이 개념들의 위계화를 통해 가설적 관계를 그려 낸다. 개념화와 개념들의 위계화를 시도하면 일견 공통점이 없어 보이는 자료 내 경험적 본질을 넘어서, 더 많은 것을 얻을 수 있다고 보는 것이다. 근거이론은 이렇게 하는 것이 실체영역에서 무엇이 일어나고 있고, 그것을 어떻게 설명하고 해석할지를 이해하는 아주 유용한 방식이라고 본다.

글레이저는 자료에 대한 이러한 사고방식은 사회를 알기 위한 유일하고 옳은 방식이 아니라 다양한 여러 방식 중의 하나에 불과하다는 입장을 견지한다. 자료를 이러한 방식으로 사고하는 것은 예를 들어, 순수한 묘사 중심의 서술이나 개념적 서술, 그리고 경험적 일반화를 위해 자료를 다루고 사고하는 방식과는 다르다. 이들은 추상화의 정도에서, 기존의 수용된 개념을 적용하는 정도에서, 일반화의 정도에서 차이가 있다. 이들 차이는 자료에 대한 사고방식의 차이를 가져온다.

자료를 다루고 사고하는 데 있어 글레이저가 끊임없이 강조하는 것은 출현의 원리가 근거이론 생성의 전 과정에 관통되어야 한다는 것이다. 글레이저는 이 출현의 원리를 골격으로 하고, 지속적 비교방법과 이론적 표집을 핵심 전략으로 삼아 자료를 코딩해 가는 일련의 과정과 방법을 제시하였다. 글레이저의 코딩 과정과 방법은 스트라우스의 코딩 과정 및 방법과 다른데, 글레이저의 방법이 좀 더 자연스럽고 간단하다. 스트라우스 방법은 1967년 원본의 풍부한 근거이론을 지나치게 기법과 지침 중심으로 과대 형식화했다는 평가를 받을 정도로 너무 많은 지침과 언명을 제시한다.

앞의 옮긴이 서문에서도 언급했듯이, 글레이저는 자신의 방법을 약식으로 형식화하거나 스트라우스처럼 근거이론의 연구과정을 이용자 친화적으로 제시하지 않았다. 글레이저의 저작들 중에 1978년 저작인 『이론적 민감성』이 그래도 그의 방법적 절차를 가장 형식화한 것에 근접하지만, 과정과 절차보다는 연구실행을 위한 방법적 요소들 중심으로 구성되어 있어 분석의 매뉴얼을 바라는 연구자들에게 스트라우스 저작만큼 인기를 누리고 있지 못하다. 글레이저는 근거이론은 연구자들 각자가 자기만의 고유한 레시피를 개발하고 가져야 한다고 생각했다.

그러나 여기서는 독자의 이해를 돕기 위해 약식의 형식화가 가져오는 위험들을 감수하고, 글레이저 방법의 풍부성을 지나치게 단순화하거나 왜곡할지 모른다는 우려를 무릅쓰며, 글레이저 방법에 의한 근거이론 생성과정을 약식으로 구성해 보았다([그림 1] 참조).

[그림 1]에서 보여 주는 글레이저의 근거이론 생성 과정은 우선 자료에서 사건과 사건, 사건과 개념을 비교하여 범주와 속성을 발

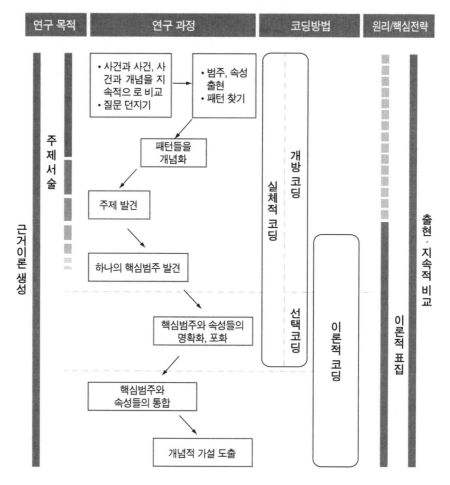

연구 목적	연구 과정	코딩방법	원리/핵심전략

- 사건과 사건, 사건과 개념을 지속적으로 비교
- 질문 던지기

→

- 범주, 속성 출현
- 패턴 찾기

패턴들을 개념화

주제 발견

하나의 핵심범주 발견

핵심범주와 속성들의 명확화, 포화

핵심범주와 속성들의 통합

개념적 가설 도출

주제서술

근거이론 생성

개방코딩

실체적 코딩

선택코딩

이론적 코딩

출현·지속적 비교

이론적 표집

[그림 1] 글레이저의 근거이론 생성과정

견하고, 이들 속에서 패턴을 찾아 개념화한다. 그리고 개념화된 패턴들 안에 존재하는 주제를 발견하고, 이로부터 많은 범주 및 속성과 관련되고 설명력 있는 하나의 핵심범주를 선택한다. 이때 선택된 핵심범주는 확정된 것이 아니다. 선택된 하나의 핵심범주를 중심으로 이론적 표집을 해 나가면서 이 범주와 속성들을 지속적으로 정교화하고, 명확히 하며, 포화시켜 나간다. 핵심범주와 속성들이 포화되어 정교화되면 이론적 코드를 사용해 이들을 통합하고, 이로부터 하나의 개념적 가설을 도출한다. 이 개념적 가설이 바로 근거이론이 되며, 이것은 핵심범주의 변이를 설명할 수 있어야 한다.

[그림 1]의 자료수집과 분석을 위한 절차는 연속적으로 이루어지기도 하지만 동시적으로 이루어지기도 한다. 글레이저는 개방코딩과 선택코딩을 실체적 코딩(substantial coding)으로 불렀는데, 실체적 코딩과 이론적 코딩이 동시적으로 이루어진다고 하였다. 즉, 핵심범주를 발견하고, 발견된 핵심범주를 포화시켜 나가는 과정에서도 이론적 코드를 활용한 이론적 코딩이 이루어진다.

[그림 1]에서 글레이저 방법의 특징으로 보이는 몇 가지 요소를 기술하면 다음과 같다.

- 글레이저의 방법은 근거이론을 생성하는 것이 목적이지만 주제 서술이나 개념생성을 위한 연구에서도 사용될 수 있다.
- 출현의 원리와 지속적 비교가 연구의 전 과정을 관통한다.
- 이론적 표집은 지속적 비교의 일부로서 코딩분석과 함께 이루어진다. 이론적 표집은 범주나 범주의 속성들이 충분히 근거하고 있다고 여겨질 때 시작한다.
- 코딩의 과정은 개방코딩, 선택코딩, 이론적 코딩으로 이루어진다.

- 분석은 사건과 사건, 사건과 개념, 개념과 개념을 비교하여 이루어진다.
- 분석의 초기 과정에서 패턴을 찾아 개념화한다. 근거이론은 출현하는 패턴에 근거한다.
- 핵심범주는 하나를 선택한다.
- 핵심범주를 중심으로 한 개념적 가설을 이론적 코드를 사용해 끌어낸다.

2) 왜 '출현'이며, 어떻게 '출현'이 반영되는가

근거이론은 기존의 다른 질적연구와 동일한 연구과정을 거친다. 근거이론도 자료를 수집하고, 자료를 코딩하고, 범주들을 통합하고, 메모를 만들어 내고, 이론을 구성한다. 그러나 근거이론의 특징은 이들 과정이 모두 '출현(emergence)'하는 이론에 의해 안내되고 통합된다는 데 있다.

글레이저와 스트라우스는 『근거이론의 발견』(1967)에서 '출현'이 이론 발견의 핵심이라고 말하였다. 글레이저는 근거이론을 탄생시킨 원작에 충실하게 이후의 저작들에서 근거이론은 '출현'되어야 함을 일관되게 강조하였다. 그는 사람들의 일상의 삶은 사회적으로 조직화되어 있는데, 근거이론은 바로 이러한 일상 속 사람들의 관점에서 '발견'되고 '출현'되어야 한다고 보았다. 그에게 '출현'의 개념은 어떤 틀을 적용하는 것보다 연구하려는 현상을 더 정확하게 포착하게 해 주는 것이다. 출현의 과정은 글레이저의 근거이론 산출에 필수적이다. 글레이저는 연구자들에게 '출현을 신뢰하라.'는 말을 누차 반복해서 강조한다.

앞서 언급했듯이 '출현'은 연구자가 인내심을 갖고 자료를 강제하지 않으면서 나타나기를 기다리는 것으로서, '귀납'의 논리를 반영한다. 글레이저는 범주와 범주의 속성이 실체영역에서 귀납적으로 도출되면, 그것은 사회적 실재를 반영한 것이자 동시에 실재와 적합성을 갖는 것으로 보았다. 글레이저의 근거이론은 출현의 원리가 연구과정 전반에 적용되어 산출된다.

글레이저는 연구주제의 선정에서부터 '출현'의 논리가 적용되어야 한다고 보았다. 그에 의하면, 근거이론 연구자는 연구문제를 가지지 않은 채 관심 있는 실체영역으로 들어가 연구문제가 '출현'할 때까지 인내심을 가지고 기다려야 한다. 연구문제의 구체적 범위는 첫 인터뷰와 관찰에 대한 개방코딩을 시작하면서 발견되고 출현한다. 연구할 문제를 미리 정해 들어가지 말고, 먼저 들어가서 보면 연구참여자들의 주된 관심사(main concerns)와 중심문제(main problem)가 출현한다. 연구자는 정말 연구문제가 출현하는지에 대해 걱정할 필요가 없다. 왜냐하면 기대했던 것보다 너무 빨리 연구문제가 출현하기 때문이다. 오히려 실체영역에 들어가 보지 않은 채 연구문제를 미리 정하고 실체영역에 들어가면 그 연구문제는 손에 잡히기 어렵다. 연구문제가 출현하듯이, 연구문제에 관한 연구질문도 이론적 표집의 안내를 받아 출현한다. 개방코딩으로부터, 이론적 표집에 의한 자료수집으로부터, 그리고 지속적 비교방법에 의한 분석으로부터 연구의 초점이 출현한다.

해제 – 글레저의 근거이론 방법

글레이저의 이러한 접근은 연구자가 연구문제, 연구질문를 도출한 다음 실체영역이나 해당 인구집단을 찾아 나서는 기존의 사회연구 접근과는 다르다. 특히, 사전에 문헌고찰을 통해 미리 연구문제를 갖고 자료수집에 임하는 일반적 연구관행에 비하면 비효율적이고 소모적으로 보이기도 한다. 그러나 근거이론의 근본 취지가 복잡하고 끊임없이 변화하는 사회적 현실의 모습을 이론적 자본가들의 영향에서 벗어나 온전히 현장의 자료로부터 끌어내고자 하였다는 점에서, 연구문제와 연구질문에서부터 출현의 원리를 강조한 것은 충분히 논리적이고 이해할 만하며 현실적이다.

　글레이저에 의하면, 연구문제를 도출한 다음 연구영역에 들어가면 일상의 삶에서 연구참여자들이 겪고 있는 중심문제를 놓치게 된다. 실제로 문헌검토를 통해 설정한 연구문제를 가지고 현장에 들어가서 그 연구문제가 아닌 다른 문제가 연구참여자들에게 훨씬 더 중요하고 핵심적인 문제로 드러난 경우가 많다. 즉, 글레이저의 방법은 어떠한 주제와 문제를 연구할 것인가에서부터 연구자의 선입을 제한하고 실체적 현실과 현장으로부터 출현하는 바로 그 문제에 관심을 갖자는 것이다.

　이것은 객관주의, 해석주의, 구성주의 같은 인식론의 문제가 아니다. 이것은 연구자가 사람들의 경험세계를 대하는 태도의 문제다. 블루머(Blumer)는 방법론이란 주어진 경험세계를 파악하는 것이 가장 중요한 임무이며, 특히 경험세계의 요지부동한 성격을 연구해야 함을 강조하였다. 그는 연구자는 연구하고 있는 경험세계의 요지부동한 성격을 존중하고 그것과 씨름하는 식으로 행해

야 한다고 하였다. 그리고 이를 위해 가장 필요한 것은 경험세계
로 되돌아가 경험세계를 가까이서 접해야 한다고 주장한다. 블루
머의 관점에서 볼 때, 연구문제조차 현장으로부터 출현되어야 한
다는 글레이저의 방법은 사람들의 경험세계 가장 가까이에서, 조
직화되어 있는 그 경험세계를 가장 존중하는 태도라 할 수 있다.

'출현'의 논리는 문헌고찰에서도 견지된다. 글레이저는 연구
를 시작할 때 문헌읽기가 매우 중요하다는 점은 인정하지만, 자료
에 대해 기존의 개념을 덮어씌우는 것을 막고 개념의 '출현'을 강
조하기 위해 연구를 시작할 때는 연구하려는 실체영역에 대한 문
헌읽기를 보류하고 실체영역과 관련되지 않은 문헌을 읽을 것을
권고한다. 그 이유는 근거이론은 검증을 위한 것이 아니라 개념과
가설을 발견하기 위한 데 있기 때문이다. 그러나 글레이저의 문헌
고찰에 대한 제한은 근거이론 분석의 초기에만 적용되고, 연구과
정에서 핵심범주, 범주, 범주의 속성들이 충분히 근거하고 있다고
여겨지면 연구자는 실체이론에 관한 문헌 및 관련 문헌을 읽고 자
료와 연관시킨다.

여기서 글레이저가 말하는 '충분히 근거하고 있다고 여겨지는'
시점은 다소 모호하다. 그러나 분명한 것은, 그 시점이 다를 뿐 글
레이저가 문헌고찰을 통한 사전지식을 자료와 연관시키는 것을
중요하게 여기고 있다는 점이다. 연구자가 가진 사전지식의 적용
을 통해 해석의 가능성을 열어 놓은 것이다. 그렇다고 사전지식과
의 연관이 사전지식으로 자료를 덮어씌우라는 의미는 아니다. 사
전지식은 감지적 개념(sensitizing concept)으로 사용되거나 출현

하는 이론과의 관련성을 근거로 사용되어야 한다.

자료로부터 귀납적으로 이론을 생성하는 과정에서 문헌고찰을 어느 시점에서 해야 하는가에 대해서는 이견이 있다. 문헌고찰이 이론생성의 첫 단계라고 보는 이가 있는 반면, 스트라우스처럼 경직되지 않은 범위 내에서 문헌의 사용을 장려하기도 한다. 글레이저는 이들과 달리 연구의 초기 과정에서 연구자의 사전지식의 적용을 일정 부분 제한하였는데, 그 가장 큰 이유는 자료부터 나오는 아이디어나 개념이 선입적으로 만들어지지 않고 출현하는 것을 중요하게 보았기 때문이다.

글레이저는 연구문제와 문헌고찰 외에 범주와 범주의 속성, 핵심범주, 이론을 발견하는 일련의 모든 분석과정에서도 자료를 미리 결정된 틀로 바라보아서는 안 되고, 자료에 나타나는 관심사에 의해 자료해석이 끌어내어져야 한다고 주장한다. 특히 핵심범주는 충분한 코딩과 분석이 이루어지면 자동적으로 나타난다고 하였다. 자료분석 과정에서 이론적 민감성을 발전시키는 것은 자료이고, 그래서 자료들이 말하도록 내버려 두어야 하고, 개념이 '출현' 할 때까지 기다려야 한다는 것이 그의 논지다.

도출된 범주와 범주의 속성, 핵심범주들을 연결하여 이론화하는 '통합' 에 대해서도 글레이저는 그것은 단지 일어날 뿐이라고 하였다. 통합은 단지 이론적 코드들에 근거해 범주와 속성들을 연계함으로써 '출현' 하는데, 그 이유는 세계가 이미 통합되어 있고 우리는 그 세계를 발견하려 할 뿐 우리가 세계를 만드는 것이 아니기 때문이라는 것이다. 이처럼 그에게 연역과 검증은 '출현' 의

하인에 불과하였다.*

스트라우스도 근거이론에서 '출현'이 중요하다고는 말했다. 그러나 그는 출현과 귀납의 논리를 처음부터 강조한 글레이저와는 달리 오히려 출현의 논리가 제한적으로 적용될 필요성을 언급하였다. 스트라우스는 본래의 근거이론 개발에서 귀납적 측면이 너무 강조되고 있고, 어떤 면에서 연역이 출현을 확실히 해 준다고 보았다. 그에 의하면, 모든 과학에는 귀납과 연역 간의 상호작용이 있는데, 여기서 연역은 해석적 과정의 일부다. 자신의 근거이론 방법은 검증을 위한 연역을 강조하는 게 아니라 자료비교를 통해 타당화하고 정교화하는 연역을 말하는 것이기에 출현을 도와준다는 것이다.

스트라우스의 이러한 해명에도 불구하고, 여러 연구자들은 근거이론의 초기 입장에서 떠난 다른 논리가 스트라우스의 근거이론 방법의 밑바탕에 깔려 있다고 보았다. 특히 스트라우스의 축코딩은 전통적인 의미의 '출현' 철학과 불일치한다는 주장은 상당히 설득력을 얻고 있다. 예를 들어, 데이(Dey)는 "코딩 패러다임

---

* 근거이론은 귀납적이기도 하지만 연역적 특성도 갖고 있다. 그러나 근거이론에서 연역이란 기존의 문헌에 나타난 이론들로부터 연역하는 것이 아니라, 자료비교에서 나오는 코드, 개념들로부터의 연역이다. 연역이 주로 일어나는 지점은 출현한 코드에 근거해 비교집단을 선택할 때, 초기 분석에서 연구자의 편견이나 전제, 사전지식이 반영될 때, 그리고 출현하는 코드들을 개념적으로 정교화할 때다. 그러나 근거이론에서 연역은 귀납을 위한 연역이지 관례적 의미의 연역이 아니다. 예를 들어, 글레이저에 의하면 초기 분석에서 연구자의 편견이나 전제는 감지적 개념(sensitizing concept)을 분석의 도구로 활용함으로써, 그리고 개념의 정교화는 기존 문헌의 이론으로부터 빌려오지 않고 출현하는 이론과의 관련성을 근거로 함으로써 연역이 이루어진다. 글레이저는 근거이론에서의 연역은 귀납을 위한 연역이며, 따라서 근거이론에서 연역은 귀납의 하인에 불과하다고 하였다.

의 특권적 지위는 근거이론이 강조하는 출현, 발견과 모순되지 않는가?"라고 의문을 제기하였다. 스트라우스의 방법을 출현과 대조되는 '강제'의 방법으로 공식화한 글레이저. 대조까지는 아니더라도 출현의 논리가 적용되는 데 있어 정도의 차이가 있다고 본 여러 논자의 이야기를 감안하면, 근거이론이라는 방법론을 두고 두 사람 사이에 근본적인 차원에서 간극이 있었던 것은 분명해 보인다.

이처럼 글레이저에게 근거이론이란 출현과 귀납의 논리를 통해 자료로부터 체계적으로 산출된 이론이다. 그에 의하면, 세계는 사회적으로 통합되어 있고, 근거이론은 단순히 출현을 통해 이 통합을 포착한다. 근거이론은 추후의 자료수집을 위해 이미 출현한 것들로부터 최소한의 연역만 하는, 자료로부터의 귀납이다. 따라서 근거이론은 선입적 아이디어나 기존 이론으로 시작하지 않으며, 연구의 과정은 출현을 통해 인도되며, 연구결과는 기존 이론을 정정하거나 통합한다. 어떤 이론이나 서술이 출현의 원리와 귀납의 논리를 벗어나 다른 방식으로 자료를 다루어 산출되었다면, 그것도 실체영역의 실재에 관한 또 하나의 이론이고 서술이다. 그러나 그것은 하나의 지식일지언정 근거이론은 아니라는 것이 글레이저의 견해다.

3) 코딩과정

글레이저와 스트라우스는 1967년 『근거이론의 발견』에서, 자료로부터 이론을 생성한다는 것은 자료로부터 가설과 개념이 나온다는 것만이 아니라 연구과정 동안 자료와 연관하여 이루어지는 체계적 작업, 즉 연구의 과정을 포함한다고 하였다. 이는 어떤 방법으로 근거이론을 도출할 것인지, 자료를 어떻게 분석할 것인지의 문제를 제기한다. 근거이론에서 자료분석은 코딩과 관련되는데, 글레이저는 코딩을 분석가가 경험적 수준을 넘어 자료를 쪼개고, 개념적으로 그룹핑해서 이론이 되게 하는 하나의 과정으로 정의하였다.

글레이저는 1978년 『이론적 민감성』에서 근거이론을 산출하기 위한 코딩으로 개방코딩(open coding), 선택코딩(selective coding), 이론적 코딩(theoretical coding)을, 그리고 이들 코딩과정을 이끌어 가는 핵심 전략으로 지속적 비교방법과 이론적 표집을 제안하였다. 이에 비해 스트라우스는 개방코딩, 축코딩(axial coding), 선택코딩을 자료분석의 과정으로 보았다. 용어와 개략적 과정만 놓고 보면 둘 사이에 큰 차이는 없어 보인다.

예를 들어, 글레이저의 코딩은 일단 범주와 핵심범주를 발견하고, 그 핵심범주와 범주들을 명확히 하는 과정을 거치다가 이들을 통합하면서 개념적 가설을 생성한다. 이에 비해 스트라우스의 코딩은 범주들을 발견하고, 이어 그 범주들 간의 관계를 연관 짓다가 핵심범주를 발견하고 다른 범주들과 통합한다. 글레이저의 방법이 핵심범주의 윤곽이 초기에 발견되면서 그것을 포화하고 분명히 하는 일련의 과정이라면, 스트라우스의 방법은 초기에 발견되는 범주들에 대한 다양한 연관짓기 작업을 통해 핵심범주를 끌어내어 통합한다.

그러나 얼핏 큰 차이가 없어 보이는 두 사람의 코딩과정은 출현과 지속비교방법이 결합되면서 큰 차이를 가져온다. 출현과 지속적 비교방법은 글레이저의 근거이론 방법에서 가장 중요하다. 글레이저가 스트라우스는 지속적 비교방법을 버렸고 지속적 비교에 실패했다고 평할 정도로 스트라우스의 방법에서 지속적 비교가 갖는 위상은 낮다. 글레이저에게는 코딩방법들도, 이론적 표집도 사실은 지속적 비교의 한 부분에 지나지 않는다. 글레이저는 근거이론은 자료와 자료를 비교하고, 자료와 출현하는 개념을 비교하는 간단한 작업만 하면 되며, 이것만으로 충분히 어렵다고 하였다. 글레이저에게 근거이론은 지속적 비교를 핵심으로 범주와 속성을 찾는 코딩만 할 뿐이다.

(1) 개방코딩

일반적으로 질적자료분석은 자료를 조직화하고 환원하여 주제나 본질을 얻으며, 이때 주제나 본질은 서술, 모델, 이론의 형식을 띤다. 이를 위해 우리는 자료를 분류해야 하는데, 이때 자료를 쪼개고, 개념을 만들어 내고, 개념들을 연관 짓는다. 근거이론 생성을 위한 자료분석도 이 과정을 거친다. 즉, 자료로부터 근거이론을 도출하기 위해 자료를 분류하는 첫 단계는 자료를 쪼개거나 해체하는 것이다.* 글레이저도 1978년 『이론적 민감성』에서 근거이론 생성을 위한 최초의 분석단계로, 이 쪼개고 해체하는 작업을 언급하면서 이를 '개방코딩'으로 명명하였다. 그는 개방코딩을

'자료를 모든 가능한 방법으로 열어젖히는 것'이라 하였다.

글레이저에게 '개방' '열어젖힘'은 연구자가 선입적 코드를 적용하지 않고 자료로 하여금 말하도록 하는 것이다. 연구참여자들의 중심문제가 명확히 드러나기 전까지는 선입적 태도를 자제하면서 자료에 마음을 열고 자료가 말하도록 하라는 것이다. 분석의 첫 단계부터 출현과 귀납의 논리를 강조한 것으로 볼 수 있다. 어떻게 해야 자료에 마음이 열리고 자료가 말하도록 할까? 글레이저는 지속적 비교방법을 사용하면 된다고 하였다. 지속적 비교방법을 사용하면 연구자가 선입적 코드를 사용하지 않으면서 자료로부터 범주와 속성이 출현한다. 흔히 개방코딩을 할 때 연구자는 불안하고 아무것도 나타나지 않을 것 같은 의구심을 갖게 되는데, 지속적 비교는 범주와 속성의 출현을 가능하게 해 줌으로써 그러한 의구심을 곧 사라지게 한다.

글레이저의 지속적 비교방법을 통한 개방코딩은 두 개의 기본적인 절차로 이루어진다. 하나는 사건과 사건을 비교하고, 사건과 개념을 비교하는 것이고(다음의 '지속적 비교방법' 참조), 다른 하나는 '이 사건이 가리키는 범주나 범주의 속성은 무엇인가?' '이 자료에서 무엇이 일어나고 있는가?'와 같은 중립적 질문을 던지는 것인데, 이렇게만 하면 범주와 범주의 속성이 출현한다. 여기서 알 수 있듯이 글레이저는 개방코딩의 코딩에서 줄단위(line-by-

---

* 글레이저는 자료를 쪼개거나 해체하기 전에 자료를 읽고 이에 대한 인상을 이론적 언어로 적어 보도록 권했다. 이때 자료를 듣거나 읽어 보고 몇 개의 눈에 띄는 범주를 포착해 분석적으로 서술해 보라고 하였다.

line)코딩보다 사건단위(incident-by-incident)코딩을 지지한다. 줄단위 코딩은 서로 연관되지 않은 무질서하고 너무 많은 코딩을 만들어 낸다고 보았기 때문이다.

글레이저의 방법에서 지속적 비교방법의 중요성은 코딩과 개방코딩의 정의에서도 드러난다. 그는 코딩이란 범주와 속성이 출현하도록 지속적 비교방법을 통해 자료를 개념화하는 것이고, 개방코딩이란 핵심범주와 그 속성들로 코딩범위를 제한하는 지속적 비교방법의 최초 단계다. 이처럼 글레이저의 방법에서 지속적 비교방법은 코딩보다 위에 있으며, 코딩이라는 말을 이끌고 나가는 마차와 같다. 따라서 글레이저의 개방코딩은 자료를 열어젖힌 상태에서 지속적 비교방법을 적용하면 된다. 글레이저의 개방코딩 방법은 이렇게 간단하다.

글레이저의 개방코딩 과정에서 연구자가 우선 찾아내야 하는 것은 '패턴'이다. 글레이저는 개방코딩을 하는 연구 초기부터 지속적 비교방법을 통해 패턴이 드러난다고 보았다. 이는 스트라우스가 패턴은 분석의 뒷부분에 가서야 우연히 발견된다고 본 입장과 대조된다. 패턴을 찾기 위해서는 스트라우스 방법에서처럼 한 단락이나 한 문단을 해체해 거기에 개념적 이름을 붙이는 것이 아니라, 자료를 헤쳐 가면서 사건과 사건, 사건과 개념을 비교해야 한다. 비교하면서 반복되는 유사한 사건들에 개념이 부여되면 이것이 패턴이 된다.

글레이저가 여기서 강조하는 것은 스트라우스처럼 '어떤 행위에 단지 이름을 붙이는 것'과 '많은 사건들 속에서 하나의 패턴을 개념화하는 것' 간의 차이다. 어떤 행위에 이름을 붙이고, 유사한 이름들을 묶어 내는 것은 모든 범주들을 균등하게 다루고 발전시키려는 것이다. 글레이저가 보기에 이것은 관련성을 무시한 방법이다. 글레이저는 우리 모두는 의미와 인식의 빈 곳이 존재하는 세계에 살고 있기 때문에 어떤 범주는 다른 범주에 비해 빈약할 수 있다고 했다. 분석이 관련성을 갖기 위해서는 빈약한 범주는 분석가의 실패가 아니라 실재 자체가 그렇기 때문에 그 자체를 자료로 여겨야 한다. 이처럼 초기에 패턴을 찾아야 하는 이유는 실재에 '근거' 한 관련성 있는 이론, 즉 근거이론을 도출하기 위해서다.

글레이저는 개방코딩 과정에서 한 문장이나 문단을 떼어 놓고 각각의 사건이나 아이디어에 이름을 붙이는 스트라우스 방법으로는 패턴을 찾아낼 수도 없고, 관련성을 확신할 수도 없는 너무 많은 개념들이 양산될 뿐 근거이론을 도출하기 어렵다고 하였다. 글레이저는 스트라우스의 방법이 지속적으로 코딩하고, 패턴을 분석하며, 이들을 포화시키는 방법으로 연구하지 않는다고 말한다. 그 대신 한 사건이나 한 단어에 지나치게 몰두하게 한다고 한다. 이렇게 되면 중요하지 않은 사소한 자료 안에서 분석의 길을 잃게 되고, 너무 많은 단어가 선택됨으로써 초점을 잃게 된다. 개념적으로 쪼개는 것은 쉽지만 그것은 근거이론이 아니며, 비교하지 않고 쪼개어 명명하는 것으로는 개념이 너무 많아지고 지루해진다는 것이다. 글레이저에게 자료를 해체하고 개념화한다는 것은 자료를 철저히 보면서 사건과 사건, 개념과 개념을 비교하는 것을 의미한다.

글레이저의 방법에서 패턴의 근간이 되는 범주들은 오직 비교를 통해 출현하고, 속성들은 더 많은 비교를 통해 출현하기 때문에 비교하기만 하면 된다. 범주나 속성들은 분석가의 선호로 발견되는 것이 아니라 자료를 지속적으로 비교하는 데서 나오고, 이 지속적 비교에 의해 좌우된다. 스트라우스의 방법이 한 사건이나 한 단어에 지나치게 몰두하는 반면, 글레이저의 방법은 지속적으로 코딩하고, 패턴을 분석하며, 이들을 포화시키는 방향으로 연구가 진행된다. 글레이저는 분명하고 단호하게 말한다. 근거이론의 개발과정에서 범주를 발전시키려면, 첫째, 범주의 속성을 발전시키고, 둘째, 그 범주와 다른 범주 및 속성과의 관계, 핵심범주(기본적 사회적 과정을 포함)와의 관계를 이론적으로 코드화해야 한다. 이것이 전부이며 또한 이렇게 간단하다.

글레이저의 개방코딩은 자료에서 패턴을 찾고, 이 패턴들을 개념화하고, 패턴들 간의 관계에서 주제를 발견하고, 이어 핵심범주를 찾아내면 끝난다. 그러나 이때 핵심범주는 '발견'될 뿐이지, 확증되거나 정교화되지 않는다. '발견'된 핵심범주를 명확히 하고 포화되도록 하는 것은 그다음 단계인 선택코딩에서 이루어진다. 글레이저에 의하면, 근거이론의 핵심은 개념화이다. 개념화는 지속적 비교를 통해 도출된 패턴에 이름을 부여하는 것이다.

글레이저는 핵심범주를 찾을 때는 먼저 중심주제(main theme)를 찾고, 가능한 한 다른 많은 범주 및 그 속성과 관련될 수 있는 설명력있는 범주를 찾을 것을 제안한다. 핵심범주는 다른 범주들을 전체로 통합시킬 수 있어야 한다. 이미 스트라우스 방법에 익숙한 독자들은 짐작했겠지만 스트라우스의 방법에서 핵심범주는 분석의 초반부에서가 아니라 가장 후반부에서 나타난다. 스트라우스 방법에서 핵심범주는 개방-축-선택 코딩으로 이어지는 분석의 후반, 즉 선택코딩 단계에서 나타난다. 그러나 글레이저는 개방코딩 단계에서 핵심범주가 발견된다.

핵심범주는 근거이론에 필수적 요소로서 핵심범주가 없으면 근거이론은 불가능하다. 핵심범주는 다른 범주들과의 관계를 발견함으로써 이루어진다. 글레이저에 의하면, 핵심범주를 찾는 것은 시간과 노력이 많이 들고 신중한 태도를 요하는 것이기는 하지만 '바로 거기에 있다.' 처럼 마법(신비한 힘)에 의해 일어난다. 많은 근거이론 연구자도 핵심범주는 의식적이든 무의식적이든 연구 전체를 반영하면서 직관을 통해 발견된다는 점을 인정한다.

(2) 선택코딩

글레이저의 두 번째 코딩과정은 선택코딩이다. 글레이저에게 선택코딩은 개방코딩을 멈추고 핵심범주와 연관된 범주들에 한정하여 선택적으로 코딩하는 것이다. 연구자가 개방코딩을 그만두고 선택코딩으로 넘어가는 시점은 이론에 대한 전망을 보면서 하나의 핵심범주로 제한하는 것이 합당하고 적합하다고 여겨질 때다. 선택코딩은 열어젖힌 채로 달리는 자료에 전환을 주는 것으로서 개방코딩에서 선택된 하나의 핵심범주에 대해 '선택적으로 코딩하는 것' 이다.

하나의 핵심범주에 대해 선택적으로 코딩한다는 것은 코딩을 핵심범주와 관련되는 범주들만을 중심으로 제한하는 것을 의미한다. 이때 핵심범주 주변의 다른 범주들은 가능한 한 핵심범주에 도움이 되는 역할로 강등된다. 반면 스트라우스의 방법에서 선택코딩은 개방코딩과 축코딩 이후 마지막 코딩과정이다. 스트라우스는 선택코딩을 핵심범주를 선택하는 코딩으로 정의한다. 이처럼 글레이저의 선택코딩과 스트라우스의 선택코딩은 용어는 동일하지만, 선택코딩에 대한 정의와 행해지는 시점에서 차이가 있다.

따라서 글레이저의 선택코딩은 핵심범주 및 핵심범주와 관련되는 범주들을 포화시키는 것을 목표로 한다. 선택코딩에서는 핵심범주를 완전히 포화시켜야 하는데, 이러한 포화의 과정을 통해 핵심범주에 대한 확신을 얻을 수 있다. 핵심범주와 관련 범주들을 포화시키기 위해서 연구자는 이론적 표집을 통해 더 많은 자료를 수집해야 한다. 이때 핵심범주는 이론적 표집의 안내 역할을 한다. 이론적 표집은 핵심범주를 중심으로 이론적 관련성을 높여 줄 수 있는 집단을 개념적 차원에서 표집하며, 이는 범주가 포화될 때까지 이루어진다.

글레이저에게 근거이론이란 하나의 핵심범주를 중심으로 이론을 생성하는 것이다. 이론은 핵심범주를 중심으로 만들어지기 때문에 핵심범주가 없는 근거이론은 관련성과 작동성에서 멀어진다. 선택코딩 과정에서 핵심범주가 포화되면 통합이 일어나는데, 이 때 핵심범주는 패턴 속의 변이를 보여 주고 설명해 줄 수 있어야 한다. 글레이저는 핵심범주는 하나이고 만일 두 개인 경우는 나머지 하나를 핵심범주의 하위범주로 위치시켜야 한다고 보았다. 그는 핵심범주가 두 개 이상인 경우 이론적 기능을 상실한다고 하였다.

글레이저와는 다르게, 스트라우스는 개방코딩에 이은 이후의 코딩과정을 '축코딩(axial coding)'으로 명명하였다. 축코딩은 글레이저의 저작에는 없는 스트라우스 버전의 핵심이다. 축코딩의 목적은 자료를 쪼개서 다시 새로운 방식으로 모으는 것으로서, 범주와 하위범주를 연관지음으로써 이루어진다. 그리고 이러한 연관은 '코딩 패러다임(coding paradigm)'을 사용해서 가능하다. 코딩 패러다임은 현상의 세 가지 측면(좀 더 구체적으로는 여섯 가지 측면)에 초점을 두는데, 현상이 일어나는 조건이나 상황, 그 상황 속에서 일어나는 것에 반응하는 사람들의 행동이나 상호작용, 행동이나 상호작용의 결과가 그것이다.

물론 글레이저는 축코딩을 지지하지도 인정하지도 않는다. 그는 오히려 스트라우스의 축코딩이 근거이론 방법을 훼손하고 혼란에 빠뜨리며, 개념적으로 강제된 서술을 산출하기 때문에 근거이론이 아니라고 비판한다. 그에 의하면, 근거이론은 범주와 속성의 관계를 인과조건, 현상, 맥락조건, 중재조건, 작용/상호작용, 결과를 나타내면서 연결하지 않는다. 이것은 극도로 선입적이고 자료에 대한 이론적 코딩을 강제하는 것이다. 근거이론가는 단순히 범주와 속성을 코딩하고, 어떠한 이론적 코드든 그것이 출현되도록 놔두어야 한다. 글레이저는 축코딩은 근거이론에서 불필요하며 근거이론에 위험하다고 말한다. 아울러 코딩 패러다임은 자신의 1978년 저작인 『이론적 민감성』에서 서술한 6C의 또 다른 명명이라고 주장한다.

이에 대해 스트라우스는 패러다임 모형 사용에 대해 방어하였다. 그들은 패러다임 모형은 대부분의 사람들이 현상이 왜 어떻게 일어나는지를 설명하기 위해 의존하는 인과적 사고방식과 유사하다고 말한다. 그들은 근거이론 구성을 위해 패러다임 모형을 사용하는 것은 대부분의 사람들에게 자연스러운 사고과정을 거치도록 해 줌으로써 연구자가 실재세계의 복잡성과 움직임을 포착할 수 있게 도와준다는 것이다. 또한 코딩 패러다임은 자료에 대하여 취하는 하나의 관점에 불과하며, 구조와 과정이 통합되는 방식으로 자료를 체계적으로 수집하고 자료가 질서를 갖도록 돕는 또 다른 분석적 입장에 불과하다고 하였다.

그러나 스트라우스의 이러한 방어에도 불구하고 축코딩에 대한 의구심은 여전히 상존한다. 글레이저는 스트라우스가 현실의 복잡성 때문에 축코딩과 같은 절차가 필요하다고 하나, 1967년의 『근거이론의 발견』에서 말한 그것, 즉 범주와 속성을 코딩하고 이들을 이론적 코드와 연결하는 것을 그냥 행하면 되는 것이라고 반박한다.

근거이론 연구자들 사이에서 코딩 패러다임이 근거이론에서 갖는 위상을 고려할 때 축코딩은 근거이론이 강조하는 '출현' '발견'과 모순된다거나 또는 스트라우스의 방법이 자료분석의 전체 과정을 좀 더 쉽게 했지만 실질적 절차에서는 훨씬 더 복잡하게 만들었다는 평가가 이루어지기도 하였다. 이외에도 축코딩이 서술의 깊이를 더해 주었으나 근거이론에서 요구되는 높은 수준의 추상적 사고에 관여하는 것을 방해하였다거나, 초심자나 분석에 적은 시간을 보내고 싶은 사람에게 패러다임 모형을 사용하는 것은 너무 쉽고 너무 매력적이지만 서술을 넘어 개념화와 이론화로 이동하는 데는 방해가 되었다는 경험이 토로되기도 하였다.

(3) 이론적 코딩

근거이론의 목적인 이론 생성은 범주와 그 속성 등 개념적 코드들 사이의 가설적 관계를 발전시킴으로써 이루어진다. 글레이저는 근거이론 생성에 요구되는 개념적 코드를 실체적 코드(substantive codes)와 이론적 코드(theoretical codes)로 구분하였다. 실체적 코드는 연구영역의 경험적 실체를 개념화한 것으로, 주로 개방코딩과 선택코딩 과정에서 생성된다. 이론적 코드는 실체적 코드들이 어떻게 서로 이론으로 통합되는 가설로 연관될 수 있는지를 개념화하는데, 글레이저는 이를 이론적 코딩(theoretical coding)이라 불렀다. 즉, 이론적 코딩은 핵심범주와 다른 범주를 연관 짓고, 범주들을 이론적 구성체로 통합하고 정련하는 과정이라 할 수 있다.

글레이저는 이 두 유형의 코딩이 동시에 이루어진다고 하였다. 이는 실체적 코드들이 생성되는 과정에서도 이론적 코드에 의한 사고가 작동된다는 것을 의미한다. 예를 들어, 개방코딩에서 핵심범주를 발견하거나 선택코딩에서 핵심범주에 대한 확신을 얻기 위해서는 핵심범주의 속성과 다른 범주들과의 관계를 이론적 코드들로 코딩해 보는 것이 필요한 것이다. 그러나 연구자가 자료 안에서 코드를 발견할 때는 실체적 코딩을 더 많이 사용하고, 이 실체적 코드들을 이론적으로 분류하고 메모에 통합할 때는 이론적 코딩을 더 많이 사용한다. 코딩과정의 한 단계로서의 이론적 코딩은 후자의 경우에 해당된다.

이론적 코딩은 핵심범주와 다른 범주들을 '연결 지어' 이론적 가설로 '통합'함으로써 이루어진다. 글레이저에 의하면, 실체적 코드들을 연결 짓고 통합하는 이론적 코딩의 방식은 무수히 많다. 따라서 연구자는 무수히 많은 이론적 코드에 대해 알고 있어야 한다. 글레이저에 의하면, 핵심범주를 중심으로 다른 범주들을 연관 짓고 통합하는 것은 단지 이론적 코드에 근거해 범주와 속성을 연계하면 출현하고 이는 그리 어렵지 않게 일어난다. 그는 '통합'은 이론적 코드로 가려내면 저절로 출현한다고 보았다.

이론적 코딩에서 중요한 역할을 하는 이론적 코드는 실체적 코드들이 서로 어떻게 연관될 수 있는지 개념화한다. 실체적 코드들은 이론적 코드 없이도 서로 연관될 수 있지만, 이론적 코드들은 실체적 코드들 없이는 추상화되기 어렵다. 예를 들어, 관리주의와 자율권 축소라는 두 실체적 코드가 '정도에 근거한 원인'이라는 이론적 코드로 연관되고 통합되는 것으로 드러나면, 이론적 코딩은 '관리주의가 가속화될수록 사회복지사들의 자율권은 축소된다.'로 통합된다. 이처럼 이론적 코드들은 통합의 범위와 포괄적인 그림, 자료에 대한 새로운 시각을 제공해 준다. 또한 연구자로 하여금 개념과 개념들 간의 관계에 대해 글을 쓸 때 개념적 수준을 유지시켜 주는 데 도움을 준다.

글레이저는 이론적 코드들도 실체적 코드와 마찬가지로 출현한다는 점을 강조한다. 따라서 연구자가 선호하는 이론적 코드를 자료에 대입해서는 안 된다. 글레이저는 특히 스트라우스가 '조건'에 초점을 둔 이론적 코드를 선호하여 이를 자료에 대입했고,

그것은 출현이 아니라 강제라고 비판한다. 또한 통합의 방법에서도 스트라우스의 방법은 너무 복잡하고 근거이론을 산출하기 어렵다고 말한다. 스트라우스는 통합을 위해 스토리 윤곽을 설명하고, 패러다임을 사용해 핵심범주 주변으로 하위범주를 연결하며, 차원 수준에서 범주를 연결하고, 관계를 타당화하며 범주들을 채워야 통합에 도달할 수 있다고 하였다.

글레이저는 1978년 『이론적 민감성』에서 경험적 패턴을 이론적으로 만드는 데 활용할 수 있는 열여덟 가지의 이론적 코드들을 제안하였다. 우선, 6C가 있다. 이것은 영어의 C로 시작되는 여섯 가지의 이론적 코드로서, 원인(Causes), 맥락(Contexts), 부수사건(Contingencies), 결과(Consequences), 공변이(Covariances), 조건(Conditions)을 말한다. 이외에도 과정(process), 정도(degree), 차원(dimension), 유형(type), 전략(strategy), 상호작용(interaction), 정체성-자아(identity-self), 구분점(cutting point), 수단-목적(means-goal), 문화(cultural), 합의(consensus), 주류(mainline), 이론(theoretical), 배열 또는 정교화(ordering or elaboration), 단위(unit), 읽기(reading), 모델(model)을 이론적 코드로 제시하였다(좀 더 구체적인 것은 글레이저의 1978년 저서인 『이론적 민감성』 74~82쪽 참조). 이후 글레이저는 이 열여덟 가지 이론적 코드에 23개의 이론적 코드 목록을 추가하였다.

글레이저가 제시한 이론적 코드들은 실체적 코드들을 이론적 코드로 전환하는 데 있어 연구자들의 민감성을 촉진한다. 그가 제안하는 이론적 코드들은 실체적 코드들을 이론적 코드로 전환할 수 있도록 돕는 개념적 구조와 틀만이 아니라, 실체적 코드들의 내용에 대한 민감성을 돕는 코드, 그리고 실체적 코드들을 이론적 코드로 전환하는 데 사용될 수 있는 방식에 이르기까지 다양하다.

글레이저에 의하면, 이 이론적 코드들은 실체적 범주들을 연결 짓고 통합하는 것을 돕지만, 이들은 상호 배타적이지 않고 상당 부분 중복된다. 하나의 이론적 코드가 다른 이론적 코드를 낳기도 하며, 어떤 이론적 코드는 동일한 것을 다른 방식으로 말하는 것이기도 하다. 따라서 글레이저는 자신이 제안하는 이론적 코드들에 대해 독자들이 다른 말로 생각해도 되며, 아울러 새로운 이론적 코드도 발견할 수 있다고 하였다. 근거이론 연구자는 글레이저가 제안하는 이론적 코드 목록들을 숙지하면 이론을 생성하는 데 많은 도움을 받을 것이 분명하지만, 무수히 많은 이론적 코드 중에 자료에서 출현하는 바, 바로 그 이론적 코드를 포착하는 것은 자료에 몰입하는 연구자의 통찰에 달려 있다고 할 수 있다.

4) 핵심 전략

(1) 지속적 비교방법

『근거이론의 발견』에서는 이론 생성의 핵심 전략으로 비교분석 (comparative analysis)을 다룬다. 비교는 질적분석의 지배적 원리다. 근거이론에서 사용하는 비교의 원리는 '지속적 비교방법 (constant comparative method)'이다. 많은 사람에 의해 많은 비교 방법이 얘기되지만, 질적분석에서 지속적 비교방법만큼 널리 사용되는 것은 없다. 지속적 비교방법은 근거이론을 생성하는 데 반드시 사용되지만, 근거이론 안에만 국한되지 않는다. 그것은 근거이론을 넘어, 근거이론 밖에서 질적자료분석 방법 혹은 기법으로 사용되며, 그 활용의 범위는 점차 확장되어 가고 있다.

글레이저와 스트라우스는 이 지속적 비교방법에 대해 서로 다른 견해를 제시하였다. 우선 글레이저는 스트라우스보다 근거이론 생성에서 지속적 비교방법이 갖는 중요도와 위상을 훨씬 더 강조한다. 글레이저는 코딩방법들은 물론이고 이론적 표집도 지속적 비교방법의 일부로 간주할 정도로 분석과정에서 지속적 비교방법의 우위를 분명히 하였지만, 스트라우스는 지속적 비교방법보다는 코딩방법을 강조하였다. 글레이저에게 지속적 비교방법이라는 비교의 원리는 근거이론 분석의 지배적 원리로 작동한다. 근거이론에서 지속적 비교방법은 자료를 코딩할 때는 물론이고, 이론적 표집 나아가 실체이론을 형식이론으로 발전시키는 등 근거이론의 전 과정에 적용된다. 근거이론에서 지속적 비교방법은 분석을 위한 기계적 활동이 아니라 근거이론의 생성을 가능하게 하는 지적활동이다.

지속적 비교방법은 범주들과 속성들을 개발하고, 포화시키고, 통합시키기 위해 자료와 자료를 비교하고, 자료와 개념들을 비교하는 것이다. 이것은 '자연스럽게' 일어나는 단순한 비교 이상의 활동이다. 지속적 비교는 '의도적'으로 일어나는 쉽지 않은 지적활동이다. 그러나 지속적 비교방법의 원리는 간단하다.

글레이저가 강조하는 지속적 비교에서 비교의 대상은 사건과 사건, 사건과 개념, 개념과 개념이다. 자료 속에 있는 사건들을 비교하고, 자료에서 출현한 개념과 사건을 비교하고, 출현한 개념과 개념을 비교한다. 그리고 이 비교의 과정에서 이 사건이 가리키는 범주 혹은 범주의 속성은 무엇인가와 같은 질문을 던지면 된다. 이러한 일련의 비교과정에서 개념적으로 유사한 것을 발견하게 되고, 서로 구별되는 범주들이 설명력을 갖게 되며, 패턴을 발견하게 된다. 나아가 발견된 범주와 속성들, 핵심범주가 포화되면서 하나의 개념적 가설로 통합되어 근거이론을 생성한다.

글레이저의 근거이론에서 지속적 비교방법을 이론생성의 가장 중요한 전략으로 위치 짓는 이유는 이 방법이 자료를 강제하지 않으면서 범주와 속성이 출현할 수 있도록 하는 가장 좋은 방법이기 때문이다. 이는 출현과 귀납에 의한 근거이론을 생성하기 위해서는 반드시 지속적 비교방법을 필요로 한다는 의미이고, 글레이저는 지속적 비교방법의 이러한 측면을 강조하여 근거이론 분석에서 가장 우위에 두었다. 글레이저의 지속적 비교는 초기에 선지식의 적용을 자제하면서 자료 안에서 지속적으로 상호 비교함으로써 분석의 내적 외적 타당성을 높여 준다.

글레이저와 스트라우스는 지속적 비교방법의 중요도에서 차이를 보인 것 외에도, 지속적 비교의 방법에서도 차이를 보인다. 글레이저는 지속적 비교를 할 때 초기에 문헌과의 비교를 가능한 한 자제할 것을 요구한다. 문헌고찰의 시기를 처음부터 하지 말아야 출현이 된다고 본 것이다. 글레이저는 '범주들이 충분이 드러났다고 생각되면' 그때 문헌과의 비교를 권한다. 글레이저의 이러한 권고는 그의 근거이론 방법이 출현과 귀납에 근거하고 있기 때문이다. 그러나 스트라우스는 초기 분석과정에서 문헌과의 비교를 허용한다. 이는 문헌고찰이 자료분석의 렌즈를 촉진한다고 본 것이다. 이처럼 글레이저는 스트라우스보다 에믹(emic)을 더 강하게 견지한다. 즉, 글레이저의 비교는 초기에 연구자의 선지식이나 선입을 되도록 억제하여 분석의 귀납성을 확보함으로써 에믹 관점을 유지하려 한다.

글레이저의 지속적 비교가 에믹 관점을 강조한다 하여, 지속적 비교과정에서 해석행위가 사라지는 것은 아니다. 오히려 지속적 비교는 지속적인 해석행위다. 연구자는 지속적 비교를 통해 범주나 속성에 이름을 부여하는데, 이름을 부여하는 것이 곧 해석이다. 이처럼 '의도적인' 지속적 비교는 해석과 함께 이루어지며 복잡한 사회적 현상을 좀 더 간단한 명제로 해석하게 해 준다.

글레이저가 초기에 문헌고찰을 반대한다 하여 개인적 경험에 근거한 자연적이고 상식적인 수준의 해석행위까지 부인하는 것은 아니다. 그가 말하고자 하는 것은, 문헌고찰을 통해 얻는 이론이나 선지식이 실재하는 사회적 세계를 먼저 규정지어서는 안 된다는 것이다. 글레이저의 방법에서는 출현하는 범주와 속성들이 충분히 '근거'하고 있다고 여겨질 때가 되면 문헌의 선지식들과 연결짓고 통합하는 해석행위를 할 수 있다. 에믹을 분명히 하고서 에틱(etic)의 가능성을 열어 놓은 것이다. 이를 다른 말로 표현하면, '너무 이른 해석'을 경계한 것으로 볼 수 있다. 그는 에믹과 에틱 모두가 질적연구의 요소임을 잘 알고 있었고, 이것의 불가피성 또한 잘 알고 있었다.

글레이저의 방법에 깔려 있는 이러한 해석의 가능성에 대한 평가는 엇갈린다. 글레이저의 방법에는 해석보다 객관주의가 작동하고 있다고 보기도 하고(샤마즈), 이와는 정반대로 '방법적 해석학'이 들어 있다고 할 정도로 글레이저의 근거이론을 해석을 위한 방법적 도구로 보기도 한다(레니). 후자의 경우, 글레이저의 방법에는 이중의 해석학이 존재하고, 가추와 귀납이 작동하며, 수사학까지 포함되어 있으므로 그의 방법을 해석학적 활동으로 보는 것이야말로 근거이론에 새로운 가능성을 만들어 준다고 보았다. 이런 점에서 다소 논란의 여지가 있기는 하지만, 글레이저의 방법이 '출현에 갇혀 있다.'는 비판은 근거이론을 창안한 근본 목적, 즉 기존의 이론으로 덮어씌우지 않는, 기존의 이론에 지배받지 않는 실재 세계 안에서 출현되는 이론을 창출하려 했다는 점을 간과한 지적이다.

한 가지 문제는, 지속적 비교의 구체적 방법과 절차가 아직도 구체적으로 정식화되지 않았다는 점이다. 비교의 대상은 무엇인지, 비교가 일어나는 국면은 어디인지, 비교를 왜 해야 하는지, 비교를 하면 어떤 결과가 나오는지 등에 대해서는 명확하지 않으며, 정해진 절차도 없다. 따라서 근거이론 연구를 포함한 많은 질적연구에서 지속적 비교방법을 사용했다는 진술이 많지만, 과연 의도적으로 지속적 비교를 사용했는지, 어떤 방법으로 비교했는지, 어떤 결과가 도출되었지에 대해서 언급한 논문은 드물다.

글레이저도 사건과 사건, 사건과 개념을 비교하라고 했지만 과연 '사건(incidents)'의 범위와 기준이 무엇인지, 그 절차가 어떠해야 하는지 제시하지 않았다. 이런 상황 때문에 사건과의 비교를 에피소드와 에피소드의 비교로 보기도 하고, 자료의 조각을 다른 조각과 비교하는 것으로 보는 등 지속적 비교의 구체적 방법과 절차를 둘러싸고 다양한 견해가 제안되고 있다. 그러나 글레이저의 지속적 비교 방법을 위해서 '사건'이 필요한 것은 분명하다.

지속적 비교방법이 가진 이러한 제한에도 불구하고, 지속적 비교방법은 근거이론 생성을 비롯한 질적분석에서 많은 이점과 가능성을 갖고 있다. 지속적 비교방법은 자료에 대한 실체적·이론적 민감성을 촉진해 주며, 초심자에게 자료를 체계적으로 조직화하고 환원할 수 있는 능력을 개발시킨다. 자료 안의 사건들을 연결할 수 있게 도와주고, 이는 에믹 관점을 유지하게 해 준다. 또한 분석의 과정에서 흔히 일어나는 과도한 해석이나 발화 수준의 코딩을 막아 줌으로써 자료에 밀착하게 한다. 범주들이 억지로 끼워 맞춰지는 것이 아니라 퍼즐처럼 저절로 끼워 맞춰지며, 자료에 몰입하여 자료를 보다 입체적으로 이해하게 됨으로써 분석의 타당성을 확보하게 해 준다.

글레이저는 코딩방법에 경도되었던 근거이론 방법을 지속적 비교방법으로 이동시켰다. 글레이저가 근거이론에서 출현을 강조하면서 지속적 비교방법이 갖는 위상을 중시했지만, 이제 지속적 비교방법에 대한 논의는 글레이저의 경계를 훨씬 넘어선다. 지속적 비교방법이 근거이론 설계를 구성하는 것이 아니라, 지속적 비교방법이 어떻게 수용되고 사용되는가가 방법론을 결정한다는 주장이 그 한 예다. 해당 분석이 연역적이고 이론을 검증할지, 아니면 귀납적이고 특정 맥락을 위한 이론을 구축할지를 결정하는 것은 지속적 비교방법의 시기와 과정에 달려 있다는 것이다.

또 다른 예로, 지속적 비교방법은 근거이론 밖에서도 사용 가능하며, 다른 분석방법과 함께 사용할 수 있다는 주장이다. 지속적 비교방법에 대한 이러한 발전적 진화는 앞으로 질적분석에 대한 기존의 논의를 더욱 정교화하고, 질적연구 설계를 귀납만이 아닌 연역의 영역까지 확장할 수 있는 실용적 근거를 제공할 것으로 보인다.

(2) 이론적 표집

근거이론을 산출하기 위해 사용되는 주요 방법은 지속적 비교, 이론적 표집(theoretical sampling), 코딩방법, 메모다. 이들 방법은 자료분석의 전 과정에 작동하면서 근거이론의 생성을 돕는다. 글레이저와 스트라우스(1967)는 이론적 표집에 대해 '이론창출을 위한 자료수집의 과정으로, 이론 개발을 위해 자료를 수집하고 코딩하고 분석해서 그다음에 어떤 자료를 수집할지, 어디서 자료를 찾을지를 결정하는 것'이라 하였다. 이 정의만 놓고 보면 이론적 표집은 질적연구에서 행해지는 여타의 표집과 별 차이가 없어 보인다. 그러나 이론적 표집은 질적연구에서 사용되는 관례적인 자료수집방법과는 뚜렷이 구별된다.

이론적 표집과 관련해 가장 주요하게 제기되는 문제는 이론적 표집을 사용했다고 진술하고 있지만 사실은 이론적 표집이 아닌 선택적 표집(selective sampling)을 사용하고 있는 경우가 아주 많다는 것이다. 글레이저에 의하면, 이론적 표집을 사용하지 않은 이론은 근거이론이라 할 수 없다. 이론적 표집은 사전에 계획되고 정해진 일련의 연구참여자를 선택하는 선택적 표집과 달리, 출현하는 범주나 이론에 따라 통제되는 사전에 계획되지 않고 필요에 따라 자료를 표집한다.

중요한 것은 근거이론 연구에서 이론적 표집이 아닌 선택적 표집을 사용하면 이론생성이 방해받는다는 점이다. 즉, 이론적 표집을 사용하지 않고 선택적 표집을 사용하면 개념의 간명성과 추상성, 일반성이 떨어져 이론이 아닌 서술 혹은 개념적 서술 연구를 산출하게 된다. 글레이저는 '서술'을 현상의 전 범위를 설명하는 것으로, 근거이론은 핵심범주를 중심으로 현상의 '변이'를 설명해 주는 것으로 구분하였다. 이렇게 이론적 표집을 충분히 추출하지 않게 되면 그 연구는 간명성, 추상성, 일반성이 낮은 서술에 머물게 된다. 그러므로 연구자가 서술이나 개념적 서술이 아닌 이론, 특히 근거이론을 창출하기 원한다면 이론적 표집은 필수적이다.

이론적 표집은 해당 연구가 근거이론임을 보증해 주는 중요한 기준점이다. 그러나 문제는 이론적 표집이 어떻게 이루어져야 하는지에 대한 구체적 지침이 없다는 점이다. 이론적 표집을 최초로 언급한 것은 1967년 『근거이론의 발견』에서다. 여기서 글레이저와 스트라우스는 이론적 표집의 기준과 원리적 수준의 개략적 과정에 대해 기술하였다. 이후 이론적 표집의 실행에 관한 방법상의 변이들이 제시되고 있기는 하지만, 근본적으로 1967년 원작의 논의 수준을 넘어서지 못하고 있다. 예를 들어, 글레이저와 스트라우스도 이후의 저작들에서 이론적 표집에 대해 말하고는 있지만, 원작의 논의의 틀 안에 있다.

이론적 표집이 다른 관례적 표집방법들과 가장 구별되는 지점은 이론적 표집의 자료수집 과정이 출현하는 개념이나 이론에 근거해 이루어진다는 점이다. 즉, 이론적 표집은 출현하는 이론의 범주와 속성을 정교화하고 포화시키기 위해 지속적으로 비교분석해 가는 과정에서 다음에 어떤 자료를 수집해야 할지 알려 주는 방향키다. 이처럼 이론적 표집의 기준은 인구집단이 아니라 출현하는 개념이라는 점에서 특이성을 갖는다. 따라서 이론적 표집은 출현하는 개념에 의해 통제되며, 자료와 개념을 왔다 갔다 하면서 이루어진다.

이론적 표집은 지속적 비교분석이 없으면 불가능하며, 지속적 비교분석 없이 이론적 표집 또한 불가능하다. 따라서 이론적 표집은 근거이론 생성을 위한 자료수집 방법이기는 하지만 동시에 자료분석의 방법이기도 하다고 할 정도로 근거이론에서 이론적 표집은 분석과정(코딩과정)과 밀접히 연결되어 있다. 그 이유는 이론적 표집 자체가 출현하는 코드, 개념에 근거해 이루어지기 때문이다. 글레이저는 근거이론 생성에서 코딩방법보다 지속적 비교방법과 이론적 표집의 중요성을 더 강조했다. 글레이저의 방법에서 이론적 표집은 지속적 비교방법과 분리될 수 없다. 그에게 이론적 표집은 지속적 비교방법의 일부다.

글레이저가 말하는 이론적 표집의 일반적 절차는, 우선 지속적 비교방법을 통해 초기 원자료에서 코드를 끌어낸다. 주요 범주가 빠른 속도로 나타나는 초기 개방코딩에서는 관련이 있다고 보는 모든 방향에서 표집이 이루어진다.* 그다음 초기 원자료에서 나온 핵심적 코드를 초점으로 이후의 자료수집의 방향을 정하고, 코드들의 속성과 연관관계가 이론적으로 발전될 때까지 비교집단을 표집한다. 이론적 표집의 기준은 창출된 아이디어 혹은 그 아이디어로부터 연역된 아이디어들이다.

이론적 표집의 초기결정은 선입적인 개념적 틀이 아니라, 출현하는 이론에 의해 이루어진다. 출현한 코드들을 근거로 하여 다음에 어떤 비교집단 혹은 하위집단을 찾아 나선다. 이론적 표집과정에서 처음에는 차이를 최소화하는 비교집단을 선택해 기본적 범주와 속성을 확실히 하고, 그다음에는 차이를 최대화하는 비교집단을 선택하여 범주들의 속성을 명확히 한다. 근거이론의 범위는 이 차이를 얼마나 최대화하여 집단을 선택하느냐에 달려 있다.

글레이저에 의하면, 이론적 문헌은 이론적 표집을 자극하지만, 자료와의 관련성을 해칠 위험이 있으므로 자료에서 발견된 개념적 틀이 안정화될 때까지는 이론적 문헌읽기를 조심할 필요가 있

---

* 이는 이론적 표집의 시작점이 개방코딩이 상당히 진전된 이후임을 시사한다. 그렇다고 글레이저가 선택코딩부터 이론적 표집이 이루어진다고 명확히 말하지는 않았다. 그는 "범주나 범주의 속성들이 충분히 근거하고 있다고 여겨지면"이라든가, "핵심범주가 기준이 된다."고만 말하였다. 따라서 글레이저가 말하는 이론적 표집의 시작점을 범주와 속성들이 충분히 드러날 때 시작한다고 이해하면 될 것으로 생각된다([그림 1] 참조). 또한 근거이론가 중에는 근거이론에서 부정적 사례를 표집해야 한다고 주장하기도 하나, 글레이저는 자료 안에는 늘 변이가 있기 때문에 그것이 긍정적 사례든 부정적 사례이든 무관하며, 만일 부정적 사례를 찾아 분석하면 근거이론 생성을 방해한다고 보았다.

다. 이론적 표집은 코드들이 포화되고, 정교화되고, 출현하는 이론에 통합될 때 끝난다. 이처럼 이론적 표집의 관점에서 근거이론 방법은 코드를 발견하고, 발견된 코드에 근거해 비교집단을 찾아 그 코드들을 포화시키는 과정이다. 글레이저는 스트라우스의 이론적 표집이 전개되는 개념들과의 관련성이 아니라 찾고 있는 것을 입증하는 데서 이루어진다고 비판하였다. 즉, 출현이 이루어지도록 표집하는 것이 아니라, 선호하는 코드를 발견하기 위해 이루어진다는 것이다.

3. 근거이론 방법에 대한 이슈

1) 근거이론 방법은 과정을 연구하는 방법인가

근거이론은 과정의 형태로 드러나야 하는가? 항간에 근거이론은 과정연구의 형태로, 그리고 과정을 연구하는 방법으로 알려질 정도로 근거이론과 과정은 밀접한 관계에 있다. 오늘날 근거이론으로 접근하는 많은 연구들이 과정을 연구한다. 여기에는 그만한 근거들이 충분히 있다. 1967년 『근거이론의 발견』에서 글레이저와 스트라우스가 행위와 과정에 대한 분석을 강조하고 있고, 이후 스트라우스와 코빈, 모스(Moss)와 샤마즈를 비롯한 여러 연구자들 사이에서 과정, 좀 더 구체적으로는 '기본적 사회적 과정(Basic Social Process: BSP)'이 근거이론의 핵심임을 표명하였다. 그래서

인지 거의 대부분의 근거이론 연구에서 '이론'의 핵심을 '기본적 사회적 과정'으로 받아들이고 있다. 근거이론의 목표는 '기본적 사회적 과정'을 탐구하는 것이고, 그 과정의 변이를 만들어 내는 상호작용의 다중성을 이해하는 것이라는 점에 다수의 논자들이 동의하고 있다.

그런데 한편으로 생각해 보면, 자료에 근거해 귀납적으로 산출되는 근거이론이 왜 꼭 과정의 형태이어야만 할까? 이는 근거이론이 상징적 상호작용론에 기반하기 때문이라는 설명이 있다. 물론 상징적 상호작용에서 인간의 행위와 사회가 과정적 특징을 갖는다고 본 것은 중요하다. 그러나 기본적 사회적 과정을 좀 더 광의로 보고, 자료로부터 출현하는 이론이 과정만이 아니라 구조를 포함한 모든 현상까지를 포함하여 연구될 수는 없을까라는 의문을 갖는 것 또한 자연스럽다. 글레이저에 의하면, 출현하는 것들은 그것이 꼭 과정이 아니더라도 근거이론으로 가능하다. 근거이론은 과정이라는 이론적 코드로 미리 예견 하지 않는다. 그에게 과정은 여러 개의 이론적 코드 중 하나다. 샤츠만(Schatzman)과 레이더(Layder)는 근거이론은 '기본적 사회적 과정'을 넘어 관심 현상에 포함되어야 할 모든 현상에 질문을 던져야 하고, 보다 거시적이고 구조적인 현상에 대해 이야기해 주어야 한다고 하면서 수정된 근거이론 모델을 제시하였다.

글레이저와 스트라우스 모두 '과정(process)'을 근거이론의 중요한 요소로 지적한다. 그러나 과정이 무엇이며, 근거이론에서 과정이 갖는 위치, 과정을 어떻게 분석할 수 있는지에 대해서는 견해를 달리한다.

스트라우스에 의하면, 과정은 '시간의 흐름과 공간에 따라서, 상황이나 맥락에 따라 변화하거나, 때로는 그 상태로 남아 있게 되는 작용/상호작용이 이루어지는 순차적 순서'를 의미한다. 그에게 과정은 변화를 설명하는 방식이어서, 변화와 과정을 동일한 것으로 본다. 그는 '과정'과 '단계(phase, stage)'를 구별하여, "모든 과정이 단계로 환원될 수 없고 그래서도 안 된다."는 입장을 취한다. 이는 스트라우스가 '과정'을 두 가지 방식으로 다루는 것이라 할 수 있는데, 하나는 단계로 나타나는 점진적 움직임이고, 다른 하나는 단계로 나타나지 않는 비점진적 움직임이다. 스트라우스는 분석에 과정을 끌어들이는 것이 근거이론에 필수적이라 하였다. 그는 과정이 없는 이론은 작용과 상호작용이 어떻게 전개되는지를 포착할 수 없다고 말함으로써 '과정'이 이론구성에서 핵심적이라고 보았다.

그러나 글레이저는 이와 다르다. 글레이저도 1967년에 스트라우스와 함께 쓴 『근거이론의 발견』에서 행위와 과정을 강조한 것은 분명하다. 그러나 1978년 『이론적 민감성』에 와서는 과정에 대한 논의를 진전시키면서 근거이론에서 과정이 중요하지만 모든 근거이론 연구가 과정을 연구하는 것은 아님을 분명히 하였다. 과정에 대해 글레이저는 스트라우스와 달리 단계가 없으면 그것은 '기본적 사회적 과정'이 아니라고 하였다. 그는 "자료 안에는 일반적 흐름이 있어서 모든 것이 움직이는데 이 일반적 흐름을 과정으로 보아서는 안 된다. 만일 '과정'인 것처럼 보이던 것이 사실은 과정이 아닌 경우 그것은 '사회구조적 조건'과 같은 다른 것으로 재개념화해야 한다."라고 했다. 글레이저에게 과정은 두 개 이상의 단계로 이루어지고, 시간의 경과에 따른 움직임이 있어야 하며, 출현하는 것이다. 스트라우스가 변화와 과정을 동일한 것으로 본 반면, 글레이저는 과정은 변화를 설명하는 방법들 중의 하나로 보았다.

글레이저는 근거이론은 기본적 사회적 과정의 창출에 제한되지 않으며, 기본적 사회적 과정은 핵심범주의 한 유형에 불과하다고 말하였다. 일반적으로 기존의 근거이론 연구에서 핵심범주는 기본적 사회적 과정의 형태로 제시된다. 글레이저는 모든 '기본적 사회적 과정'이 핵심범주이지만, 그렇다고 모든 핵심범주가 '기본적 사회적 과정'은 아니라고 하였다. 그에 의하면, 핵심범주는 항상 근거이론에서 나타나지만 '기본적 사회적 과정'은 그렇지 않다. 이 말은 곧 근거이론이 항상 '기본적 사회적 과정'의 형태로 제시되지 않을 수 있고, 과정 이외의 다른 형태로 드러날 수 있음을 시사한다. 근거이론이 '과정'의 형태만이 아니라 좀 더 다양한 형태로 제시될 수 있는 가능성을 열어 놓은 것으로 볼 수 있다.

글레이저는 '기본적 사회적 과정'을 좀 더 상세하게 설명하는데, '기본적 사회적 과정'을 두 가지로 구분하고 이들의 관계를 제시하였다. 글레이저에 의하면, '기본적 사회적 과정'은 '기본적 사회심리적 과정(Basic Social Psychological Process: BSPP)'과 '기본적 사회구조적 과정(Basic Social Structural Process: BSSP)'으로 구분된다. 기존의 대부분의 연구들은 '기본적 사회심리적 과정'에 초점을 두고 '기본적 사회구조적 과정'은 전제된 것으로 본다. 글레이저는 이들 연구가 사회구조적 과정을 하나의 명확한 과정으로 그려 내지 않고 구조적 조건으로 취급한다고 하면서, 이는 '기본적 사회심리적 과정'을 이해하기 위해 '기본적 사회구조적 과정'이 필요하지 않다고 보기 때문이라고 하였다. 그는 어떤 연구이든 기본적 사회심리적 과정을 강조할 수도 있고, 기본적 사회구조적 과정을 강조할 수도 있으며, 또 어떤 연구에서는 이 둘의 혼합을 강조할 수도 있다고 보았다.

글레이저와 스트라우스는 '기본적 사회적 과정'을 파악하는 방법에서도 차이를 보인다. 스트라우스의 '과정' 분석은 속성과 차원, 개념간 관계를 코딩하는 것과 동시에 일어나며, 특히 축코딩의 일부로 이야기된다. '과정' 분석은 속성을 찾는 대신에 '작용/상호작용'의 움직임과 변화, 그리고 맥락과 상황의 변화에 초점을 둔다. 반면 글레이저의 '과정' 분석은 특정적이기보다 일반적인데, 그는 근거이론에서 과정은 하나의 범주라는 점을 강조한다. 따라서 '과정'도 범주들, 범주의 속성들과 연관되어 개념화되며, 이론적 코드에 의해 이론으로 통합된다고 하였다. 즉, 글레이저의 '과정' 분석은 자료에 대해 질문을 던지면서 코딩하고, 비교하고, 분석하고, 메모해 가면서 범주를 산출하는 일반적 코딩과정의 연속선상에 있다고 볼 수 있다.

2) 근거이론의 산물은 어떤 형태로 제시되어야 하는가

근거이론은 일반적으로 실체적 영역에 대한 이론을 개발하는 것으로 이해되고 있다. 여기서 늘 문제가 되는 것은 '실체'라기보다 '이론'이다. 왜냐하면 근거이론에서 '이론'이 어떠한 조건을 갖추어야 하는지에 대해 뚜렷하게 합의된 기준이 모호하기 때문이다. 일반적으로 근거이론이 실체영역에 대한 '이론'으로서 갖추어야 할 조건들이 있다. 그것은 제시되는 이론의 형태, 추상성의 정도, 이론적 연관 논의, 세 가지다.

첫째, 글레이저는 제시되는 이론의 형태에 대해서 이를 명확히 언급하였다. 그는 근거이론 접근은 실체영역에 대한 귀납적 이론을 산출하기 위한 방법이고, 그 산물은 실체영역에 대한 '이론적 형식화'나 '개념적 가설' 혹은 '모델'의 형태로 제시되어야 한다고 하였다. 글레이저와 스트라우스(1967)는 이론의 요소로 범주, 범주의 속성을 든다. 범주는 이론의 개념적 요소이고, 속성은 범주의 개념적 요소다. 개념적 가설은 이 범주들 간의 관계다. 근거이론의 산물은 개념화를 통해 산출된 범주들 간의 관계를 개념적 가설이나 모델의 형태로 제시되어야 한다.

둘째, 근거이론은 이론의 한 형태인 만큼 추상성을 담보하는 것이 중요하다. 추상성의 문제는 근거이론의 결과가 개념적 서술인가 이론인가 간의 차이에 관한 논란을 불러일으킨다. 이 문제는 많은 논자 사이에서 이론을 산출해야 한다는 방향으로 논지가 모아지고 있다. 이들은 연구결과를 서술적으로 기술하는 것과 이론을 구축하는 것은 다르며, 서술은 이론이 될 수 없고, 근거이론 방법에 의해 생성된 이론은 예측하고 설명할 수 있어야 하며, 근거이론의 미래 유용성은 개념적 서술을 넘어서야 한다고 주장한다. 그런데 근거이론에서 추상성을 담보하지 못하는 가장 큰 이유는 선택적 표집만 하고 이론적 표집을 충분히 하지 않았기 때문이다. 근거이론 산물의 형태와 관련해 던질 수 있는 질문은 글레이저와 스트라우스의 서로 다른 방법이 어떤 형태의 연구결과를 산출하느냐 하는 것이다. 글레이저에 의하면, 강제와 검증의 논리가 자료접근에 이용되면 근거이론이 아닌 '개념적 서술' 형태의 연구결과가 산출된다고 주장한다. 개념적 서술 그 자체는 중요할 수 있지만 그것은 근거이론은 아니라는 것이다. 다수의 논자도 글레이저의 견해에 동감을 표현하면서 서술적 연구들은 이론개발의 수준에 이르지 못하기 때문에 이론을 생성할 수 없다는 데 동의한다. 두 사람의 방법을 모두 사용해 보았던 연구자들 중에는 스트라우스 방식에서 경험했던 의문들이 글레이저 방식에서 해소되는 경험을 하거나, 스트라우스의 접근으로는 이론보다 개념적 서술의 결과가 도출되는 경험을 하였다는 보고가 있다.

셋째, 근거이론이 실체이론으로서의 위상을 갖기 위해서는 축적적인 이론체계를 개발하는 데 기여해야 한다. 근거이론의 '이론'은 보편법칙으로서의 이론이 아니라, 축적적이고 변화 가능한 이론이다. 글레이저와 스트라우스는 이론의 생성은 좀 더 축적적인 이론체계를 개발하는 맥락에서 보아야 함을 강조하였다. 이는 결과로서의 이론이 아니라 과정으로서의 이론, 즉 이론적 논의를 통해 지속적으로 확장, 수정될 수 있는 이론을 의미한다. 생성된 근거이론은 잠정적인 것이고 앞으로 수정되고 확장될 수 있다. 산출된 근거이론들은 기존의 이론이나 다른 근거이론들에 확장되고 연계되어야 한다. 따라서 근거이론 연구에서 반드시 요구되는 것은 생성된 이론적 가설을 해당 실체영역에 관한 이론적 지형하에서 심도 있게 논의하는 것이다. 레이더는 만일 산출된 근거이론들이 축적과 확장에 기여하지 못하고 다른 이론과 고립되어 존재한다면, 그것은 '소문만 무성한 작은 섬'과 같은 지식으로 전락될 것이라고 하였다.

3) 근거이론에는 '거시-구조적 맥락'이 반영되는가

근거이론에 대한 비판 중의 하나는 근거이론이 거시-구조의 이슈를 다루는 데 실패했다는 것이다. 근거이론 연구 결과들을 보면 대다수의 근거이론 연구들이 사회심리적 과정에 초점을 두고 있고, 사회구조적 과정을 보여 주지는 못하고 있다는 것이다. 근거이론의 이러한 측면을 비판하는 사람들은 근거이론이 상징적 상호작용주의에 토대하고 있어 사회적 상황의 구조적 측면을 간과하고 관찰 가능한 것만 주목함으로써 일상에 존재하는 구조와 힘의 개념을 제한하였기 때문이라고 설명한다.

그러나 블루머는 상징적 상호작용론은 사회구조나 제도, 집단 생활은 개인의 행동과 분리되어 분석될 수 없음을 강조한다. 여기에는 거시구조를 알고 싶으면 개인의 행동과 특성을 연구해야 하고, 거시구조는 개별 행위자를 움직이는 힘이라는 의미가 내포되어 있다. 『근거이론의 발견』(1967)에서 글레이저와 스트라우스는 근거이론은 사회적 상호작용과 그것의 구조적 맥락의 현실을 잘 보여 주어야 한다고 하였다. 이처럼 근거이론은 개별 행위자의 상호작용에 주목하지만, 거기에 머무르지 않고 그 상호작용을 가능하게 한 구조적 맥락에도 주목한다.

더 나아가 근거이론은 개인의 상호작용 행위가 아닌 구조적 맥락과 과정 그 자체를 연구의 주제로 상정할 수 있음을 보여 준다. 글레이저가 기본적 사회적 과정을 기술하는 데 있어서 사회구조적 과정에 대한 연구의 필요성을 언급한 것이 그 예다. 글레이저는 대부분의 연구가 사회구조적 과정을 하나의 명확한 과정으로 그려 내지 못하고 사회심리적 과정에 초점을 두는 것은 사회구조적 과정을 전제된 것으로 보기 때문이라고 하였다. 그들은 사회심리적 과정을 이해하기 위해서 사회구조적 과정이 필요하지 않다고 본다는 것이다.

물론 근거이론이 거시적 맥락과 사회구조적 과정을 언급함으로써 이에 대한 개략적 윤곽을 그리기는 했지만, 이를 확대하거나 강조했다고 보기는 어렵다. 그러나 근거이론 창안자들의 이러한 언급은 분명 근거이론이 상호작용적 행위과정만이 아니라 그것을 가능하게 하는 구조적 맥락 모두를 보여 주어야 함을 말한 것으로서, 이는 근거이론의 핵심이 사회세계의 미시와 거시, 행위와 구조, 사건과 이념 간의 연관을 그려 낼 수 있는 도구임을 보여 준 것이다.

논자들 중에는 근거이론의 이러한 가능성에 관심을 갖고 근거이론에서 거시-구조적 맥락을 반영하기 위해 근거이론 방법을 어떻게 수정, 보완할 것인가에 골몰하기도 한다. 이들은 근거이론 연구에서 거시 구조적 맥락의 위상이 좀 더 강조되어야 한다고 주장한다. 특히 근거이론의 자료분석은 상징적 상호작용주의적 해석을 넘어 거시적 수준으로 끌어오는 데 적합하기 때문에 근거이론에서 거시 구조적 맥락을 확장하지 않을 이유가 없다고 하였다. 그러나 실제에서 근거이론은 사회심리적 상호작용에 초점을 두는 경향이 있어서 맥락과 같은 원거리 측면을 소홀히 하는 경향이 있다.

그런데 여기서 정말 중요한 문제는 미시와 거시 세계 간의 관계를 경험적 현상에 대한 분석에 의해 어떻게 특징짓느냐 하는 것이다. 이에 대해서는 구조적 맥락의 범위를 확장하려 했던 샤츠만과 레이더의 틀을 참조할 수 있다. 특히, 레이더는 근본적인 제안을 하였는데, 구조적 맥락과 연관하여 파워의 개념을 강조하였다. 그에 의하면, 파워는 근거이론의 맥락에서 논의되는 주제는 아니지만 질적연구 전략의 중심 이슈로 가져와야 한다. 또한 경험적 세계의 과정과 기제를 이해하고, 활동이 이루어지는 보다 넓은 맥락들이 사회적으로 조직화되는 방식을 보여 주는 구조적·거시적 측면을 가리키는 이론들을 근거이론에서 사용할 수 있어야 한다고 하였다. 레이더에 의하면, 연구자는 근거이론 접근을 할 때 미시세계에 대한 원래의 초점에서 벗어나야 한다. 미시 초점에서 벗어나지 못하는 바로 그것이 거시-구조적 맥락에 관심을 두지 못하게 하는 결정적 요인이라는 것이다.

근거이론의 핵심 초점이자 본래의 목적을 단순화하자면, 사람들이 개인적·사회적 맥락 내에서 어떻게 행동하게 되는가 하는 것이다. 여기서 일상의 사회적 행동은 거시현상에 함축되어 있고,

마찬가지로 거시적·구조적·제도적 현상은 일상의 미시적 상호 작용 세계 속에 함축되어 있다. 따라서 사회적 과정을 그리는 근거이론 연구는 행위자의 경험을 통해 미시와 거시 측면의 결합이 어떻게 그러한 사회적 행동을 낳게 하였는지를 보여 주어야 한다.

4. 근거이론 방법은 어떻게 진화하고 있는가

글레이저와 스트라우스 사이의 분열이 근거이론 논쟁의 제1국 면이라고 한다면, 근거이론의 수정과 확장 논의는 근거이론 논쟁의 제2국면이라고 할 수 있다. 제1국면이 근거이론의 방법적 측면을 중심으로 일어났다면, 제2국면은 근거이론에 대한 인식론적 관심에서 시작된다. 제2국면 논쟁의 핵심은 근거이론이 인식론적으로 볼 때 어디에 속하는지, 그러한 인식론적 위치가 연구방법과 기법에 어떤 함의를 갖게 되는지, 근거이론이 포괄해야 하는 범위는 어디까지인지, 또 다른 인식론과의 통합은 어떻게 가능한지다. 즉, 근거이론 방법은 인식론적 차원의 '재해석'에 따라 근거이론 방법을 재구성하는 방향으로, 그리고 다른 인식론과의 '통합' 가능성을 모색하는 방향으로 진화되고 있다. 이외에도 글레이저에 의해, 양적자료를 활용한 근거이론, 즉 '양적근거이론(Quantitative Grounded Theory)'*이 연구자들 사이에서 관심을 받고 있다. 여기서는 인식론적 재해석과 통합의 두 흐름을 소개하고자 한다.

1) 인식론적 '재해석'에 따른 근거이론 방법의 재구성

1967년 저작에서 근거이론의 내용은 느슨하게 정의되었고, 개념적 구조도 불완전하였다. 이후 코딩전략이 추가되면서 근거이론의 내용은 일부 재정의되고, 수정되고, 인식론적 논쟁을 일으키게 되었다. 원래 글레이저와 스트라우스(1967)는 근거이론은 어떤 자료든 다 사용할 수 있고, 자료의 종류와 상관없이 이론을 창출하는 일반적 과정이라고 말하였다. 글레이저는 질적연구에 관한 한 포럼에서 근거이론이 지식과 사회에 대한 다양한 인식론적 입장은 다루지 못했음을 인정하였다. 근거이론 창안자들의 이러한 진술은 근거이론이 인식론적 언명 없이도, 자료의 유형에 대한 제한 없이도 지식을 산출할 수 있음을 시사해 준다.

그러나 근거이론의 후세대들은 이러한 언명에도 불구하고 혹은 이러한 언명 때문에 근거이론의 인식론적 지점을 분명히 하려 하였고, 새로운 인식론적 입장에 근거해 근거이론을 확장하고 수정하려 하였다. 이 흐름 중의 하나가 근거이론에 대한 인식론적 재해석이다. 근거이론에 대한 '인식론적 재해석'은 논자에 따라 다양하다. 그러나 논의의 핵심은 근거이론이 과연 해석적 방법인가

---

* 『근거이론의 발견』에서 밝혔듯이, 근거이론에서 '모든 것은 자료다.' 따라서 양적자료도 근거이론의 자료다. 글레이저는 라자스펠드(Lazasfeld)의 정교화 분석에서 한발 더 나아가 양적자료(이차자료)로부터 귀납적으로 근거이론을 발견할 수 있다고 보았다. 양적근거이론은 질적근거이론과 마찬가지로 양적귀납의 원리와 출현의 원리를 사용한다. 양적근거이론 분석가는 양적연구에 훈련되어야 할 필요가 있다(Glaser & Hon, Doing Quantitative Grounded Theory, Mill Valley, CA: Sociology Press, 2008).

하는 데 있다. 논의 구도를 아주 단순화해 보자면 근거이론은 해석주의로 볼 수 없다는 입장과 해석주의로 볼 수 있다는 입장, 그리고 제3의 입장으로 갈린다.

해석적 방법으로 볼 수 없다는 입장에는 샤마즈가, 해석적 방법으로 볼 수 있다는 입장에는 레니가 대표적이다. 그런데 여기서 아이러니한 것은 근거이론을 해석적 방법으로 볼 수 없다면서 새로운 근거이론(구성주의 근거이론)을 제시한 샤마즈가 글레이저보다 스트라우스에 좀 더 기울어져 있고, 원작의 근거이론 안에 많은 해석적 장치가 있음을 밝히면서 근거이론을 해석을 위한 방법적 도구('방법적 해석학')로 본 레니는 글레이저를 지지하고 있다는 점이다. 결국 제2국면은 근거이론에 대한 논란의 성격만 변화되었을 뿐, 제1국면의 결과인 글레이저주의자와 스트라우스주의자의 갈림이라는 큰 틀 안에서 진행되고 있다.

근거이론에 대한 인식론적 최초 비판은 근거이론이 협력적·반성적 탐구철학에 뿌리를 두지 않은 '구식 패러다임'이라는 것이었다. 근거이론은 객관적 현실을 전제하며, 분석은 규칙을 쫓고 있고, 연구과정을 비반성적 객관주의에 묶어 둔다는 것이다. 이 관점에서 볼 때 고전적 근거이론과 글레이저의 견해는 후기실증주의 탐구 패러다임이었고, 분석은 '실증주의적-객관주의적' 입장에서 이루어지는 것이었다. 그러나 스턴(stern)을 비롯한 여러 논자들은 글레이저와 스트라우스의 근거이론이 실증주의에 기반한다는 비판들에 대해 동정적인 견해를 피력하였다. 1967년 근거이론 원작을 출판하게 된 동기가 사실은 실증주의 사회학자들에게 자료 접근의 또 다른 방법이 있다는 것을 이해시키려 한 데 있었기 때문이다.

근거이론을 실증주의적 패러다임으로 비판한 논자들 중에서 새로운 인식론에 기반한 대안적 근거이론을 정식화한 것은 샤마즈였다. 그녀는 근거이론이 해석적이라는 스트라우스의 노선에 동의하지만 그의 방법론이 너무 실증주의적이라고 비판하면서 '구성주의 근거이론(constructivist grounded theory)'이라는 자신만의 방법을 진척시켰다. 구성주의 근거이론의 핵심은 연구자를 참여자의 경험을 객관적으로 분석하는 사람이 아니라 연구자와 참여자를 파트너로 위치시키는 데 있다. 전통적 근거이론에서는 자료가 의미구성을 통제하고 지식도 자료에 근거해 출현하지만, 구성주의 근거이론에서는 연구자가 의미구성을 통제한다. 따라서 지식은 연구자와 연구참여자 간의 상호적 창조로 이루어지며, 이는 글쓰기 과정에서 연구참여자의 이야기를 어떻게 표현할지에 대한 관심으로 이어진다.

그러나 '구성주의 근거이론'에 대한 비판도 만만치 않다. 우선 근거이론의 창안자인 글레이저는 샤마즈의 '구성주의'는 부적절한 명칭이고, 서술적 포착을 위해 근거이론을 리모델하고 있어서 그녀의 근거이론 개조는 틀렸다고 비판하였다. 그는 샤마즈가 근거이론의 초점이 잠재적 패턴을 개념화하는 데 있다는 점을 잊고 있다고 하면서, 강제를 정당화하고 연구자로 하여금 자료구성의 일부가 되라고 하는데, 이는 추상화의 요소를 무시하고 근거이론을 개조하는 것이라고 하였다. 글레이저가 보기에 '구성주의 근거이론'의 논지는 이미 원작의 근거이론에 드러나 있는 작은 부분이다. 이외에도 '구성주의 근거이론'이 객관주의처럼 보인다는 지적도 있고, 근거이론의 개발과정을 보여 주지 못했다는 비판도 있다.

이와는 달리 레니는 근거이론이 해석적 전통의 연구접근임을 분명히 했다. 그는 근거이론은 상징적 상호작용주의에서 나온 해석적 전통의 연구접근 중의 하나라고 하였다. 심지어 리처드슨 (Richardson)은 근거이론을 현상학 안에 위치시키기도 하였다. 레니는 근거이론이 실증주의와는 전혀 다른 해석적 접근으로서 '방법적 해석학'으로 볼 수 있다고 하였고, 더 나아가 근거이론이 실증주의 패러다임으로 불려지는 것에 대해 저항해야 한다고까지 말하였다.* 특히 레니는 근거이론의 방법 안에 이중의 해석학이 존재하고, 가추와 귀납이 작동하며, 수사학까지 포함되어 있다고 근거이론을 재해석하였다.

근거이론에 대한 제3의 입장은 또 다른 차원의 인식론적 재해석으로 볼 수 있다. 즉, 앞의 두 입장이 지식을 어떻게 획득할 수 있는가의 고전적 인식론적 차원의 논의라면, 제3의 입장은 사회에 대한 인식론, 즉 사회인식론적 차원이라고 볼 수 있다. 이 입장으로 분류될 수 있는 샤츠만과 레이더가 가진 공통된 문제의식은

---

* 근거이론에 대한 인식론적 재해석에서 근거이론방법이 실증과 해석의 두 측면을 모두 갖고 있다고 보는 연구자들도 있다. 근거이론에는 객관주의의 인식론이 우세하지만 주관주의도 갖고 있다거나, 모더니스트와 포스트모더니스트의 전통이 결합되어 있다거나, 또는 후실증주의 전통에 속한 해석적 스타일의 연구접근이라는 주장이 그것이다.

(비록 제한적이기는 해도) 근거이론이 사회의 '구조적' '거시적' 측면을 반영하지 못한다는 것이다.

샤츠만은 원래의 근거이론 방법이 분석과정을 위한 구조적 기반을 결여하고 있어 근거이론 산출에서 분석을 안내할 수 있는 중요한 구조가 없다고 비판하면서, 이를 위한 대안적 방법으로 '차원분석(dimensional analysis)'을 제안하였다. '차원분석'의 출발점은 근거이론의 지속적 비교와 기본적 사회적 과정이었다. 즉, 근거이론의 지속적 비교는 초기 단계부터 개념화를 시작하기 때문에 너무 빨리 개념화하여 현상의 풍부성을 표현하지 못하게 한다는 것이고, 하나의 '기본적 사회적 과정'에 집중하는 것은 사회현상의 복잡성을 다루지 못한다는 것이다. 그는 '차원분석'에서 비교분석을 처음부터 하지 말고 더 큰 차원이 확인될 때까지 연기할 것을 요구하고, 기본적 사회적 과정만이 아닌 자료에 포함된 '모든 것'에 초점을 두어 분석할 것을 주장하였다. 이를 위해 맥락, 조건, 과정, 결과로 이루어진 '설명모형(explanatory matrix)'을 제안하였는데, 이는 상황의 복잡성을 분석하기 위한 중요한 틀로서 구조와 맥락 둘 다를 연구자에게 제공하였다는 평가를 받는다.

레이더는 질적연구의 핵심은 사회구조와 행동이 서로 얽혀 짜여져 있음을 이해하는 데 있다고 보았다. 그는 근거이론이 '구조'를 언급하기는 하지만 행동의 거시적 맥락보다는 좁은 범위의 직접적 환경에 국한하고 있으며, 구조보다는 관찰 가능한 것만 주목하고, 일상에 존재하는 파워의 개념을 도외시하였다고 비판한다. 그의 문제의식은 사회의 제도적 혹은 구조적 측면은 행위 및 행동과 밀접히 관련되어 있기 때문에 이를 근거이론에 반영해야 한다는 것이다. 그는 근거이론이 상호작용의 미시세계에 대한 관심만큼 거시현상을 포괄할 수 있도록 확장되고 수정되어야 한다면서 '사다리 혹은 층화 모델(layered or 'stratified' model)' 형태의 '연구지도(research map)'를 제안하였다.

2) 다른 인식론과의 '통합' 가능성에 대한 모색

근거이론 진화의 다른 현상은 다른 인식론들과 근거이론의 통합 가능성을 모색해 보려는 시도다. 현재까지 이러한 모색을 시도한 대표적인 예는 여성주의와 해석학, 그리고 비판이론이다.

여성주의에는 여성주의 탐구라는 인식론적 함의를 가진 방법적 특징들이 있을 뿐 '여성주의 방법론'은 없다. 이런 상황에서 여성주의와 근거이론의 통합 가능성에 대한 모색은 근거이론이 인식론적으로 여성주의와 공통적 기반을 가지고 있다면 여성주의 연구를 위한 방법으로 활용할 수 있다는 것이다.

이에 관한 주된 논의는 여성주의를 근거이론에 적용함으로써 긴장이 발생하는 부분도 있지만, 근거이론과 여성주의 인식론 간에는 상당 공통점이 있기 때문에 양자를 침해하지 않으면서 통합될 수 있다는 것이다. 특히 두 전통이 서로 존중될 수 있는 방법으로서 '반영성(reflexivity)'을 고려한다면 여성주의와 근거이론의 통합이 가능하다고 보았다. 더 나아가 만일 연구자가 여성주의 관점에 근거해 연구해 나간다면 근거이론(1967)은 여성주의 방법과 여성주의 방법론으로 간주될 수 있다고 함으로써, 근거이론이 여성주의 방법 혹은 방법론에 충분히 기여할 수 있음을 보여 주었다.

근거이론은 해석학과의 통합 가능성도 가지고 있다. 이를 분석적으로 보여 준 사람은 '방법적 해석학' 으로 알려진 레니다. 레니는 근거이론이 정말로 해석학적이라는 점, 해석학에 방법을 향상시키고 적용할 수 있다는 점을 피력하였다. 그는 근거이론은 해석학을 표현하고 있다고 보면서 해석학적 요소를 극대화하는 방법을 정교화해 가고 있다. 레니에게는 근거이론 방법을 해석학적 활동으로 보는 것이야말로 근거이론에 새로운 가능성을 열어 주는 것이다. 이외에도 다수의 논자들이 근거이론에서 해석적 측면, 해석학의 요소를 발견하였다. 그들은 근거이론의 보조로 해석학이 사용될 수 있고, 근거이론은 해석주의와 통한다고 보았다.

또한 근거이론은 비판이론(critical theory)을 위한 방법으로 주장되기도 한다. 비판이론은 사회현상은 그 현상이 위치하고 있는 역사, 구조적 맥락과의 연관 없이 이해될 수 없다고 믿는다. 그래서 사회의 억압과 지배의 모습을 드러내 보여 주고 변화를 위해 체계를 비판한다. 특히 사회의 은밀하게 은폐된 규칙과 전제를 설명해 억압적 이념의 베일을 벗기고 폭로하며, 강제된 지식과 행동을 가능하게 하는 조건들을 반성적으로 생각한다. 아직까지는 비록 근거이론의 어떤 특성들이 이러한 비판이론과 공통점을 공유하고 있는지 분석적으로 밝히지는 못하고 있지만, 근거이론이 비판이론의 인식론과 접합될 수 있는 가능성을 제기하였다는 점에서 의미가 있다.

이처럼 근거이론은 다양한 인식론적·이론적 관점과의 접합과 통합에 대한 새로운 시도를 통해 그 활용 범위를 확장하고 있다. 근거이론을 수정하고 확장하는 방식은 근거이론을 '재형성' 하거나, 다른 인식론들과의 '접합'을 시도하거나, 근거이론을 '보완' 하거나 조정하는 것이다. 근거이론 논쟁의 제2국면은 아직은 충분히 농익지 못한 채 산발적이고 불균형적으로 전개되고 있는 것이 사실이지만, 그 한계와 범위 내에서 일정의 가시적 결과가 드러나고 있는 것도 사실이다.

이러한 시도들은 근거이론을 상징적 상용작용주의라는 단일한 틀 속에 가두지 않으면서 다른 인식론과의 접합, 통합을 시도함으로써 근거이론의 활동 공간을 확장할 수 있게 한다. 또한 근거이론의 건강한 이론적 '무정부 상태', 즉 이론적 틀들 간의 소통을 촉진하고, 그 결과 혁신적 이론과 연구전략이 산출될 수 있는 가능성을 갖게 한다. 더 나아가 근거이론이 '출현'과 '이론 발견' 만을 강조하고 기본적 사회적 과정에서 구조적 조건을 소홀히 다룸으로써 보수적 편견을 갖게 하는 데 기여했다는 비판으로부터도 한 걸음 비껴갈 수 있다.

그러나 각각의 가시적 결과가 과연 얼마나 실용성과 유용성을 가질지에 대한 검증은 아직 시기상조로 보인다. 또한 후세대들이 근거이론에 끌어들인 인식론적 논의에 대한 평가도 긍정적이지만은 않다. 근거이론에 관한 서로 다른 버전과 분기가 문헌을 지배하고 있고, 이로부터 제기된 개념들이 연구자들의 혼란을 부추긴다는 지적이 대표적이다. 근거이론의 언어를 변화시키는 문제에 대해서는 대부분 회의적이다. 언어는 여러 다양한 질적방법들을 구분해 주는 데 도움이 되지만, 방법의 불분명성을 피하기 위해 보다 안정적이고 독립적으로 존재할 필요가 있다.

이러한 입장이 우리에게 제기하는 질문은 두 가지다. 하나는 근거이론의 인식론적 입장을 다른 인식론적 입장으로 바꾼다고 그 방법의 분석적 단계나 방법들이 얼마나 변화하는가다. 다른 하나는 방법이나 분석절차가 다소 다르다고 방법 자체를 침식할 정도로 인식론적으로 다른 지식을 생산하는가다. 이에 대한 논자들의 견해는 상당히 회의적이다. 특히 인식론적 입장의 이동을 강조하면서 근거이론을 정식화한 샤마즈에 대해 그렇다. 인식론적 입장을 바꾸어 근거이론을 재형성했다고 해도, 그 방법적 절차와 단계는 큰 변화가 없을 뿐만 아니라, 그렇게 재형성된 방법으로 산출된 지식이 과연 인식론적으로 다른 지식이라고 보기 어렵다는 것이다.

앞으로 근거이론이 어디까지 확장되고 수정될지는 모르겠지만, 어떤 지식을 어떤 방법으로 산출해야 하는가라는 질문을 가진 연구자들에게 근거이론 방법은 앞으로도 계속 중요한 실마리이며, 고민의 화두로 작용할 것 같다. 글레이저의 방법은 이렇게 진화하는 근거이론의 스펙트럼에서 고전적 근거이론의 원작에 가장 충실한 기본 축에 자리하고 있다. 글레이저는 명확한 방식으로든 모호한 방식으로든 근거이론을 개조하지 말고 그대로 놔두라고 주장한다. 그리고 이것이야말로 자신의 유일한 주장이라고 말한다.

글레이저의 이런 주장은 일견 유연성이 없고 고집스러워 보인다. 그러나 근거이론의 원래의 출발을 고려하고, 이 출발점에 충실하려는 사람의 입장에서 보면 이해할 만하기도 하다. 또한 창안자로서 그의 방법이 갖는 창의성과 일관성, 간결성을 고려하면 그의 말에 상당한 일리가 있기도 하다. 그러나 글레이저의 근거이론 방법을 견지하더라도 근거이론의 방법과 전략은 좀 더 다양하게 해석되고, 정교화될 필요가 있다. 고전적 근거이론과 글레이저의 방법 안에 들어 있는 해석적 장치들을 밝혀내고 더 발전시켜야 하며, 좀 더 다양한 분야에 적용될 수 있도록 확장되어야 한다.

어떤 의미와 해석이 되었든, 글레이저의 바람과는 달리 근거이론은 앞으로도 계속 새롭게 해석되고, 수정되고, 확장될 것으로 보인다. 이러한 변화는 근거이론에 머물지 않고, 근거이론 방법과 기존의 다른 연구방법을 결합하는 형태로도 나아가고 있다. 이들 중 간혹 어떤 제안들은 근거이론에 대한 개념적 혼란을 가중시킬 것이지만, 질적연구의 시장기제 안에서 자율적으로 조정될 것이다. 그래서 어떤 수정안은 살아남을 것이고, 어떤 수정안은 사라지게 될 것이다. 수정된 근거이론을 적용해 보고, 다양한 인식론적 입장과 결합해 보는 시도들이 비록 단기적으로 성과가 가시화되지 못하더라도 그러한 행위 자체는 학문공동체의 적극적이고 활발한 학문활동을 증명하는 것임에 분명하다.

제1장

소 개

1991년 9월 23일, 나는 근거이론의 공동창시자인 스트라우스 (Auselm Strauss)에게 다음과 같이 편지를 썼다.

저는 지난 금요일 당신의 전화에 대한 답변으로 편지를 쓰고 있습니다. 전화를 통해 당신은 『질적연구의 기초(*Basics of Qualitative Research*)』라는 저서를 철회하지도 않겠고 바꾸지도 않겠다고 말했으며, 더 이상 저에게 어떤 비판도 듣지 않겠다고 말했습니다.

당신의 대답은 제가 전혀 받아들일 수 없는 내용입니다. 근거이론의 공동창시자로서 당신의 대답에 대한 저의 답변은 다음과 같습니다.

1967년에 우리는 『근거이론의 발견(*The Discovery of Grounded Theory*)』이라 명명한 책에서 근거이론의 개념들을 함께 만들어 가기 시작하였습니다. 1988년에 당신은 『질적연구의 기초』라는

83

책을 발간하였으며, 그 책에서 근거이론에 대해 우리가 개발한 개념들을 파괴적인 수준까지 극도로 왜곡하였습니다. 게다가 당신은 그 책에서 그러한 왜곡에 대해 제가 전적으로 찬동한 것처럼 암시하였고, 그것은 저와 제 창의성은 물론 제가 소중히 여겨 온 연구방법론 분야에 대한 저의 기여를 아주 파괴하는 것이었습니다.

그러므로 저는 당신이 그 책을 다시 쓸 때까지 그 책을 철회하기를 요구합니다. 그런 후에 당신과 제가 마주 앉아서, 제가 왜곡되었다고 생각한 부분들을 해소하기 위해 책 전체를 살펴보고, 상호 동의하에 그 책을 다시 쓸 것을 말씀드립니다. 그렇게 하지 않는다면, 당신은 근거이론과 관련하여 저의 동의하에 당신이 썼던 모든 부분을 삭제하고서 그 책을 다시 써야 할 것입니다.

저는 이 문제가 해결될 때까지 흐지부지되지 않도록 제 주장을 굽히지 않을 것입니다.

충심으로, 바니(Barney)

1991년 1월, 앞의 편지를 쓰기 전에 나는 다음과 같은 내용의 편지를 썼다.

친애하는 스트라우스에게

당신이 저에게 보낸 편지의 대부분을 읽었습니다. 제가 보기에 그 편지는 어느 정도 당신의 경험적 역사를 설명해 줄 수 있겠지만, 그렇다고 '잘못'이 양해되지 않는다는 것이 저의 답변입니다.

제1장 소개

근거이론의 공동창시자로서, 저는 그 책(『질적연구의 기초』)을 회수할 것을 요구합니다. 그 책은 근거이론을 왜곡하고 오인하고 있으며, 근거이론의 중요한 아이디어들 중 90%나 무시하고 있습니다. 근거이론의 적출자라 할 당신에게 이러한 왜곡들은 버틸 수도 발뺌할 수도 없는 부분입니다. 당신과 줄리엣 코빈(Juliet Corbin)이 함께 쓴 책에서 당신은 당신 자신을 예외적 존재로 여기고 있음이 여실히 드러납니다. 예전에 했던 것에 비추어 볼 때, 당신은 당신의 작업을 점검하는 데 꼭 필요한 학습이나 학문, 연구는 물론 그렇게 하여 나온 『근거이론의 발견』과 『이론적 민감성(*Theoretical Sensitivity*)』에서 당신의 아이디어들에 각주를 달고 분석하고 통합하는 일에서 당신 자신을 예외로 여기고 있는 듯합니다. 당신은 마치 과거에 근거이론 방법론이나 방법들이 없었던 것처럼 쓰고 있으며, 따라서 애써 공헌할 것도 없는 것처럼 말합니다.

거듭 얘기하건대, 당신은 전혀 다른 방법에 대해 쓰고 있습니다. 그렇다면 왜 그것을 '근거이론'이라 부르고 있을까요? 이런 일들로 미루어 볼 때 당신은 진정으로 우리가 했던 것이 무엇이었는지 이해한 적이 없었으며, 근거이론 작업을 확장하기 위해 노력하는 연구를 한 적도 없습니다. 그럼에도 불구하고 당신은 성공을 얻기 위하여 근거이론이라는 이름을 빌려 왔습니다. 근거이론의 성공은 이론적인 면이 그 근본이 되어야 함에도 불구하고 당신의 작업은 파편화되고 산산히 흩어져 있습니다.

책을 거두어들이십시오. 당신의 책은 기초가 되고 근원이 되는 근본적인 관련성을 향해 직접 나가기보다 수많은 분절된 규칙을 쌓아 놓음으로써 양적연구자들을 무시하며 질적연구자들의 작업도 파괴할 것입니다.

당신의 친구, 바니(Barney)

1991년 1월의 이 편지 이후에도, 『질적연구의 기초』를 두고 이 책을 회수하여 정정할 것을 부탁하는 나와, 이 부탁을 거절하는 스트라우스와의 편지 교환은 계속되었다. 이 편지 교환은 앞에 제시된 9월 23일의 편지로 끝났다.

이렇게 하여 나는 연구자들이 근거이론을 발견과 이론생성이라는 올바른 방향에서 사용할 수 있도록 설득력 있고 확실하게 정정하는 것이야말로 내가 해야 할 일이라고 여겼다. 편지 교환 중에 스트라우스는 나에게 입문하는 학생들을 위해 근거이론 방법론 책을 써 보라고 도전해 왔다. 나는 이 책에서 그 일을 같이 수행하려 한다.

『질적연구의 기초』 안에 들어 있는 잘못된 아이디어들 중 많은 것은 일반적인 독자가 추적하고 비교하고 비판하기가 매우 어렵다. 『질적연구의 기초』를 비판하는 것 또한 성가신 일인데, 왜냐하면 그 안에 들어 있는 그릇된 생각의 기본 논리 때문에 각 페이지마다 정정이 이루어져야 하기 때문이다. 분명히 독자는 흥미를 잃을 것이며, 곧 '이제 그만해.'라는 생각을 하게 될 것이다. 그래서 나는 연구자들이 연구과업을 계속해 나가 연구물을 산출할 수 있도록, 근거이론의 기저를 이루는 정확한 논리를 쫓아가면서 정정된 관점을 보여 주기로 했다. 단순한 비판은 스트라우스뿐 아니라 연구자들에게도 지나치게 파괴적이고 비생산적일 것이고, 이 분야에 있는 많은 연구자의 작업을 실패로 이끌 수 있다.

그릇된 생각에 대한 논문을 출간한다는 것 또한 효과적이지 못하다. 왜냐하면 『질적연구의 기초』에서 발견되는 모든 오류와 그릇된 생각을 한 논문에 제시한다는 것이 너무 어렵고 성가신 것이기 때문이며, 연구논문으로 계속해서 낸다 해도 너무 산만해지기 때문이다. 따라서 독자들은 스트라우스의 책을 정정한 버전을 따라가면서 근거이론을 생성할 것이라는 확신을 갖고 자신의 연구를 계속해 나가는 것이 훨씬 낫다. 『질적연구의 기초』로는 근거이론을 생성할 수가 없다. 그것은 강제되고 선입적이며 온전한 개념적 서술(a forced, preconceived, full conceptual description)을 생산해 내는데, 그것도 좋은 일이지만 근거이론은 아니다.

내가 말하고자 하는 바를 이해하기 위해 스트라우스의 논리를 살펴보도록 하자. 스트라우스의 논리는 연구 중인 실체영역에서 실제로 무엇이 일어나는지 발견하지 못하게 하는 논리다. 그것은 또한 자료에 선입견을 강제함으로써 언제나 근거이론을 손상시키는 논리다. 『이론적 민감성』에서 가장 명확하게 언급되고 있는 근거이론의 논리는 두 가지 공식적인—미리 예견된 것이 아닌—질문을 던지는 것이다. 첫 번째 질문은 이것이다. 실체영역 안에 있는 사람들의 주된 관심사나 문제(main concerns and problems)는 무엇인가? 문제의 진행과정에서 그 문제의 변이를 설명해 주는 것은 무엇인가? 두 번째 질문은 다음과 같다. 이 사건이 암시하고 있는 것은 어떤 범주, 혹은 어떤 범주의 어떤 속성인가? 연구자는 지속적으로 사건과 사건을 비교하면서, 또 코딩하고 분석하면서 이 두 질문을 던져야 한다. 그러면 얼마 지나지 않아 문제의 진행과정에 적합하고, 문제를 움직여 나가고 문제와 관련이 있는 범주들과 그 속성들이 출현한다. 연구자는 출현을 기다리는 동안 갖게 되는 불안과 초조함에 대해 인내해야 하고 자료를 강제해서는 안 된다.

『질적연구의 기초』와 『질적분석』 안에 있는 논리는 앞에 있는 두 질문을 던지지 않는다. 그것은 잠시 동안 지속적인 비교를 하도록 하지만, 그 이후에는 수없이 많은 선입적이고 실체적인 질문을 함으로써 진정한 출현을 방해하여 진정으로 일어나고 있는 것, 응답자나 관찰자에게 실제로 이슈가 되는 것으로부터 분석가를 멀어지도록 한다. 자료의 진실된 본질은 영원히 사라져 버린다.

이렇게 강제된 질문들은 실체적 코드(substantive codes)와 이론적 코드(theoretical codes)를 미리 예견하므로 발견과의 관련성을 잃어버리게 하고, 연구결과—선입적 개념적 서술—를 도표화된 자료 형식 안으로 밀어 넣도록 한다. 이러한 강제적 질문방식은 성별, 연령, 조건과 같은 특정 변수들과 관련성을 갖게 만들며, 이들 변수가 진정으로 관련성을 갖는지를 알아보는 질문을 못하게 한다. 즉, 강제적 질문방식은 이들 변수들이 관찰된 행위나 연구 참여자의 관점에서 출현하는 이슈 속에서 어떻게 변이를 만들어 내는가 하는 질문을 못하게 한다.

물론 모든 연구는 자료를 사용하며 어떤 방식으로든 자료에 근거를 둔다. 또한 당연히 연구자는 항상 자료에 표준적·선입적 개념들을 적용할 수 있고, 이미 모델로 만들어진 개념적 서술에 도달할 수도 있다. 실체적 질문들을 던지는 것은 이 작업을 하기 위한 좋은 방법이다. 이렇게 선입적이고 강제된 틀을 통해서 얼마간은 발견이 이루어질 수도 있다. 그러나 이러한 작업은 출현적 관련성, 즉 적합하고 유효한 출현하는 범주들과의 관련성에 기반하지 않으며, 그렇기 때문에 그 산출물은 근거이론이 아니다. 또다시 말하지만, 그것은 선입적이고 강제된 개념적 서술로서 그 자체로는 매우 의미심장할 수 있지만, 역시 출현한 근거이론은 아니다.

스트라우스의 책 속에 있는 이러한 논리는 책의 곳곳에 스며들어 있으며, 그 논리가 작용하는 연구물이 쏟아지고 있기 때문에 스트라우스의 논리 자체에 대한 확증이 거듭되고 있다. 이들 연구물에는 늘 조건이 있고, 차원이 있으며, 연령을 비롯한 여타의 것들이 존재한다. 하지만 그것들이 출현하는 이론에 진정으로 관련성이 있을까? 연구자는 알지 못하겠지만 그러한 연구물은 근거이론이 아니라 강제된 개념적 서술이다. 모든 연구가 그러하듯 강제된 개념적 서술도 어떤 방식으로든 자료에 근거한다. 게다가 학생들은 근거이론을 생성하는 데서 궤도를 벗어나게 되는데, 이는 『질적연구의 기초』의 논리가 사용하기에 훨씬 쉽고, 실패에 대한 두려움이나 무언가를 발견하지 못할지도 모른다는 두려움을 덜어주기 때문이다. 스트라우스의 방법을 사용하면, 자신이 근거이론을 하고 있다고 생각하여 스스로를 속이기가 쉬워진다. 스트라우스의 방법에는 일상적 사회생활에 근원이 되는 사회적 조직화에 대한 인내심이나 신뢰는 전혀 요구되지 않는다. 특히 사회적 조직화는 독단적인 사회학자들에 의해서 이미 알려져 있다.

근거이론은 연구참여자와 관련된 사회적 조직화와 사회심리적 조직화를 그들의 관점에서 발견되고 출현되도록 한다. 근거이론은 자료에 정당성을 부여한다. 『질적연구의 기초』에서 제시하는 방법들도 항상 연구 결과물을 생산하겠지만, 그것은 앞서 언급한 실체영역의 참여자들의 관점에서 출현한 결과물은 아니다.

스트라우스의 책에는 비도덕적이라 할 정도로 도덕관념이 결여되어 있다(이 심한 말들은 이 책의 마지막 장인 지적 재산에 대한 부분을 읽게 되면 더 깊게 그리고 더 잘 이해할 수 있을 것이다). 예전에 다수의 아이디어들, 개념들, 연구 지침을 활용한 세권의 책이 저작되었다. 『질적연구의 기초』에는 예전에 쓰인 근거이론 관련 저작들에 대한 어떤 학문적 준거도 없이 연구방법을 나열하고 있으며, 새로운 개념, 용어의 기준 등을 설명해 주는 발전과 변화에 대한 아무런 기술도 없다. 도리어 스트라우스의 책의 내용은 아이디어 수준에서 난데없고, 아무런 역사적 준거도 없는 조각에 지나지 않으며, 근거이론이라는 오래된 이름을 빌려 쓴 거의 새로운 방법이다. 재미있는 것은, 스트라우스의 방법은 그저 질적연구자들이 지난 60년 이상 해 온 것들, 즉 강제되고, 총체적이며, 개념적인 서술을 생산한다는 점이다.

그 책은 근거이론에 애착을 갖는 연구자들을 오도하고, 근거이론을 헌신적으로 전념하여 사용하는 사람들을 매도하기 때문에 거의 비도덕적이라 할 수 있다. 또한 이전의 저술에서 변화되고 발전되어 온 것들을 설명하고 있지 않기 때문에 그 책은 비도덕적이라 할 수 있다. 그 책은 개념, 범주와 속성, 부호, 조건과 맥락 간의 차이점과 같은 근거이론의 많은 이슈에 대해 연구자들이 혼동을 일으키도록 한다. 이것들은 『근거이론의 발견』과 『이론적 민감성』에서 이미 명확히 설명된 것들이다.

『질적연구의 기초』는 그저 오래된 방법을 새 용어에 집어넣었을 뿐이며, 『근거이론의 발견』과 『이론적 민감성』이 기여한 바를 무시하고 있다. 이 책의 저자들은 과거에서 현재에 이르는 동안 일어난 변화에 대한 학문적 설명 없이, 아무 말이나 하고 아무것이나 주장하기도 한다. 그 책은 할 수 있다면 다른 사람들더러 그 변화를 알아내라고 말한다. 사회학자로서 스트라우스의 위치가 확고하기 때문에 아무도 이의를 제기하지 못한다.

그러나 지나친 비판은 너무 파괴적일 수 있다. 내가 관심을 갖는 것은 오직 생산적이고 체계적인 연구로부터 체계적인 이론을 생성해 내려는 근거이론의 목표를 달성하는 것이다. 더 정확히 말해, 나는 『질적연구의 기초』에 만연한 근거이론 논리에 대한 곡해를 쓸어 내고 바로잡을 수 있는 여러 아이디어에 대해서만 쓰고, 많은 불필요한 것을 제쳐 둠으로써 이 책을 짧게 쓰려 한다.

개인적으로 필요하다고 생각하는 독자만이 그 차이를 분석해 보기 위해 『질적연구의 기초』와 이 책을 비교해 볼 것이다. 이 책은 『질적연구의 기초』를 바로잡은 책이다. 이 책은 보통의 연구자들이 근거이론을 생성하기 위한 올바른 길로 돌아가도록 할 것이다. 이 책은 『질적연구의 기초』에서 완전히 무시되었던, 근거이론의 처음을 낳은 근본적인 분석적 아이디어들에 근거하여 근거이론을 제 길로 가게 할 것이다. 그 아이디어들은 다음과 같다. 출현, 관련성, 문제의 처리, 귀납의 정확한 논리, 창조성을 훼손하는 법칙과잉 줄이기, 근거이론 방법이 산출한 일반성과 그 가설의 진정한 본질, 매트릭스 분석과 핵심 변수에 내재한 논리, 타당한 기준, 정교화 분석,* 추론 분석,** 밀도, 포화에 내재한 논리, 소논리들, 근거이론을 기존의 다른 이론들과 연결시키는 방법, 분류하기에 내재한 논리, 범주들과 개념들을 통합하기, 실체적 코드와 이론적 코드의 차이, 메모들 간의 관계, 글쓰기와 고쳐쓰기, 지표들 혹은 개념구성의 상호교환성, 지속적 비교와 표준적 비교 그리고 총합적 지표구성***(summation index construction)의 차이, 속성공간분석****(property space analysis)에서 유형을 하위구조

---

* 역자 주) 정교화 분석은 이론적 표집을 사용해서 좀 더 많은 자료를 수집하는 과정을 통해 내용이 빈약한 영역을 개념적으로 세밀하고 정밀하게 하는 것을 일컫는다. 글레이저는 『근거이론의 발견』에서 정교화가 두 개의 변인이 연관을 갖기 위해서는 구체적인 구조적 조건을 반드시 가져야 한다는 의미라고 말하고 있다. 글레이저는 라자스펠드의 정교화 분석을 인용하면서 변인을 배열하는 세 가지 방법이 ① 시간적 배열, ② 구조적 복합성 단계, ③ 개념적 보편성이라 설명하고 있다(자세한 내용은 이병식 외 공역, 『근거이론의 발견』 283~290쪽을 참조).

** 역자 주) 추론은 논리학에서 주어진 정보나 전제(前提)에서 출발하여 어떤 긍정할 만한 논의 형태를 통해 결론을 이끌어 내는 것을 말한다. 추론 분석은 연역적 추론 분석과 귀납적 추론 분석, 확률이나 통계적 사고 등이 있다. 여기서는 많은 자료로부터 일반적 진술을 주장하는 귀납적 추론을 이끌어 내기 위한 분석을 의미한다.

*** 역자 주) 총합적 지표구성이란 한 개념을 이루고 있는 구성성분인 지표들을 빠짐없이 나열하는 것이다.

**** 역자 주) 라자스펠드는 복잡한 사회현상을 기술하는 문제를 여러 차원이 조합되거나 함축되어 있는 유형화를 해결하려고 했다. 새로운 발견을 위해서는 유형화에 내재되어 있는 논리적 가능성을 철저히 탐구하는 것이 필요하다는 점을 라자스펠드는 주목하

화*****(substru ction)하고 축소(reduction)******하기 위해 차원을 적절히 사용하는 것, 이론생성을 위한 일반화의 개념적 수준을 통해 서로 다른 유형의 이론 만들기, 그 외 이전의 근거이론 저작에 반영된 수많은 아이디어들을 말한다.

정말로 기억해야 할 것은, 근거이론의 기초들과 근거이론에 내재한 분석적 방법은 1950년대와 1960년대에 컬럼비아 대학교 내 사회학과와 응용사회연구소(Bureau of Applied Social Research)의 연구자들과 학생들이 열심히 발견해 낸 분석적 방법론과 귀납적 질적분석의 과정으로부터 많은 것을 끌어왔다는 점이다. 근거이론 연구를 하려는 일반적인 연구자들은 꼭 이 책을 사용하여야 한다. 그러나 근거이론의 기초를 포착하여 방법들을 더 잘 이해하고 근거이론을 뜬금없이 생겨난 것으로 여기지 않으려면, 『근거이론의 발견』『이론적 민감성』은 물론 그 이외 수많은 각주가 달린 논

였다. 이 작업을 위해 그는 속성 공간에 대한 아이디어를 이용했는데, 그 전체 기획과 관련된 조작을 Becker는 속성 공간분석이라고 불렀다(자세한 내용은 이성용 역, 『학계의 술책』 304~322쪽을 참조).

***** 역자 주) 라자스펠드는 속성 공간분석을 할 때 논리적 가능성에 따라 너무 많은 유형을 창출하면 분석에서 여러 난점이 창출된다는 것을 알았다. 이에 대한 해결책이 단순화인데, 라자스펠드는 각 유형이 가진 정보를 놓치지 않으면서 서로 다른 조합을 하나의 부문으로 합치는 축소를 제안하고 있다. 축소의 방식은 ① 기능적 축소, ② 임의적 축소, ③ 실용적 축소 등 세 가지가 있다(자세한 내용은 이성용 역, 『학계의 술책』 312~318쪽을 참조).

****** 역자 주) 하위구조화는 축소와 반대로 여러 조합들을 발견을 위해 따로 떼어 놓는 것이다. 라자스펠드는 축소를 되돌리는 방식과 축소를 생산했던 모든 속성공간과 차원을 재발견하는 방식으로서 하위구조화를 제안하였다. 연구자가 만들어 낸 대부분의 유형이 불완전하므로 연구자가 미처 알아차리지 못했던 가능성을 통찰하도록 돕는 것이다(자세한 내용은 이성용 역, 『학계의 술책』 318~322쪽을 참조).

문들 또한 읽어야 한다. 방법론은 방법에 관한 이론이다. 이런 의미에서 근거이론 방법론은 그 자체로 실체이론 생성과 함께 만들어진 하나의 이론이다.

제2장

머리말

이 책은 일차적으로 다양한 분야에서 질적 혹은 양적 자료에 대한 질적분석을 통해 귀납적으로 이론을 생성하는 데 관심이 있는 독자적 연구자들을 위해 쓰였다. 이들 연구자는 많은 경우 질적자료의 분석이라는 과업에 직면하여 당황해한다. 연구자들은 순전히 그들 앞에 놓인 현장노트나 서류, 인터뷰기록의 양에 압도될 뿐 아니라, 연구영역의 자료에 기초해 간결한 이론적 형식으로 분석을 끌어내야 하는 불가피한 문제로 어려움을 겪는다.

이 책은 일군의 연구자들이 이 문제를 어떻게 다루는지 보여 주는 데 목적이 있다. 이 책은 실체적 근거이론(substantive grounded theory)을 생성하려는 희망을 가지고, 질적분석에 돌입하려 하는 사람들에게 필요한 기초 지식과 절차를 제공하려는 의도를 갖고 있다.

나의 논의를 이끌어 주는 방법론은 근거이론으로 알려져 있다.

이 책은 거기에 관련된 책 시리즈 중에서 다섯 번째 책으로서, 근거이론 방법론에 대해 설명한다. 첫 번째 책은 1967년에 출간된 글레이저와 스트라우스가 쓴 『근거이론의 발견』으로, 그 책에서는 이 책과 그 이후의 책들에서 논의된 절차들의 논지와 기본 논리를 제시하였다. 1978년 글레이저가 쓴 『이론적 민감성』은 기본적인 패턴과 방법론적 요소를 추가하여 『근거이론의 발견』의 초점을 이어갔다. 1987년 스트라우스가 쓴 『질적분석』과 1990년 스트라우스와 코빈이 쓴 『질적연구의 기초』는 방법론이 아닌 방법들을 추가하였지만, 내가 위에서 논의한 바와 같은 근거이론을 형성하기 위해 요구되는 추상적 논리는 놓치고 있다.

만약에 어떤 독자가 이 책들을 모두 읽고 공부한다면, 그 독자는 스트라우스가 쓴 마지막 두 책이, 용어를 비롯한 많은 구체적 절차들이 왜 그렇게 되었는지 왜 그것들이 더 나은지 이해하지 못한 채 그냥 변경되었음을 알게 될 것이다. 따라서 처음 두 책은 근거이론에 대해 그 이후의 두 책과는 다른 입장을 표방하고 있다. 내가 지금 쓰고 있는 이 책에서는 『근거이론의 발견』과 『이론적 민감성』에 일관되는 절차와 기법들에 대해 살펴볼 것이다. 이 책은 통합된 이론에 대해 발견과 출현의 논리를 이어 간다. 반면 스트라우스가 쓴 두 권의 책은 선입적이고 강제된 개념적 서술에 초점을 두고 있다.

이 책들은 모두 수년 동안 강의에서, 세미나에서, 자문에서 질적분석을 수행하고 가르쳐 온 저자들의 생생한 연구 경험에 기초하고 있다. 이 책들은 이론을 생성하려는 공통의 목적을 가진 질적분석에 접근하는 서로 다른 두 가지 방법을 제시하고 있다. 이 책들의 기저에 깔린 철학적 신념들과 과학적 전통은 체계적 분석과 연구를 통해 이론을 발견해 내는 것이 그들의 사명이었음을 일깨워 준다.

근거이론에 대한 독자들의 이해는 연구방법 서적을 읽고 공부하는 것에 더하여 글레이저와 스트라우스가 쓴 논문들을 공부함으로써 크게 향상될 수 있다. 이 논문들은 방법론 책 속에 풍부하게 인용되어 있고, 글레이저의 『전문가와 일반인: 어수룩한 사람과 하도급자에 대한 연구(*Experts and Laymen: A Study of the Patsy and Contractor*)』 『이론적 민감성』의 서문에 열거되어 있다. 나아가 앞에 언급된 책들은 근거이론으로 분류될 수 있는 다른 저자들의 논문에서 풍부하게 거론되고 있다.

출현과 발견의 분석적 패턴은 근거이론 분석을 다루는 이 책의 중심에 위치하고 있다. 이 분석절차들을 공부하고 연구를 통해 경험해 보는 노고를 무릅쓴다면 누구나 배울 수 있다. 연구에 적용하기 위해 공부하려면 고된 작업과 끈기가 필요하지만 그 배움은 말할 수 없이 흥분되고 재미있기도 하다. 가지각색의 방식으로 질적자료와 양적자료에 대하여 근거이론을 활용하고 적용하는 법을 발견하려면, 이 고된 작업과 즐거운 경험은 필수 조건이다.

이 책은 근거이론을 실행한다는 목표 이상의 가치를 지닌다. 이 책은 질적자료나 양적자료의 주제분석(theme analysis)을 위해서도 사용될 수 있다. 개념 생성에 관심이 있는 사람들은 개념 생성을 위한 방법들을 발견하게 될 것이다. 자료에 접근하는 새로운 방식을 찾고자 하는 사람들 또한 이 책이 유용함을 알게 될 것이다. 이 책은 논문이나 학위논문 연구계획서를 심사하는 사람들이 근거이론 접근을 평가하는 데 도움을 줄 것이다. 귀납적인 이론생성에 관심을 갖는 사람도 근거이론 방법에서 혜택을 볼 수 있다. 근거이론은 발견을 통해 사회학에 새로운 분야들을 열어 주고 있다. 이 새로운 분야들은 핵심변수들을 발견하는 데서 비롯된다. 핵심변수의 발견은 파트너 되기에 관한 연구들에서처럼 놀라운 사건이다. 이 연구들에서 파트너십은 일상에서의 가족, 경제, 직업 생활의 사회적 조직화를 통합하는 주요한 힘이었다.

나는 1965년 나와 함께 근거이론을 기획했던 스트라우스에게 고마움과 감사의 마음을 표하고 싶다. 그 당시 우리는 우리가 최초로 함께 작업하여 1967년 출간된 『죽어감의 인식(*Awareness of Dying*)』에서 드러난 연구방법론과 방법들을 둘러싸고 심야 전화로 진지한 대화를 나누었다. 『죽어감의 인식』은 현재까지 4개 국어로 출간되었고 오늘날도 판매되고 있다. 우리의 기획에 재원이 된 죽음 관련 연구 지원금을 받게 된 것은 스트라우스의 천재성 덕분이었다.

이 책은 『질적연구의 기초』의 순서와 장 제목을 그대로 따르고 있다. 이렇게 하면 독자들이 각 논의마다 『질적연구의 기초』와 근거이론의 관점에서 정정할 사항과 상이한 점을 잘 따라갈 수 있다. 따라서 나는 다음과 같은 순서로 논의를 전개할 것이다. 연구의 시작, 이론적 민감성, 문헌의 사용, 개방코딩, 이론적 민감성 향상을 위한 기법, 축코딩, 선택코딩, 과정, 조건 매트릭스, 이론적 표집, 메모와 도표, 글쓰기, 근거이론을 평가하는 기준이 그것이다. 마지막 장은 지적 재산 소유권의 문제와 관점들을 논한다.

제3장

기본적인 고려사항

지금부터 제6장까지 네 개의 장에서는 근거이론 분석의 기저에 깔린 기본적인 방법론 중 일부를 제시함으로써 연구자들이 질적 분석을 할 때에 자신이 하고 있는 것이 무엇이며 왜 그것을 해야 하는지를 좀 더 명확하게 이해하도록 하려 한다.

질적분석은 근거이론에서와 같이 통계적 방법들에 의하지 않고 연구결과나 개념들, 가설들을 생산하는 모든 종류의 분석을 의미한다. 다시 말하지만 질적분석은 양적이거나 질적이거나 혹은 둘이 결합된 형태로 이루어진 자료를 가지고 행하게 된다. 책이나 논문을 쓸 때와 더 많은 자료를 이론적으로 표집할 때, 우리 근거이론 학자들은 말하는 것처럼 "이 모두는 분석을 위한 자료들이다. 연성자료건 경성자료건 모든 자료는 지속적 비교와 분석의 방앗간에서 쓸 곡물들이다."와 같이 말한다.

혼동을 피하기 위해 질적분석과 질적연구 간의 차이를 명확히

하자. 어떤 연구자들은 인터뷰, 관찰, 출간물 등을 통해 질적자료
들만을 수집한다. 그 연구자들은 물론 베렐슨(Bernard Berelson)
의 방법론을 활용하여 통계적으로 내용을 분석할 수 있다. 다시
말해서 질적자료를 가지고 양적분석을 하는 것도 가능하다. 이 책
의 초점은 질적자료에 대한 질적분석방법에 있다. 질적분석방법
은 때로 양적자료를 지지하기도 하고, 가설로 통합된 개념을 산출
하기도 하며, 이론으로 귀착되기도 한다. 1장에서 언급하였듯이
근거이론 분석방법론은 강제되고 선입적인 온전한 개념적 서술의
산출을 위한 것이 아니다. 개념적 서술(conceptual description)을
위한 작업은 그 자체로서 존재가치가 있지만, 이 책에서 다루고자
하는 것은 아니다.

　근거이론을 행하기 위해 꼭 필요한 개념적 기법들은 자료를 자
료로 받아들이는 것, 자료에서 물러나 거리를 두는 것, 그리고 나
서 그 자료를 추상적으로 개념화하는 것이다. 이 작업을 하기 위
해서는 얼마간의 이론적 민감성과 사회적 민감성이 필요하다. 거
기에는 분석적 거리를 유지하는 능력이 요구되며, 동시에 자료의
패턴이 지시하는 대로 개념들이 출현하도록 이론적 지식을 끌어
와 자료를 기민하게 흡수할 수 있는 능력이 요구된다. 만일 연구
자가 개념적 능력이 낮다고 여겨지면, 그 사람은 근거이론을 시도
해서는 안 된다. 그 사람은 여기저기서 끌어모은 수용된 개념들을
가지고 경험적 서술을 시도해야 한다. 연구자가 개념화하는 능력
에 대해 스스로에게 정직하지 않거나 개념화하는 능력이 결여되
어 있다면 근거이론은 존재하지 않을 것이며, 그의 연구는 잘못된

노력의 잡동사니에 불과한 결과를 가져올 것이다. 그러나 『근거이론의 발견』에서 우리가 말했던 바와 같이, 근거이론은 많은 연구자들이 자신이 가지고 있는지도 알지 못했던, 이론적 자본주의자들에 의해 사용하기를 금지당했던, 개념적 분석의 기술들을 꽃피우도록 설계된 방법론이다. 따라서 내가 언급하고 있는 정직함은 어쩌면 분석 도중에 발견되어야 할지도 모른다.

양적이고 질적인 연구방법들이 질적분석을 위해 어떻게 함께 효과적으로 사용될 수 있는가는 연구에 따라 다르다. 그러나 대부분의 연구는 신념이나 훈련과정, 연구문제의 본질 때문에 그중 한 가지 형태의 자료수집에 중점을 둔다. 일단 연구를 시작하면 자료수집과 자료분석의 초점은 꽤 명확해진다. 이 책의 대부분은 당연히 질적자료의 질적분석에 초점을 둔다. 질적분석은 현장성과 훈련과정이라는 면에서 양적연구와 그 분석에 비교해 볼 때 자료수집 및 분석의 비용이 상대적으로 낮다. 질적작업은 연구비 없이도 수행될 수 있다.

어떤 연구자들은 굉장히 만족스러운 결과 덕분에 전통적으로 질적연구와 분석의 사용을 옹호하는 훈련과정을 거쳐 왔다. 질적방법들은 연구 산출물 세계에서 아직 잘 알려져 있지 않은 사람들의 행동과 경험, 관점의 본질을 밝혀내는 데 사용될 수 있다. 양적연구에서는 이와 같은 내용을 얻어 낼 수 없는데, 양적연구는 좀 더 계량적인 본질의 패턴들을 산출하기 때문이다. 질적연구와 분석은 뒤얽혀 있고, 가장 관련성이 높으며, 문제가 되는 어떤 현상의 세밀한 부분들을 보여 주는데, 이는 이후 양적연구의 설문지

구성에 사용될 수 있다. 질적연구와 분석은 우선 새로운 영역에서 양적연구를 형성하기 위해 하는 기초적인 연구접근이다. 여기서 양적연구는 연구자료를 강제하지 않고, 질적가설들을 검증하고 입증하고 확장하는 경험적 사실을 산출한다. 이것이 두 가지 형태의 연구를 표준적으로 결합하는 방식이다. 양적연구 결과의 광범위한 패턴들은 근거이론 내에서 산출한 복잡한 세부 내용과 과정에 의해 지지되거나 이것들을 검증한다. 그러나 독자는 근거이론만으로도 실체적 영역을 개념적으로 포착하는 데 충분하다는 것을 알게 될 것이다. 따라서 독자는 이와 유사한 경험적 영역에 근거이론 적용이 적합하도록 즉시 변경할 수 있다.

사회학자나 사회심리학자들만이 근거이론이라는 질적분석을 사용하는 연구자들은 아니다. 공공보건, 사회복지, 정치학, 교육사회학, 간호학 분야에 있는 사람들뿐 아니라 조직, 집단, 여타 사회적 형태 내 인간 행동과 관련된 이슈들에 관심을 갖는 분야의 실천가들도 근거이론을 사용한다. 근거이론 연구는 팀으로도, 두 명이 공동으로도, 또는 단독으로도 이루어질 수 있다. 이러한 분업 형태는 이론 생성과 함께 만들어진 근거이론 방법론의 일부로 나타난 것이다.

내가 앞으로 길게 논할 질적분석은 세 가지의 주요 구성요소로 이루어진다. ① 자료수집으로, 이는 분석과 복잡하게 연루된다. ② 분석을 위한 방법들로, 이들은 개념과 가설을 만들어 내고 이들을 통합시킨다. ③ 이 통합의 산물로 글이나 말로 된 발표물들이 나온다. ③은 청중이나 학술지의 요구사항, 포럼 발표 등에 따라서 그리고 발표되는 이론에 따라서 다양한 형태를 갖는다. 실제로 이론을 구성하는 모든 주요 범주는 한 논문이나 한 장의 주제가 될 수 있다. 연구자는 하나의 핵심범주로도 족히 한 권의 책을 쓸 수 있지만, 핵심범주 주변의 범주들도 좋은 논문거리가 된다는 점을 곧 알게 될 것이다. 즉, 연구참여자들이 어떻게 문제를 해결하는지에 있어 하나의 핵심범주가 중심이 되지 않아도, 다른 범주들이 그 자체로 과정과 문제해결을 보여 준다.

다양한 종류의 질적분석을 찾아보는 것이 중요한데, 그럼으로써 연구자들은 근거이론이 어디에 적합한지를 알 수 있게 된다. 생애사 연구에서 발견되는 것과 같은 순전히 경험적인 서술, 법적 보고서나 경찰 보고서와 같이 무엇이 일어나고 있는가에 대한 정확한 보고를 하려는 단순한 자료제시나 현상학적 접근들의 다양한 형태처럼 가장 낮은 추상적 수준의 것들과 비교해 볼 때, 근거이론은 개념적이고 통합적인 수준에서 가장 추상적이다. 그 중간에 좀 더 개념적인 서술 연구들, 수용된 개념적 이론을 질적자료에 적용하려는 연구들이 있다.

어떤 연구자들은, 자료는 어떤 방식으로도 분석되어서는 안 되며 정보제공자들이 스스로 이야기하거나 보았다고 보고된 관찰 그대로 제시되어야 한다고 믿는다. 그들은 이러한 형태가 실재와 연구참여자들의 관점을 표현하는 것이라 생각한다. 이런 방식은 연구자의 편견이 자료에 개입되는 것을 최소화할 수 있다. 당연히 손대지 않은 그대로의 자료는 개념적 형식화와 해석으로 환원되지 않아서 자료 안에 존재하는 본질적 패턴을 보여 주는 데 실패하게 된다. 이들은 일단 개념화와 해석이 분석 속으로 침투되고, 그 결과 개념적 가설들의 통합이 이루어지면 연구자의 편견과 관점이 개입된다고 말한다. 이러한 견해는 개념화를 제압할 만큼 설득력 있지 않다. 연구참여자들의 행위를 이해하고 설명하지 않는 것보다 개념화를 하면 더 많은 것을 얻을 수 있다. 그렇지만 자료를 강제하고 실재에 대한 부정확한 결과를 내놓는다는 편견 관점에 대한 두려움은 어느 정도 근거가 있다. 근거이론은 이 편견을 대폭 감소시키고 방지할 수 있는 몇 가지 방법을 갖고 있다. 지속적 비교(constant comparison)와 포화(saturation), 핵심범주와의 관련성(core relevance)이 그것이다. 이것이 바로 강제된 서술을 산출하는 『질적연구의 기초』가 진정한 근거이론 연구에 유해한 이유다. 진정한 근거이론은 자료에 가능한 한 충실하면서 연구참여자의 관심사가 어떻게 진행되는가를 설명한다. 자료수집, 자료분석, 자료제시의 모든 단계가 긴밀히 연결되어 있는 것도 바로 이 때문이다. 이들 단계는 자료에 밀착해 개념화하기 위해 이론적 표집을 하고, 메모하고, 분류하는 작업을 통해 끊임없이 서로를 조정해 나간다.

체계적인 자료수집과 체계적인 자료분석에 의해 이론을 형성하는 것은, 실체영역 안의 주체들이나 타자들 모두에게 일어나는 실재에 대한 개념들을 생성하게 하는 매우 강력한 방법이다. 실체적 행위패턴은 이해와 통제에 대한 감각은 물론 행위와 일정의 변화에 대해 접근하게 해 준다. 체계적 자료 수집과 분석은 실체적 행위패턴을 설명하고 해석함으로써 개념적 이해를 가능하게 해 준다. 행위영역의 실재에 대한 이론적 해석은 ① 자료에 체계적으로 근거하고 ② 자료를 강제적으로 다루거나 구상화하여 다루지 않을 때(자료와 아무런 관련이 없는 개념들), 다름 아닌 실재가 된다. 또한 근거이론은 실체영역과는 다른 영역에서 동일한 문제 및 과정들을 보기 위한 가교를 제공하는데, 이 경우 연구자는 그의 이론을 더 진척시켜 비교실체이론(comparative substantive theory)과 형식이론(formal theory)으로 발전시킬 수 있다. 순수한 서술은 어떤 분야이든 간에 과학이라는 좀 더 일반적 수준에서 보면, 이론을 구축하고 이론에 기여할 수 있는 여지를 주지 못한다. 순수한 서술은 상황만을 보여 준다.

연구가 시작되는 바로 그 순간부터, 근거이론은 지속적인 자료 수집과 분석이 함께 이루어지면서 체계적이고 귀납적으로 나타난다. 근거이론의 출발점은 새로운데, 그것은 출현하는 것에 열려 있다는 점이다. 근거이론 연구자는 선입적 아이디어나 기존 이론으로 시작하지 않는다. 그렇기 때문에 입증이나 수정된 근거이론에 재배치를 목적으로 이들 아이디어와 기존 이론을 자료에 강제하지 않는다. 근거이론은 이런 부담이나 초과 수하물 없이 행해진다. 근거이론 연구자는 이후 자신의 작업이 다른 이론들과 어떻게 다른지를 보여 주고, 그 이론의 정정을 제안할 수도 있고 다른 이론들의 통합을 제안할 수도 있다. 그러나 근거이론은 스스로 홀로 선다. 근거이론은 무엇보다도 작동하지도 않고 관련성도 없는 기존의 어떤 이론에 경의를 표하려는, 복잡한 검증 과정이 아니다.

잘 구축된 근거이론은 적합성(fit), 작동성(work), 관련성(relevance), 수정 가능성(modifiability)이라는 네 가지의 가장 핵심적인 기준을 충족시킨다. 만일 어떤 근거이론이 실체영역으로부터 신중히 귀납되었다면, 그 영역 안에 있는 연구참여자들, 실천가들, 연구자들의 눈으로 볼 때 그 범주들과 속성들은 해당하는 실재에 적합성을 가질 것이다. 만약 어떤 근거이론이 작동성을 가졌다면, 연구참여자들의 주된 관심사가 진행되는 것과 관련해 그 영역에서 일어나는 행동의 주요 변이들을 설명해 줄 것이다. 만일 어떤 근거이론이 적합성과 작동성을 가지고 있다면, 그 이론은 관련성을 가졌다고 말할 수 있다. 근거이론 자체는 돌에 새겨진 것으로도, '애완물'로도 여겨서는 안 된다. 새로운 자료들이 출현되는 속성들과 범주 안에서 변이를 보여 줄 때, 그 근거이론은 즉시 수정될 수 있어야 한다. 근거이론은 검증되는 것도 아니고 버려지는 것도 아니며, 새로운 개념들을 통합하여 그에 맞게 수정된다. 이 네 가지 기준이 충족되었을 때, 그 근거이론은 행동과 변화에 대해 개념적 접근을 하도록 해 주며 실체영역에 접근하게 해 준다. 이런 의미에서 근거이론은 연구된 실체영역에 대한 통제력을 제공한다.

근거이론 접근은 자료수집과 연결된 일반적 분석방법론으로서, 실체영역에 관한 귀납적 이론을 생성하기 위해 체계적으로 적용된 일련의 방법들을 사용한다. 근거이론 연구의 산물은 해당 실체영역에 대한 이론적 형식화 또는 통합된 개념적 가설의 형태를 띤다. 이것이 전부다. 근거이론 연구의 산물은 가설일 뿐이다. 근거이론을 검증하고 입증하는 일은 검증과 입증에 흥미를 가진 다른 사람들의 몫이다. 그들은 보통 서베이나 통제된 실험과 같은 양적 방법의 형태로 중요한 가설들을 반복 실험하거나 검증한다.

근거이론 방법은 서로 다르지만 상호보완적인 배경을 가진 두 사회학자인 글레이저와 스트라우스에 의해 개발되었다. 두 사람은 연구와 분석에 있어 자신들의 교육배경을 반영하는 방법론을 개발하기 위해 매우 긴밀하게 협력하였다. 스트라우스는 질적 연구와 분석에서 긴 역사와 강한 전통을 갖고 있던 시카고 대학 출신이다. 시카고 대학에서 박사과정 학생과 교수로 있는 동안 그의 사고는 파크(Robert Park), 토마스(W. I. Thomas), 듀이(John Dewey), 미드(G. H. Mead), 휴즈(Everrett Hughes)와 블루머(Herbert Blumer)의 영향을 받고 영감을 얻었다. 이러한 학문적 배경이 다른 어떤 것보다도 근거이론 방법에 기여한 바는 다음과 같다. ① 무슨 일이 일어나는지에 대해 이해하고자 하면 현장에 나갈 필요가 있다는 점, ② 실재에 기반한 이론의 중요성, ③ 연구참여자와 연구자의 현장 내 경험의 본질은 끊임없이 변하는 것이라는 점, ④ 상징적 상호작용 과정을 통해 자신이 살고 있는 세계의 형상을 만들어 가는 데 있어 사람들은 능동적인 역할을 한다는 점, ⑤ 변화와 과정, 삶의 다변성과 복잡성을 강조한다는 점, ⑥ 연구참여자의 인식 속에 담겨진 의미와 그들의 행동 간에는 상호관계가 있다는 점이다. 스트라우스의 연구 경험은 자료수집, 코딩, 분석의 상호 영향에 대한 그의 생각에 자극을 주었다.

글레이저는 앞의 ①에서 ⑤까지의 내용을 깊이 공유하는 양적 연구 전통이 강한 학교 출신으로, 이러한 공유가 두 사람의 협력을 부추겼다. 글레이저는 1950년대 후반 컬럼비아 대학에서 훈련을 받았다. 그는 자료의 양적분석과 질적분석 양쪽에서 매우 뛰어난 혁신가인 라자스펠드의 방법론(그리고 방법론이 어떻게 형성되는지)에 강한 영향을 받았다. 방법론 형성 측면에서, 글레이저의 훈련은 하이만(Herbert Hyman), 바르통(Allen Barton), 맥피(Bruce McPhee), 베렐슨을 비롯한 라자스펠드의 여러 동료들에게서 강한 영향을 받았다. 이론생성 측면에서는, 머튼(Robert K. Merton), 제터버그(Hans Zetterberg), 립셋(Seymour Lipset), 굴드너(Alvin Gouldner) 등 라자스펠드의 방법론을 사용해 양적연구와 질적연구에서 귀납적 이론을 생성했던 사람들로부터 강한 영향을 받았다. 이들 사회학자의 많은 논문들은 『근거이론의 발견』에 인용되었다. 따라서 글레이저는 자료에 머물러야 할 필요성, 현장에 있어야 할 필요성, 실체영역 내에 있는 연구참여자들의 관점을 존중하고 드러내는 이론 생성의 필요성을 공유하고 있었다.

　스트라우스와 함께 병원에서의 죽음에 관한 연구를 하고 있을 때, 글레이저는 방법론과 이론생성에 대해 훈련받은 내용을 기반으로 세심히 계획되고 명확히 형식화된 방법론(methodology)을 비롯하여 자료수집, 코딩, 분석을 위한 체계적인 방법들(methods)이 정말로 필요하다는 것을 알게 되었다. 방법론과 방법의 필요성은 그들의 첫 번째 책인 『죽어감의 인식』이 받은 갈채와 '어떻게 연구했어요?' 등의 질문들로 더욱 확고해졌다. 글레이저는 스트라우스에게 "우리 방식으로 말합시다. 책을 쓰지요!"라고 말했다. 이렇게 해서 『근거이론의 발견』이 1967년에 쓰였다.

두 훈련 학파의 생산적인 협력과 결합이 일어난 곳은 당시 질적 연구를 강조했던 샌프란시스코의 캘리포니아 주립대학교 의학센터였다. 그러므로 근거이론이 질적연구자들의 상상력과 풍미를 포착하고 있다 하더라도, 양적자료를 가지고 행해진 귀납적 이론 생성에 대한 많은 논문들—보통 프리프레스(Free Press)에 의해 출판됨—이 있다는 점, 그리고 양적인 자료수집과 분석방법들이 근거이론 내 분석방법론 모델들의 상당 부분을 제공하고 있다는 점을 기억해 주기 바란다. 이 점은 우리의 초기 두 책에 자세히 인용되어 있다.

근거이론에 능숙해지기 위해서는 계속적으로 공부하고 연구를 해 보아야 한다. 연구자는 『근거이론의 발견』과 『이론적 민감성』에서 설명된 방법들을 철저히 공부하고 그것들을 따를 준비를 해야 한다. 근거이론 수업을 듣는 것은 입문단계에서 필요하지만, 수업을 듣는다고 근거이론가가 되지는 않는다. 근거이론이 어떻게 작동되는지 근거이론이 무엇을 산출하는지에 대해 충분히 이해하고 실체적 연구의 다양한 영역에 근거이론을 개방적이고 유연하게 적용할 수 있으려면, 오직 연구에서 근거이론 방법들을 적용해 봄으로써 가능하다.

앞에서 나는 근거이론을 다양한 학문분야에서 성공적으로 사용할 수 있는 일반적 연구방법이라고 말한 바 있다. 유념할 것은, 근거이론 방법들은 특정 학문분야나 자료수집에 한정되지 않는다는 점이다. 각 학문분야의 연구자들은 자신의 학문분야의 관점으로 사물을 보도록 훈련받기 때문에 각기 사물을 다르게 본다. 그러나 근거이론의 방법들은 일반적 방식으로 작동되기 때문에 어떤 학문 분야의 관점에서도 자료를 분석할 수 있게 해 준다. 나아가서 근거이론은 다학제간 연구에 매우 유용한 방법론인데, 자료의 개념화와 사회적 조직화의 암묵적인 과정과 문제를 통해 다양한 관점을 한꺼번에 묶어 주기 때문이다.

근거이론은 좋은 과학적 귀납이론이 되기 위한 두 가지 주요 기준인 간결성(parsimony)과 범위(scope)라는 기준을 충족시킨다. 근거이론은 어떤 행동 장면 안에서 일어나는 많은 행위의 변이를 가능한 한 적은 범주와 속성으로 설명한다. 근거이론의 이러한 수월성을 달성하기 위해서는 다음과 같은 창의적 능력들이 필요하다. 구태의연하고 적용성이 떨어지며 널리 수용된 개념들을 깨 버리는 능력, 사건과 개념에 대한 지속적인 비교를 통해 새로운 범주와 개념들이 출현되도록 하는 능력, 그 범주와 개념들에 이름을 붙여서 다른 사람들이 알아챌 수 있도록 하는 능력이다. 비교를 통해 이러한 범주들을 발견하는 것은 처음에는 쉽지 않다. 그러나 행위 현상들을 시차를 두고 보고 전의식 수준에서 처리과정을 거치다 보면, 연구자는 곧 자료에 민감해지며 범주와 속성 그리고 이들의 상호관계를 알게 되고 실체적 코딩과 메모를 통해 그들을 포착하며 이론적 코드들로 그것들을 분석할 수 있게 된다. 범주들과 속성들을 생성하는 데 창의성이 꼭 필요하지만, 연구자는 항상 포화, 지표들의 상호교환 가능성, 핵심범주와의 관계, 출현하는 이론으로의 통합을 기준으로 하여 적합성과 관련성을 갖도록 해야 한다. 이런 일들이 매우 성가시게 여겨지겠지만 그것은 이론이 출현하도록 하는 근거이론 과정의 당연한 부분이며, 일단 연구자가 알게 되면 일상적인 일이 된다.

일단 근거이론을 행하는 초기 학습 단계를 지나면, 연구자는 자료를 수집하고 분석하는 작업이 굉장히 만족스럽다는 점을 알게 되고, 새로운 개념을 발견했을 때 겪는 '유레카(eureka)' 증후군의 전율을 알게 된다. '연구참여자들의 주된 관심사를 발견하고 개념화하고 확인하였을 때'와 '그 관심사의 지속적 변이를 보여 주는 기본적 사회적 과정(basic social process)을 발견했을 때'가 특히 그러하다. 그러므로 연구자들은 지속적으로 코딩하고, 비교하고, 분석하고, 메모를 하면서 자료에 대해 오직 하나의 질문을 해야 한다. 이 사건이 나타내는 범주나 범주의 속성은 무엇일까? 이 방법을 통해 연구자들은 범주들을 생성하기 시작할 것이며, 연구참여자들의 중심문제와 그들이 사회심리적으로 그 문제를 어떻게 처리해 가는가를 알게 될 것이다. 이 범주들은 연구를 시작하게 한 명백한 문제나 질문이 아닌 경우가 무척 많다. 진실은 허구보다 더 낯설며, 출현한 것들은 강제된 것보다 더 낯설다. 이 시점에서 연구자는 자료에 흠뻑 젖어 들지만, 일어나고 있는 행동의 변이를 설명하는 개념적 모델을 통해 자료를 초월하게 된다. 그리고 연구자는 자신의 새롭고 발견된 관점을 담은 이론적 결과물을 갖게 될 것이다.

이제 잠시 『질적연구의 기초』와 이 책의 근본적인 차이—이 책을 쓰도록 한 그 차이—로 돌아가 보자. 근거이론의 목적은 연구 중인 실체영역에서 일어나는 행위의 변이를 설명하고 해명하고 해석하는 '개념들'과 이 '개념들 간의 관계'를 생성하려는 데 있다. 여기서 행위는 대개 연구참여자들이 가진 문제의 진행과정에 달려 있다. 개념적 서술의 목적은 행위의 변이와의 관련성이나 이에 대한 설명과 무관하게, 실체영역에서 일어나는 행위의 전 범위를 기술하는 데 있다. 여러분이 만일 이렇게 하기를 원한다면, 문제와 그 문제의 진행과정을 발견해야 하고 분석해야 한다. 물론 여러분은 그저 서술하는 것만으로도 그 영역에 대해 많은 것을 배울 수 있다. 단지 무엇이 중요한지 그것을 어떻게 설명해야 할지 알 수 없을 뿐이다.

질적 분야 연구의 전형적 특징은 다량의 녹음 자료를 축적하는 것이다. 따라서 분석을 위해 녹취의 양을 얼마만큼 할 것이냐의 문제가 제기된다. 자료수집, 코딩, 분석이 함께 이루어지는 근거이론 방법은 이 문제를 두 가지 방법으로 해결한다. 먼저 인터뷰와 현장 노트는 코딩과 분석을 위해 모두 녹취되어야 한다. 그러나 시간이 경과하면서 코딩과 분석은 이론적 표집을 통해 앞으로 현장 관찰이나 인터뷰 범위를 어떻게 정할지 알려 준다. 이후 이론적 표집은 남아 있는 테이프와 인터뷰 중에서 골라 녹취할 것에 대해, 더 수집할 것에 대해 안내를 해 준다. 남은 연구 자료 중 코딩과 분석을 위해 어떤 부분을 녹취할 것인가는 이론생성 과정에서 이론적 표집, 포화, 밀도가 일어나면서 결정된다. 이러한 경제성은 불필요한 비용 낭비를 막고, 이미 알아낸 점을 보여 줄 뿐인 데이터 구축을 막아 준다. 이 경제성은 연구자가 생성되는 이론에 의해 자료를 제한하고 선택하는데 확신을 가질 때에야 효력이 있다. 자료 속에 있는 변이를 충실히 설명하는 이론을 얻기 위해서는 녹취된 자료가 적은 것보다는 많은 것이 낫다. 근거이론은 때로 너무 빨리 출현하기도 하는데, 모든 자료를 코딩하고 분석하는 것을 성급히 끝내지 않도록 조심해야만 한다. 따라서 자료를 포기할 때까지 강제할 필요가 없다. 출현할 것이기 때문이다. 연구자는 무엇인가 시도하지 않겠다는 인내심을 가지고 출현을 믿어야한다.

제4장
연구의 시작

  연구를 할 때 가장 힘든 것이 시작이라는 말이 있다. 양적연구나 질적연구에서 서술적인 연구를 하려 할 때, 연구문제를 골라잡고 연구문제에 전념하는 것은 확실성이 떨어지고 덜 구조화된 듯이 보인다. 그 이유는 연구문제가 미리 선택되기 때문이고, 따라서 자료를 강제하기 때문이다. 그 결과 실제로 연구문제가 관련성이 없을 수 있기 때문에 결과물은 매우 초라하거나 보잘것없을 수 있다. '생각해 낸' 문제가 재미있을 것 같겠지만, 선개념화로는 허사일 뿐이다.

  근거이론에는 질 높은 결과물을 내고 관련성을 가진 연구문제로 이끌어 주는 기본 원칙이 있다. 그것은 연구문제와 그 연구문제의 범위가 최초의 인터뷰와 관찰에 대해 개방코딩을 하면서 발견되고 출현한다는 것이다. 연구문제와 그 범위는 코딩, 자료 수집과 분석이 시작되면서 상당히 명백해지고 구조화되며, 핵심 변수가 출현하고 포화가 일어나기 시작한다. 요약하자면, 근거이론 연구와 분석을 시작하는 것은, 근거이론 연구를 할 때 뒤따르는 단계들인 방법론적 과정의 일부다.

　연구자는 걱정할 필요가 없다. 연구문제는 해당 연구참여자들이 지속적으로 그 문제를 처리하는 방식으로 출현할 것이다. 실제로 연구문제는 대부분 너무 일찍 출현하기 때문에 연구자는 그것이 핵심인지, 실체영역 내 행위의 변이들을 설명할 수 있는지를 확신할 때까지 자신을 억제해야만 한다. 개방코딩에서 범주들이 출현하면 각 범주들은 모두 연구에 매력적인 문제처럼 보이지만, 그 모든 범주들이 핵심적으로 관련된 것은 아니다. 기껏해야 하나나 두 개의 범주만이 핵심적 관련성을 갖는다. 연구문제는 그 문제를 해결하려는 지속적인 과정에서 발견된다는 점을 기억하고 믿어야만 하며, 실제로 해결 과정이 보통 연구문제를 암시한다. 연구문제와 해결 과정은 통합되어 있다.

영역 대 문제

　문제(problem)에 관심을 갖는 것과 영역(area)에 관심을 갖는 것 간의 차이를 명확히 해 둘 필요가 있다. 사회학적 관심을 갖고 있는 어떤 연구자가 연구문제를 도출하게 되면, 그는 그 연구문제를 탐구할 실체영역이나 인구집단을 찾아 낸다. 그러나 이것은 근거이론이 아니다. 이것은 선입적으로 자료를 강제하는 것이다. 이렇게 해서 훌륭한 사회학적 서술을 생산할 수는 있지만, 실체영역의 주체들이 진정한 문제로 여기는 것들은 보통 놓치게 된다. 지도교수의 지지를 업고 이루어지는 이러한 강제는, 연구자를 해당 영역의 현실에 기반한 문제와 그 문제의 해결 과정에서 영원히 멀어지게 한다. 이렇게 놓쳐 버린 문제는 연구자가 발견하건 하지 못하건 그리고 그것에 주의를 기울이든 기울이지 않든 간에 문제다. 근거이론가인 우리가 이런 선입적 연구에서 흔히 발견하는 것은, 중심문제(main problem)가 우리를 정면으로 응시하고 있다는 것이다. 그사이에 연구자는 다른 곳으로 주의를 돌리고 그 문제를 완전히 놓쳐 버린다. 그러나 중심문제가 연구의 초점에서 밀려났다고 해서 그 문제의 관련성이 사라지지는 않는다.

근거이론 연구자는 그가 질적자료를 다루든 양적자료를 다루든 앞에서 언급한 것과는 매우 다른 차이를 보인다. 그 차이는 그가 어떠한 문제도 가지지 않은 채 관심영역으로 들어간다는 것이다. 근거이론 연구자는 이슈가 되는 것은 무엇이며, 지금 일어나고 있는 일은 무엇이고, 그것이 어떻게 다루어지는가에 대한 추상적인 경이로움을 가지고 관심영역으로 들어간다. 또는 연구참여자의 주된 관심사를 해결하는 핵심 과정이 무엇인가에 대한 경이로움을 가지고 관심영역으로 들어간다. 근거이론 연구자는 진실이 허구보다 낯선 존재임을 발견한다. 만일 근거이론 연구자가 고통받는 사람들을 연구하는 데 흥미를 갖고 그 영역으로 들어가면, 그는 그 고통이 만들어 내는 문제가 무엇이며, 그 문제가 어떻게 해결되고 진행되는지를 발견하게 될 것이다. 각 실체영역의 사회구조는 이 해결을 매우 다르게 만들어 낼 수 있다. 근거이론가는 해당 영역의 진짜 문제에 대해 마음을 계속 열어야만 한다. 어떤 연구자가 강제적 방식으로 수리공의 작업에 따르는 위험에 대해 연구한다고 하자. 이 경우 근거이론가는 아마 그 연구의 중심문제가 작업 당일 보이는 것들을 협상해 나가는 것이며, 작업에 수반되는 위험은 어쩌면 사소한 문제일 수도 있음을 발견하게 될 것이다.

『이론적 민감성』에서 언급되었듯이 근거이론가들에게 가장 권장하고 싶은 것은 연구의 최종 산물에 도달할 충분한 동기를 얻기 위해서 가능한 한 생애주기를 따라 지속될 관심영역을 선택하라는 것이다. 그러나 어떤 연구자가 관심이 덜 가는 영역을 연구해야 할 때라도, 그 영역에 대해 개념화하는 것은 일반적인 사회학적 관심과 과정으로서 흥미로운 것이 될 수 있다. 예컨대, 만일 육류가공을 연구할 돈이 있는 연구자는 다양한 사회계급에서 나타나는 식습관의 유형을 추상적 수준에서 연구할 수 있다.

관심영역들을 만나는 것은 어렵지 않다. 관심영역은 너무나 많이 있으며, 근거이론으로 연구하려 할 때 연구문제는 쉽게 출현한다. 반면에 선입적 연구문제는 만나기가 쉽지 않은데, 연구 결과는 나올지 충분한 자료로 뒷받침될 것인지에 대한 확신을 가지기 어렵기 때문이다. 연구문제가 불투명하고 만나기 쉽지 않을 때, 많은 사람은 조언을 해 주곤 한다. 그러나 근거이론가는 이러한 조언을 경계한다. 연구문제에 대한 근거이론가의 접근은 현실에 기반하고 있고 훨씬 더 찾기 쉽기 때문이다. 연구자가 선입적 연구문제를 찾는 것은 많은 경험을 가진 지도교수의 일시적인 생각이나 지혜에 복종하는 것이다. 그는 자신에게는 아무 결과도 주지 못할 것이 뻔한데도 지도교수의 마음에 드는 문제를 연구하게 되는 것은 아닌지, 그가 준 자료를 연구하게 되는 것은 아닌지 세심하게 생각해 보아야 한다. 이 경우 그는 자료 안에서 관련성을 놓치게 될 가능성이 있다.

전문적 문헌을 사용하여 나오는 선입적 개념 안에도 일정 정도 현실에 근거한 측면이 있을 수 있다. 특히 저자가 연구의 마지막 부분에서 '미래 연구의 필요성'을 언급하는 부분에서 더욱 그러하다. 물론 이것은 좋은 실마리이고, 근거이론가들이 고려해야 하는 이슈다. 그러나 이들 이슈는 해당 실체영역에서 스스로 출현한 문제에서 탄생한 것으로, 차후에 시간 조건으로 인해 관련성이 변화할 수도 있다는 점에 유의해야 한다. 직장을 떠나 가정주부로 돌봄을 받고 싶은 흑인여성에게 여성 해방은 이슈가 아닐 수도 있다. 평범한 흑인여성은 낮 시간에 가사로 돌아가고 싶어 할 수도 있고, 평범한 백인여성은 가사에서 떠나고 싶어 할 수도 있다. 이와 관련된 개인적 경험이나 전문적 경험은 강렬하고, 생애 주기에 맞는 실체영역에 대한 흥미를 불러올 수 있다. 그러나 근거이론가는 자신의 문제를 가지고 자료를 강제하지 않도록 주의해야 하고, 연구참여자의 문제가 출현되도록 마음을 개방해야만 한다. 연구자가 인식한 문제는 연구자에게 특유한 것이겠지만, 일단 일반적인 관심사가 출현하면, 그 관심사의 다양한 속성 중의 하나로 통합될 것이 거의 확실하다. 연구자의 생애주기적 관심은 처리될 것이고, 출현하는 이론에서 얻게 되는 이해를 통해 더 향상될 것이다.

연구질문

선개념화하려는 욕구는 문제가 발견된다는 신념이 없을 때 강해진다. 연구자는 자신이 연구하는 것이 무엇인지를 자신이나 타인에게 이야기할 때 이러한 욕구와 싸워야만 하고, 자신이 무지하다는 것을 배워야 한다. 핵심 문제가 출현하고 연구의 초점이 안정되었다고 증명되기까지는 아무 말도 하지 말라.

선입적 서술과 비교해 볼 때 근거이론 방법론을 선택하는 경우에는, 자료가 질적이든 양적이든 연구문제가 과연 출현할 수 있을지에 대한 딜레마는 없다. 연구질문이 방법을 이끌어야 하는가 아니면 방법이 연구문제를 이끌어야 하는가에 대해 논쟁하면서 시간을 낭비할 필요도 없다. 선입적 연구문제를 연구할 때 요구되는 것처럼, 연구자가 자료를 양적으로 수집해야 하는가 아니면 질적으로 수집해야 하는가에 대해 염려할 필요도 없다.

일단 근거이론 방법론을 선택하면 이러한 논쟁은 고려할 가치가 없다. 근거이론 방법론은 과정 속에서 문제를 출현하게 하며, 온갖 유형의 자료들은 범주들과 그 속성들을 개발하기 위해 시행하는 지속적 비교라는 방앗간의 곡물들이기 때문이다. 출현한 연구문제는 연구자의 훈련 분야, 연구참여자들의 현장, 자금 등과 같은 다양한 조건에 의해 속을 드러내고 제한되며, 연구문제의 경계도 드러날 것이다. 또한 근거이론 기준 중의 하나인 수정가능성은 훌륭한 근거이론이 어떠해야 하는지 말해 줄 것이다. 즉, 훌륭한 근거이론은 동일한 문제를 새로운 영역에 관련시킬 때, 그 새로운 조건, 새로운 연구참여자 및 관점들에 맞게 즉각 수정할 수 있어야 한다.

근거이론 연구는 추상적 문제들과 그 과정에 대한 연구이지, 특정한 단위들에 대한 연구가 아님을 기억하자. 단위분석(unit analysis)*은 서술을 위한 것이다. 따라서 임신을 관리하는 여성들을 연구한다는 것은 여성들에 초점을 두는 것이 아니라 그들이 임신을 관리하는 과정에서 출현하는 문제들과 해결책을 발견하는 것이다. 연구영역이 달라지면 이 문제들도 달라진다. 자연분만을 선호하지 않는 의사와 소통하려 노력하는 중산층 여성의 문제는 마초적인 남성 의사와 소통하려는 동성애 여성의 문제와는 전혀 다르다. 『질적연구의 기초』에서 완전히 무시된 이 차이에 대한 논의는 『이론적 민감성』의 109~113쪽, 단위 대 과정(unit vs. process)에 대한 부분에서 볼 수 있다.

---

* 역자 주) 글레이저는 대부분의 사회학적 연구가 사람들, 집단, 조직 등 사회적 구조 단위에 초점을 두어 분석을 하고 있으며, 이것을 단위분석이라고 말한다. 단위분석에서 과정은 단위가 갖는 속성 중의 하나다. 반면 과정분석에서 단위는 과정이 일어나는 공간으로, 과정분석은 단위 자체가 아닌 단위의 속성을 사용한다. 글레이저는 일상적 행동은 단위가 아닌 과정 속에 있으며 이것이 글레이저가 기본적 사회적 과정이라고 부른 그것이다. 글레이저는 이 과정을 분석함으로써 사회학 이론에서 이론적으로 분할된 경험세계들의 경계를 관통하는 사회생활의 일관성을 보여 줄 수 있다고 말했다(자세한 내용은 글레이저, 『Theoretical Sensitivity』, 109~113쪽 참조).

구체적인 연구질문

거듭 이야기하지만, 근거이론 연구에서 연구질문은 연구될 현상들을 밝혀 주는 진술이 아니다. 연구문제는 출현하고, 연구문제와 관련된 질문들은 이론적 표집을 진행해 나가면서 출현한다. 개방코딩, 이론적 표집에 의한 자료수집, 지속적 비교에 의한 분석하기를 거치면 연구의 초점이 나타나게 된다.

자료나 자료수집을 강제하지 않고도 구체적 질문들을 던질 수 있다. 그러나 이럴 때에도 연구자는 결단코 인터뷰에서 직접적으로 질문을 던지지 않는데, 이런 직접적 질문들이 자료의 출현을 예단할 수 있기 때문이다. 인터뷰 질문들은 인터뷰가 경험적으로 무엇에 대한 것이냐와 직접 관련되어야 하며, 따라서 연구자는 강제되지 않은 자료를 최대한 얻어야 한다. 이 구체적 질문들은 생각 속에 있고 연구자의 분석 속에 있는 것으로 나중에 검토되어야 한다. 이론은 생각하고, 이야기는 일상의 상식적인 언어로 하라. 이 방법은 양적자료 수집에서와 마찬가지로 질적자료 수집에서도 통용된다. 근거이론의 어느 단계에서든 너무 광범위하다거나 너무 포괄적이라거나 너무 협소하다는 선입견은 없다. 근거이론의 과정은 경계가 명료한 초점으로 가는 길을 잡아 준다. 또한 근거이론에서 연구참여자에 대한 질문들은 상호작용에 관한 것이든, 조직에 관한 것이든, 생애에 관한 것이든, 심리에 관한 것이든 그 어떤 것이든 선입적으로 이루어지지 않는다. 어떤 분야이든 간에 출현하는 질문들이 그저 그 분야에 작용하고 있는 변수들을 똑똑 두드릴 뿐이다. 확실히 하나 혹은 그 이외의 다른 변수들을 정교하게 다룰 수 있도록 훈련받은 연구자는 자신의 영역에 대해 이론적으로 좀 더 민감하게 될 것이다. 자신의 훈련 분야 밖에 있는 영역에서 주요 변수가 발생하고 있다면, 그는 자문을 해 줄 사람을 불러들여야 할지도 모른다. 최소한 그는 관련성이 없다고 무시하지 말고 현장에서 나온 사실을 자신의 이론 안에 보고해야만 한다. 따라서 어떤 사회학자가 다른 분야에서의 과정을 좀 더 잘 이해하려면 때로 경제학자, 심리학자, 정치학자들에게 자문을 구해야 할지도 모른다.

요약하자면, 어떤 연구자가 연구를 시작할 때 허우적거린다면 그것은 흔히 선입된 문제, 즉 자료와 동떨어져서 나온 문제를 자료에 강제한 결과이지 관련성이 없기 때문이 아니다. 연구자는 길을 잃고 자료가 완강하게 저항하고 있는 것이라 여긴다. 근거이론 연구자는 이 문제를 우회해 가는데, 연구문제의 출현 이전에 연구문제가 무엇이어야 하는가에 대한 선입견 없이 그저 연구되어야 할 것은 무엇인가를 살펴보기 시작하기 때문이다. 근거이론 연구자는 연구문제의 출현을 기다릴 만한 인내와 확신, 믿음을 가지고 있다. 또한 근거이론 연구자는 미리 알고 있지 못한 자신을 믿으며, 자신이 연구참여자들보다 그들에게 가장 의미 있는 것들이 무엇인지 알고 있다고 독단하지 않도록 스스로를 다잡는다.

제5장

이론적 민감성

근거이론에는 두 유형의 코드가 있다. 실체적 코드(substantive codes)와 이론적 코드(theoretical codes)다. 실체적 코드란 범주들과 그 속성들을 생성함으로써 생겨나는 개념적 의미들을 말한다. 이것은 현장에서 실체적 사건들 속에 발견되는 패턴들을 개념적으로 개괄한 것이다. 이론적 코드는 실체적 코드들을 이론적으로 서로 연결시킴으로써 발견되는 관계의 개념적 모델들이다. 『이론적 민감성』 제4장에서 나는 최고의 적합성을 갖는 이론적 코드를 찾을 수 있도록 하는 18개의 다양한 이론적 코드들을 기술하였다. 실체적 코드와 이론적 코드를 함께 사용하면 자료에 적합한 근거이론의 결과를 얻을 수 있다.

이론적 민감성이란 연구자의 지식, 이해, 기술을 말하는 것으로, 이것은 출현하는 이론적 코드들에 맞추어서 연구자가 범주와 속성들을 생성하도록 촉진하며, 그 범주와 속성들을 가설과 연결시키는 연구자의 능력을 높여 주고, 가설들을 통합시키는 능력을 높여 준다. 관련성 속에서 이러한 결과를 얻기 위한 근거이론의 기준은 적합성(fit)과 작동성(work)이다.

이론적 민감성은 자료로부터 개념들을 생성하고 이들을 이론, 즉 일반적으로는 정상적인 이론 모델, 특정하게는 사회학 내 이론 발전에 관련시키는 능력을 말한다. 연구자는 자신의 개인적 경험에 매우 민감할 수 있고, 자신의 일반적인 학문 분야나 구체적으로는 자신의 자료에 민감할 수 있다. 그러나 근거이론 연구자가 이론적 민감성을 갖고 있지 않다면, 연구 결과로 근거이론을 얻을 수는 없을 것이다. 그 연구자의 연구 결과는 다소 선입적인 개념적 서술과 경험적 서술을 결합한 것이 될 것이다. 개념화하는 능력과 이론적 코드에 대한 훈련 없이는, 연구자가 근거이론을 생성하는 데 성공하기는 어렵다. 그런 연구자는 정보를 갖게 될 것이고 견문이 있겠지만 이론적이지는 않다.

자신의 실체적 자료에 개념적 통찰, 이해, 의미를 부여할 수 있는 능력을 갖는 것은 연구자의 개인적 속성이다. 물론 사회학에서 개념적 작업을 할 때, 필요한 경우 이러한 능력을 기술로 갈고닦을 수 있는 것처럼, 연습을 하면 이러한 능력은 향상된다. 그러나 우리 모두는 훈련과 상관없이 삶의 패턴들에 개념적 의미를 부여하는 데 무척 통달한 사람들이다.

이론적 코드에 대한 지식, 이해, 기예적 활용에 대한 가르침은 사회학적 훈련에 더하여 분석과학을 훈련받는 데서 나온다. 예를 들어, 조건, 결과, 맥락, 부수사건(contingency), 공변이, 가식적 관계(spurious relationship), 해석, 이들 간의 미묘하지만 결정적인 차이들을 적절하게 사용하려면 훈련이 필요하다. 이론적 문헌 안에서 더 많은 것을 발견하려면, 연구자는 『이론적 민감성』 책에서 언급한 앞의 사항들을 세심하게 익히고 그 사용에 익숙해져야만 한다. 실체적 코드들을 연결하는 이론적 방법은 한없이 많지만, 그것은 경험적이고 출현적이다. 따라서 연구자는 자료 안에서 이론적 코드들의 출현에 대한 민감성을 높이기 위하여 광범위한 이론적 코드들을 알고 있어야 한다. 스트라우스는 끊임없이 조건들에 초점을 맞추고 있는데, 모든 경우에 꼭 필요한 한 가지 이론적 코드는 없다. 연구자가 선호하는 이론적 코드는 관련성을 해치며 자료를 강제한다. 연구자는 그 당시 실체적 코드에 적합하고 작동하는 광범위한 이론적 코드들의 출현에 개방되어 있어야 한다. 오직 개념적 서술만이 '표피적' 이론적 코드들의 사용을 강제한다.

따라서 연구자가 스스로 사회학에서 이론적 훈련을 받는 것이 가장 좋은 방법이다. 이론적 훈련은 모든 사회학 교과과정에서 핵심적인 과목이다. 그러나 그렇게 하는 것이 불가능할 때는, 끊임없이 자신의 내부에서 사용할 수 있는 이론적 코드를 이해하고 스타일을 발전시킬 수 있도록 어떤 분야에서든 실체이론과 형식이론을 읽어 나가야 한다. 이론을 계속하여 공부하라.

연구자가 개념화하는 능력이 있는 경우, 그의 전문적 경험, 개인적 경험, 연구영역 내 자료에 대한 심층적인 지식은 범주와 그 속성의 생성에 꼭 필요한 실체적 민감성(substantive sensitivity)을 촉진한다. 이 점은 특히 현장범주들(in vivo categories)—연구 중인 현장영역에서 사용되는 용어들을 차용한 범주들—을 생성할 때 그러하다. 현장범주는 사회학적 용어를 사용하는 범주들을 생성할 때는 별로 해당되지 않는데, '사회적 상실' 혹은 '인식 맥락' '생활패턴의 재구상'과 같은 범주들은 훈련과 독서를 통해서만 연구자의 의식에 들어오기 때문이다. 그러나 이론적 코드들을 생성하고 적합성을 갖추려면 분석적 혹은 이론적 훈련이 가장 좋지만, 많은 독서로도 충분할 수 있다. 그리고 물론 『이론적 민감성』에서 제시한 이론적 코드들에 대한 공부는 꼭 필요하다.

창의성과 근거이론

대부분의 아이디어들은 이미 어떤 방식으로든 알려져 있기 때문에 독창성과 창의성의 많은 부분은 새로운 아이디어가 아니라, 개념적 아이디어들을 새롭게 연결한 것이다. 이 연결의 역할을 하는 이론적 코드들을 발견하고 이를 숙련되게 사용하는 것이 중요한 것은 바로 이 때문이다. "창의성은 처음으로 무엇을 발견하는 것이 아니라, 이미 알려진 것들과 구체적 발견의 정수인 아직 알려지지 않은 것들 간에 확실한 연결을 만들어 내는 것이다."(Seyle, 1956, p. 6)

이론적 코드들은 분석자가 연구, 자료, 개념들을 이론생성에 사용할 수 있게 새로운 방식으로 보게끔 해 준다. 실체적 영역에서 행위를 포착하고 설명하는 새로운 방식들, 쉽게 기억되는 개념적 연결을 제공하는 새로운 방식들은 상세한 서술과는 다르다. 민감성을 갖는 것만으로도 모두가 매혹되는 훌륭한 서술을 산출할 수 있지만, 이론적 민감성에 대한 가르침을 받지 못하면 그러한 서술로는 근본적인 문제들과 그 과정들에 대한 이론, 즉 행위를 설명하면서도 쉽게 잊히지 않는 이론을 산출하지 못할 것이다.

여기서 유념할 것은, 내가 개념적 가설들을 산출하고 그 가설들을 통합해 주는 이론적 민감성에 대해 이야기하고 있고, 이것이 전부라는 점이다. 이 가설들은 가능성에 관한 진술이지 검증된 사실들이 아니다. 즉, 근거이론은 검증하는 작업이 아니다. 그 진술들은 새로운 자료에서 범주의 속성들이 출현함에 따라 즉각적으로 수정될 수 있는 진술일 뿐이다. 이것이 근거이론에서 말하는 창의성의 수준이며, 보다 넓은 의미의 과학적 작업의 모습이다. 검증하는 연구는 다른 방법론에서 나온다. 그러나 가설들을 새로운 현장에 작동시키는 경우, 그 가설들은 즉각적으로 수정 가능하기 때문에 새로운 사실들에 들어맞게 쉽게 조정될 수 있으며 새로운 사실들을 설명할 수 있다. 예를 들어, '전문 간호사 되기'에 대한 이론은 또 다른 전문 분야에 적합하도록 쉽게 조정되고 수정될 수 있다.

근거이론은 통합, 포화, 밀도를 높임으로써 점점 더 신뢰할 수 있게 되며, 새로운 상황에 대해 더 쉽게 수정될 수 있다. 스트라우스가 계속 강조하고 있는 것과 달리, 가설들을 검증하거나 타당화하거나 좀 더 확실하게 해야 할 필요는 없다. 이 과업들은 검증연구와 반복연구가 갖는 속성들로, 그 초점은 이론을 생성하는 데 있지 않고 이론을 검증하는 데 있다. 검증과 반복은 질적 자료뿐 아니라 양적자료를 가지고도 가능하다. 근거이론이 자료수집 방법이나 분석방법에 국한되지 않는 생성적 방법론이라면 이들 연구는 일반적인 검증적 방법론을 필요로 할 뿐이다.

근거이론 연구자는 검증적 방법론이 단순히 엄격하다고 해서 체계적 이론생성의 엄격성과 자료를 검증적으로 접근하는 것을 혼동해서는 안 된다. 각 방법론 모두 조심스럽게 절차를 따라야 하지만, 공통점은 여기에 그친다. 두 유형의 방법론은 순차적 관계로 보아야 한다. 먼저 우리는 관련성을 발견하고 관련성에 관한 가설을 작성한다. 그 이후에 가장 관련성 있는 것들이 사용될 필요가 있다면 검증될 것이다. 관련성이 있는 가설들을 활용하는 것은 학문적 발전이나 실용적 응용을 위해 실체영역에 대한 과학적 사실을 구축하는 전형적인 방법이다. 예를 들어, 이용할 경우 결정적 도움이 될 수 있는 정부의 복지 프로그램이나 청소년 비행에 대한 사실을 구축하는 것이다.

결론적으로, 이론적 민감성은 절대적으로 필요한 것으로서 많은 연구자들은 스스로 의식하지 못하지만 이론적 민감성을 갖고 있다. 이들 연구자는 자신이 실체이론을 생성할 수 있음에 놀라게 될 것이다. 우리가 『근거이론의 발견』에서 언급하였듯이 근거이론은 많은 연구자에게 이론생성의 임무와 즐거움을 가져다준다. 이들은 이전에는 스스로 이론을 생성할 수 있다고 생각지도 못했고, 지도교수가 이론을 쓰라고 허락할 것이라고는 생각지도 못했던 사람들이다.

제6장

문헌의 사용

근거이론 방법론과 관련해서 세 가지 유형의 문헌이 있다. ① 비전문적이고 폭넓게 읽히는 순수한 문화기술지적인 서술들, ② 연구 중인 실체영역과 관련된 전문적 문헌, ③ 실체영역과 관련되지 않은 전문적 문헌들이 그것이다. 먼저 나는 실체영역과 관련된 문헌을 살펴보고, 그다음으로 관련이 없는 문헌들, 마지막으로 순수한 서술들에 대해 살펴볼 것이다.

실체영역과 관련된 문헌

근거이론을 수행할 때 문헌읽기와 관련해 끊임없이 제기되는 질문은, 연구 중인 실체영역에 관련된 전문적 문헌들을 읽고 사용하는 데 가장 좋은 자세가 무엇인가 하는 것이다. 기술적 연구이든 검증적 연구이든 간에, 우리 모두는 채워야 할 간극이나 검증해야 할 가설, 기여할 수 있는 아이디어들을 확인해야 할 때 일반적이고 광범위한 문헌검토를 하곤 한다. 이와는 달리 근거이론 연구의 지상명령은 다음과 같다. 즉, 연구 중인 실체영역에 대한 어떤 문헌도 검토할 필요가 없다는 것이다.

이 지상명령은 적합성, 관련성, 작동성을 가진 자료에 수용된 개념들이나 선입적 개념들을 적용하지 않고, 범주와 그 속성 및 이론적 코드를 생성하려는 연구자의 노력을 오염시키거나 제한하거나 금지하거나 억제하거나 방해하지 않아야 한다는 염려에서 비롯되었다. 이때 수용된 개념들과 선입적 개념들은 실제로는 적합성도, 작동성도, 관련성도 없지만, 일시적으로 그런 것처럼 보일 수 있다. 관련 문헌은 의식적으로든 부지불식간에든 자료에서 발견되어야 할 것을 미리 전제하는 '터무니없이 많은' 탈선을 하게 하는데, 연구자는 이런 것들과 씨름하는 추가 부담이 없더라도 그 자신의 개념을 생성하는 것만으로도 충분히 힘들다.

이 지상명령 뒤에 숨은 논리는 명백하다. 근거이론은 개념과 가설을 발견하기 위한 것이지 개념과 가설들을 검증하거나 반복하려는 것이 아니다. 따라서 근거이론이 허용하고 명하는 것은, 가능한 한 모든 방법으로 발견에 자유로워지라는 것이다. 그것은 자료에 가장 적합한 개념을 만들어 내기 위해 관련 문헌의 주장과 그 연구결과 및 연구전제로부터 자유로워져야 한다는 의미다. 근거이론은 누군가 다른 사람의 작업이나 문제를 다룬다는 생각으로부터 자유로워져야 한다. 기존의 문헌이나 잘 알려진 사회학자에게 고개를 숙이지 말아야 할 필요가 있다.

그러나 이 자세는 단지 시작 단계에서 필요한 방법론의 일부일 뿐이다. 근거이론을 위해 우리는 먼저 현장에서 자료를 수집하고 그 이후에 코딩을 시작하는데, 사건과 사건을 지속적으로 비교하고 사건과 코드를 지속적으로 비교하면서 동시에 분석하고 이론을 생성한다. 그 이론이 핵심변수와 출현하는 범주 및 속성의 통합에 충분히 근거하고 있다고 여겨지면, 그때 연구자는 실체영역 내에 있는 문헌을 검토하고 다양한 방법으로 문헌들을 자신의 작업에 연결시키기 시작한다. 따라서 동일 영역 내 문헌 검토는 출현하는 이론이 충분히 발전된 이후에 시작된다. 그래야 연구자가 자신의 발견에 확신을 가지며, 선취된 개념들로 강제하거나 예견하지 않을 수 있다. 실제로 연구자는 이론이 충분히 출현할 때까지 자신의 이론이 어떤 실체영역에 속하는가를 아는 데 어려움을 느낄 수도 있다.

출현하는 근거이론이 동일 분야 내 기존 문헌과 어떤 연관을 갖는가는 문헌의 양과 종류에 따라 달라질 것이다. 연관이 전혀 없을 수도 있고, 조금 있을 수도 있으며, 포화 지점까지 연관이 지속될 수도 있다. 만일 해당 영역에 대한 연구가 전혀 없거나 혹은 단순한 서술 수준의 연구만 있는 경우, 그 근거이론은 해당 영역과 관련된 개념들과 가설들을 열어 보여 줌은 물론 장래 연구를 위한 수많은 방향과 실마리를 제공해 준다. 근거이론 연구자는 선제적 개척자로서 사회학에 새로운 길을 열어 놓음으로 인해 널리 인용될 것이다. 이처럼 스트라우스와 나는 병원 안에서 죽음의 인식에 대해 전혀 새로운 장을 열어 놓았다.

소량의 문헌

일어날 가능성이 가장 높은 상황은 소량의 문헌이 있는 경우다. 연구자는 연구를 시작하기 전에 해당 분야에 대한 문헌을 망라하는 것에 대해 염려할 필요가 없는데, 그 문헌들은 언제나 거기에 있을 것이기 때문이다. 그 문헌들은 어디론가 가 버리지 않는다! 그리고 근거이론 과정에서 포화, 밀도 높이기, 분류하기를 하면서 출현하는 이론과 이 문헌들을 통합할 시간은 충분하다. 특히 분류하고 그 후에 글을 쓰는 과정에서, 연구자-분석자는 지속적인 비교를 통해 차이점을 조정하고, 개념과 패턴들에서 유사점을 보여 주고, 자료에 대한 자신의 작업에다 문헌에 있는 개념들을 스며들게 한다. 연구자는 같은 아이디어에 대해 작업을 했거나 같은 영역에 대해 작업을 했다는 점을 인용할 수도 있고, 그 이론이 주목하는 문제 진행과정에 문헌이 관련되는 정도에 따라 자신의 이론에 직접 통합할 수도 있다. 또한 연구자는 자신만의 이론을 생성하는 외에도, 자신의 아이디어를 기존 이론에 부가하거나, 기존 이론을 확장하거나, 기존 이론에 변화를 줄 수도 있다. 이때쯤이면, 연구자는 자신의 범주들에 대해 무척 잘 알고 있으며, 그 범주들로부터 흔들리는 경우는 없다. 연구자는 문헌으로부터 현혹되기 쉬운 아이디어가 아닌, 더 나은 적절한 아이디어를 얻어 그 범주들을 선명하게 할 뿐이다. 그 외의 통합적 연결들은 확실히 연구자가 자신의 작업을 관련 문헌과 비교하면서 일어나게 되며, 그의 기여가 분명히 드러난다.

이러한 연결이 일어날 때 연구자가 기억해야 하는 것은 자신의 작업이 이론을 생성하는 것이지 이론을 검증하는 것이 아니라는 점이다. 따라서 자신의 작업과 다른 사람의 작업의 차이를 가설이나 연구결과를 검증할 것이냐, 검증하지 않을 것이냐로 가름하지 않는다. 근거이론 연구자는 상이한 조건하의 상이한 속성들의 변이들을 비교하고 보여 주고 통합하면 된다. 검증은 지속적 비교나 이론적 통합의 과업과는 동떨어져 있다. 검증은 이론을 확장해야 할 때에 논쟁이 되는 지점이다.

다행히도 연구자가 연구의 후반부에 이르면, 연구하는 실체영역에 대한 문헌 읽기는 빨리 진행된다. 왜냐하면 연구자는 문헌을 통해 출현하는 이론과 관련된 것이 무엇인지 재빨리 꿰뚫어 볼 수 있기 때문이다. 연구자는 기민하게 출현하는 이론적 틀의 구도와 관련짓는다. 그렇다고 연구자가 모든 것을 다 똑같이 중요한 것으로 보지는 않는다. 연구자는 이제 자기 분야를 다루는 데 있어 분명한 목적을 갖고 있기 때문에 문헌을 읽으면서 건너뛰거나 깊이 파고들면서 많은 양을 독파할 수 있다. 여기서 분명한 목적이란 자신이 생성한 이론의 기여를 보여 주기 위해 자신의 이론과 다른 문헌을 통합하는 것이다. 이러한 접근은 현재에도 매우 타당하다. 왜냐하면 급격히 늘어나는 출간물 때문에 많은 연구자-분석가가 읽어야 할 거리는 점점 많아지고 읽을 시간은 점점 줄어들기 때문이다. 이렇게 하는 것은 무엇이 관련되는지에 대한 확신 없이 미리 문헌을 읽는 것보다 훨씬 효율적이다.

그렇지만 읽는 것은 노동이다. 연구자가 자신의 연구를 위해 읽어야 할 때, 그는 아이디어를 위해 읽어야 한다. 그 아이디어들이 문헌 속에 있든 지속적 비교를 통해 자신이 생성하는 개념들에 있든 상관없이 읽어야 한다. 기존의 것이든 생성된 것이든 분석가가 아이디어를 위해 읽으면, 그는 자신이 읽고 있는 논문이나 책에 대한 개념화를 쉽게 기억할 수 있고, 곧 책으로 출간될 자신의 출현이론을 이들 개념과 연결하게 된다. 유념할 것은, 만일 연구자가 다른 사람의 문헌을 읽고 특정 개념을 생성했다면 그것은 그 문헌의 저자에게 공을 돌리지 말고 연구자의 공적으로 해야 한다는 점이다. 이때 연구자는 이 점을 각주나 텍스트에서 언급할 수 있다. 그러므로 『택시 무도장(*Taxi Dance Hall*)』이라는 책에 대해 그것이 사회적 고립에 대한 책이라고 말한다면, 그것은 그 책에 대한 나의 아이디어이지 저자의 아이디어가 아니다.

물론 아이디어는 연구자를 이론적으로 민감하게 한다. 연구자가 독서를 통해 더 많은 아이디어를 얻을수록, 아이디어들은 출현하는 이론과 더 많이 연계되며, 자료에서 연구자가 발견할 수 있는 것에 더 민감하게 한다. 물론 이러한 아이디어들은 출현하는 이론의 범위를 지속적으로 수정하고 넓히는 데 용해되어 이론적 표집에 직접적 도움을 준다. 그리고 연구자는 다시 한 번 '왜 차이가 있을까?'라는 질문을 명심해야 한다. 자신의 이론과 자신이 읽고 있는 것 사이에서 던지는 이 질문은 아이디어를 얻기 위해 빠뜨린 자료를 계속적으로 비교하고 분석하고 이론적으로 표집하는 기회를 준다. 그것은 다른 사람의 작업을 부정하거나 무효로 하는 기회가 아니라 그것을 설명하는 기회다.

다량의 문헌

알코올중독과 같은 일부 실체영역은 무척 많이 연구되었다. 나는 근거이론은 항상 개방할 필요가 있거나 문헌이 적은 분야에 집중되는 것이 좋다고 생각한다. 왜냐하면 그 기여가 분명하고 강하게 드러나기 때문이다. 그러나 연구비가 주로 많이 지급되는 어떤 분야들은 이미 달성된 연구가 어마어마하게 많음에도 불구하고 연구자에게 연구할 기회를 제공하기도 한다. 이런 경우, 우리는 근거이론이 기존의 수많은 연구들을 넘어서고 조직화하고 종합한다는 점을 발견한다. 이것은 이론의 가장 중요한 두 가지 속성인 간결성과 범위를 달성했다는 점에서 확실한 기여라 할 수 있다. 예를 들어, 음주 중단 방법이 내적 통제 의존에서 외적 통제 의존으로 전환되는 과정을 발견한 한 알코올 연구는, 몇 안 되는 개념들로 이루어진 많은 경험적 연구들을 종합한 결과였다.

연구가 많이 이루어진 영역에서 근거이론의 기여는 보통 새로운 개념이나 패턴을 제시하는 방식으로 이루어지지 않는다. 왜냐하면 이들 개념과 패턴이 이미 포화상태에 있기 때문이다. 여기서 빠뜨리고 있는 것은 기본적 사회적 과정들(basic social processes)

인데, 이 과정들은 개념이나 패턴을 개념적으로 포착해 준다.

실체영역과 관련이 없는 문헌

관련된 문헌들을 연구의 후반부까지 유보해야 한다고 해서, 근거이론 연구를 시작할 때 문헌을 읽고 활용하는 것을 포기할 필요는 없다. 실체영역과 관련이 없는 분야의 문헌은 연구 시작부터 읽고 공부하는 것이 꼭 필요하다. 앞서 언급하였듯이 관련이 없는 문헌을 연구 초기부터 읽고 공부한다면, 개념을 선취하고 예견하는 것을 최대한 피할 수 있다. 선취되고 예견된 개념들은, 수집된 자료를 초기 코딩하고 분석하면서 나오는 적합성 있고 관련성 있는 개념을 생성할 때 필요한 완전한 자유를 쉽게 손상시키기 때문이다. 동시에 연구자는 관련이 없는 문헌을 읽으면서 문헌 안에 가득 차 있는 자료의 개념화와 이론적 코드들에 대해 지속적으로 이론적 민감성을 유지하게 된다.

또한 이론적 민감성은 통합적 모델이나 글의 형식과 같이 스타일에 대하여 독서할 때도 증진된다. 이런 독서는 연구자가 일상의 실체적 자료를 강제하지 않으면서도, 마음속에 이들 모델을 그리는 데 도움을 준다. 내가 말하는 스타일이란 저자가 글을 쓸 때 하는 바로 그것이지, 저자가 하고 있다고 말하는 것이 아니다. 저자가 실제로 자신의 저작을 어떻게 배열하는가이지, 목차나 서문 혹은 서론에서 이렇게 배열하겠다고 말하는 것이 아니다. 스타일에서 세심한 주의가 필요한 또 다른 측면들은 연구 전반을 구성하는 기술들인 이론적 코드, 통합 전략들, 밀도 높이기, 유효 범위, 명료성, 자료의 원천 그리고 근거의 수준 등이다. 저자들의 다양한 스타일과 그 특성들을 비교하는 것은 출현하는 이론을 가장 잘 표현하기 위해 어떤 스타일로 글을 쓸지 결정하는 데 있어 아주 중요하다.

연구자 자신이 현재 진행하는 연구와 관련이 없는 문헌들을 비교하면 문헌에 나타난 규범적인 스타일에 자신의 스타일이 어떻게 조화될 수 있는지, 자신의 연구 작업이 어디에 기여할 수 있는지 등 연구자가 알고 있는 것에 대한 지지를 받을 수 있다. 내가 규범적 지지라고 말하는 것은 타당화나 검증이 아니다. 규범적 지지란 바로 연구자 자신의 방식을 그의 전문분야의 큰 그림 안에 특정한 방식으로 조화되도록 하는 것이다.

아이디어들과 스타일, 지지를 얻기 위한 독서는 연구자의 전의식적 처리과정을 촉진함으로써 범주와 속성을 생성할 때 민감성을 가져다준다. 이러한 독서는 연구자가 사회학적으로 사고하면서 참여자의 사고 스타일에 대항하여 자신의 위치를 지키도록 하며, 특별히 연구자가 코딩을 하고 메모를 하면서 아직 아무것도 떠오르지 않을 때는 물론이고 너무 생각이 많거나 전혀 생각이 없어 막혔을 때 그 순간을 타개하도록 하는 데 유용하다.

글쓰는 스타일에 대한 연구자의 사회학적 사고방법을 가장 잘 발견할 수 있으려면, 자신이 쓰게 될 것과 같은 종류의 작품들을 읽는 것이 좋다. 연구자는 자신이 기고하고자 하는 학술지에 실린 논문들을 읽어야 하고, 학위논문을 쓸 때는 학위논문들을 읽어야 하며, 자신이 쓰고자 하는 책과 유사한 단행본들을 읽어야 한다. 연구자는 자신이 하고 있는 바와 같이, 저자가 자료와 씨름하고 있는 그런 종류의 작품들을 읽어야 한다. 연구자는 자신과 같은 스타일의 범위 안에 있는 많은 작품을 읽어, 아주 다양하게 나타나는 예시와 이론의 비율처럼 자신이 다루어야만 할 규범의 다양성을 이해해야 한다. 마지막으로 연구자가 항상 명심해야 할 것은 저자의 지식처럼 자신이 독서한 것들은 근거이론가를 위한 것이며, 자료를 보는 관점을 위한 것이라는 점이다.

관련이 없는 분야에 대한 독서는 이론적 표집을 자극할 수 있고, 나중에 개념으로 나오게 되지만 지금은 괴리가 있거나 자료가 부족한 부분에 대해 더 많은 자료 발견을 위해 현장으로 돌아가도록 촉진할 수 있다. 어떤 저자가 다른 영역을 포괄하도록 방침을 바꾸게 한 것이 무엇인지 보면, 연구자 자신의 영역에서 탐구에 필요한 실마리를 찾을 수 있다. 예를 들어, 거액의 유산과 같이 생활 상황에서의 즉각적이고 극적인 변화는 생활 패턴을 재설계하도록 하는 동인이 될 수 있다. 심장 발작과 같은 신체 건강에서의 극적인 변화로 인한 타격도 생활 패턴의 재설계를 필요하게 한다. 관련이 없는 문헌으로부터 얻은 이러한 이론적 표집의 실마리는 연구자의 실체영역을 예견하지 않는다.

설득력과 형식화를 갖춘 근거이론이 천천히 출현하면서, 연구자는 이에 상응하는 속도로 관련된 문헌 읽기로 전환할 수 있다.

비전문적이고, 대중적이며 문화기술지적인 문헌

이 절의 제목이 가리키는 것은 문화기술지, 생애사, 일기, 코멘트들, 기록물, 보고서, 목록 등에서 발견되는 것처럼 개념화가 전혀 되어 있지 않거나 최소한의 개념화만 되어 있는 온갖 종류의 순수 서술들을 말한다. 이 자료들은 연구 중인 실체영역과 관련이 있어야 하며, 따라서 범주와 속성을 생성하기 위해 지속적으로 비교되어야 하는 추가 자료로 여겨야 한다. 이 문헌들은 연구과정 중에 언제나 자료로 읽힐 수 있다. 이 문헌들은 현장 연구나 서베이 조사에서 보조적인 것으로 보일 수 있지만 실제로 이 문헌들이 지속적 비교에 의해 분석 안으로 들어오면 이 점은 별로 문제가 되지 않는다. 이들 자료는 다른 모든 자료와 마찬가지로 개념들과 가설들을 생성하는 데 도움을 줄 뿐이며, 근거이론을 연구하는 어느 누구도 그 차이를 알지 못한다. 이 자료들을 읽는 것은 분석을 위한 더 많은 자료를 얻기 위한 것일 뿐이다.

따라서 추가 자료인 이들 서술적 자료의 정확성, 진실성, 신빙성은 문제가 되지 않는다. 연구자는 균형 잡힌 시각으로 이 읽을거리들을 자료로 여기면 된다. 모든 생성된 개념에 대해서도 그러하듯이 연구자는 그 내용들을 통합하여 지속적 비교방법으로 수정해 나가면 된다. 예를 들어, 심리학자들은 해석된 서술, 즉 그들의 훈련과정에 의해 모형화된 서술들을 산출하는 경향이 많다. 심리학자들은 결코 직선적으로 말하지 않는다. 거기에는 언제나 평가와 가벼운 진단이 내재되어 있다. 내가 수정해 나간다고 한 말의 의미는, 관점을 보여 주는 자료들이 같은 범주에 대해 다른 속성들을 산출한다는 것이다. 실제로, 현장자료 자체는 관점의 한 형태로 보아야 한다. 즉, 현장자료는 치우치지 않은 정확한 서술을 하려는 노력으로 보아야 한다.

요약하자면, 이런 종류의 자료들은 세심하게 지속적으로 비교되고 분석되었을 때도 연구 결과를 산출하는 것은 아니기 때문에, 이들 자료의 진실성이나 '진실성을 확인하는 것'은 중요하지 않다. 근거이론은 가설들과 제안들을 생산할 뿐이며, 이 가설들과 제안들은 검증연구에서 확인되거나 근거이론의 현장 적용에서 확인될 뿐이다. 그리고 이것이야말로 우리가 세심하게 수집한 자료들이 생산하는 모든 것이다.

결론적으로, 미래의 저자가 될 근거이론 연구자는 저자의 자격을 습득하기 위해 독서가가 되어야 한다. 일단 한번 쓰인 저작은 출간에 의해 정당화된 것이기 때문에 믿거나 공부해도 문제없다고 여겨진다. 근거이론은 저자들을 배출한다. 만일 그렇지 못하면, 근거이론은 주목받지 못한 채 사적으로 남거나 소집단의 환상의 세계로 흘러 들어가 버릴 것이기 때문이다. 근거이론의 좋은 저자가 되려면 다량의 독서를 해야만 한다.

제7장

개방코딩

정 의

- **개념:** 일련의 서술적 사건들의 기저에 있으면서 의미를 가진 동일성 또는 패턴(『이론적 민감성』에서 개념과 지표에 대해 설명한 62~72쪽 참조)을 말한다.
- **범주:** 개념의 한 유형으로, 보통 더 높은 수준의 추상화를 위해 사용된다.
- **속성:** 한 범주의 개념적 특성을 이루는 개념의 한 유형으로, 범주보다 낮은 수준의 추상화이다. 속성은 개념의 개념이다.
- **코딩:** 더 많은 범주와 그 속성들이 출현하도록 사건과 사건, 개념과 사건의 지속적인 비교를 통해 자료를 개념화하는 것이다.
- **개방코딩:** 핵심범주와 그 속성들로 코딩의 범위를 제한—선

택코딩—하기 이전에 지속적 비교분석을 하는 최초 단계를 말한다. 분석가는 어떤 선입적 코드들도 갖지 않고 시작한다. 즉, 그는 전적으로 개방된 상태다.

- 이론적 코딩: 범주들과 속성들이 출현하면서 이들 간의 개념적 관계를 창출하는 코딩의 속성과 지속적 비교분석을 말한다 (『이론적 민감성』의 72~84쪽 참조). 이론적 코드들은 분석가의 글쓰기 방식과 스타일 안에 암묵적으로 또는 명시적으로 사용되면서 개념들을 연결한다.

- 지속적 비교 코딩: 지속적 비교분석 방법을 할 때 기본적으로 해야 하는 작업이다. 분석가는 범주와 그 속성, 그리고 그것들을 연결시켜 주는 이론적 코드들을 위하여 사건들을 코딩한다.

우리는 자료를 개념화하는 바로 그 행위를 통해, 사건들 속에 얽혀 있는 기저의 패턴들에 대한 관심을 지속할 수 있다. 일단 우리의 관심이 한 범주에 고정되면, 우리는 지속적인 코딩과 분석에 의해 그 범주에 대해 출현하는 속성들을 검토하고 발견하기 시작한다. 이러한 범주들과 속성들은 우리가 본 것을 개념화할 뿐이지만, 우리는 이론적 코드를 가지고 그것들을 연결하여 가설을 만들 수 있고, 그것들은 다시 사건들과 범주들이 서로 어떻게 관련되어 있는가를 제시해 준다. 현실에 근거한 이러한 가설들은 개념적 연역(논리적 연역이 아닌)을 허용하며, 이 개념적 연역은 이후의 자료수집, 분석, 출현하는 이론의 깊이와 범위를 넓혀 주는 이론적 표집을 이끌어 준다(이론적 표집에 대해서는 『이론적 민감성』을 참조).

개방코딩은 범주와 그 속성들을 최초로 발견하는 데 적합한 이론적 분석의 최초 단계다. 개방코딩에 대한 지상명령은 분석가가 개념적인 무엇, 즉 개념들을 갖지 않고 시작해야 한다는 것이다. 개방코딩은 핵심범주가 나왔을 때 끝나게 된다. 지속적 비교방법을 통해 이루어지는 사건들에 대한 초기 범주화는, 자료 속으로 들어가는 최초의 기본적 분석단계다. 개방코딩 중에 자료는 유사성과 차이를 세밀하게 검토하고 비교하기 위하여 사건들로 쪼개지는데, 그동안 끊임없이 자료를 향해 다음과 같은 중립적 질문을 던진다. '이 사건은 어떤 범주 혹은 한 범주의 어떤 속성을 가리키고 있는 걸까?' 이 질문과 개방코딩은 현실에 토대한 자료에 대한 기본적 접근으로, 연구의 발견들이 출현하도록 해 준다. 분석가는 이 최초의 지점으로부터의 출현을 신뢰하고 자신감을 가져야 한다. 분석가는 자신의 경험이나 배운 것으로부터 도출되는 개념들을 미리 알고 싶은 욕구를 억눌러야 한다. 지속적 비교과정이 머지않아, 심지어 너무도 빨리 범주와 속성의 출현은 물론 이론적 코드들로 이끌어 줄 것이기 때문이다.

절 차

두 가지의 분석적 절차가 코딩의 지속적 비교방법에서 기본이 된다. 첫 번째는 사건과 사건의 지속적인 비교를 하는 것이고, 그

다음에 개념들이 출현하면 사건과 개념을 지속적으로 비교하는 것이다. 이 과정이 범주들의 속성들이 생성되는 방법이다. 두 번째는 앞에서 언급된 중립적인 코딩 질문을 하는 것이다. '이 사건은 어떤 범주 혹은 한 범주의 어떤 속성을 가리키고 있는 걸까?' 이 두 절차는 선개념 없이 세심하게 사용될 때 개방코딩 안에서 최초의 범주들과 속성들을 만들어 낸다. 이제 분석가가 범주를 갖고 있지 않고 자신의 연구가 진짜 무엇에 관한 것인지 모를 때, 이 절차들이 개방코딩 안에서 어떻게 초기 근거이론을 만들어 내는지 살펴보기로 하자. 이 기법에 대한 더 많은 논의를 보려면 『이론적 민감성』의 52~72쪽과 『근거이론의 발견』의 106~107쪽, 『질적 분석』의 58~64쪽을 참조하면 된다.

범주 생성하기

우리는 이미 왜 개념들이 근거이론 방법론에서 분석의 기본 단위인지에 대해 주목한 바 있다. 원자료를 가지고 어떤 현상을 서술할 수 있지만, 패턴을 개념화하지 않고는 쉽게 그 현상을 관련짓거나 그 현상에 대해 이야기할 수 없다. 그러므로 자료를 개념화하는 것은 근거이론 분석에서 첫 번째 단계가 된다. 자료를 쪼개고 개념화한다는 것은 단 하나의 관찰, 문장, 단락을 해체한다는 의미가 아니다. 또한 우발적인 개별 사건이나 아이디어, 중요한 사건에 어떤 현상을 나타내거나 표상하는 무언가를 지칭하는 개념적 이름을 부여한다는 의미도 아니다. 이러한 단일사건분석 (single incident analysis)은 아무런 분석도 이루어지지 않은 너무 많은 범주와 속성이 뒤섞인 채로 끝날 뿐이다. 즉, 통합된 핵심변수 분석의 패턴을 찾지도 못하고, 핵심변수를 솎아 내지도 못하고, 통합해 내지도 못하며, 핵심변수와의 관련성을 찾지도 못한다. 그저 단일사건의 과잉 개념화로 끝날 뿐이다.

우리가 이야기하려는 바는 분석가가 자신의 자료를 헤쳐 가면서 사건과 사건을 비교하고 사건과 개념들을 비교하는 것이다. 우리가 찾는 것은 패턴들인데, 유사한 사건들에 하나의 개념적 이름이 부여되면 그것이 하나의 패턴이 되며, 유사하지 않은 사건들은 한 범주를 구성하는 하나의 속성으로 이름이 부여되고, 비교된 사건들은 동일 개념에 대해 상호교환될 수 있는 지표들로 볼 수 있다. 상호교환이 가능한 많은 지표를 얻게 되면 포화에 이르게 된다. 즉, 동일한 패턴을 가리키면서 그 패턴의 새로운 속성들이 나타나지 않으면 더 많은 사건들을 계속해 수집할 필요가 없다(지표의 상호교환 가능성과 포화에 대해서는『이론적 민감성』을 참조).

비교된 많은 사건들을 좇아 패턴을 찾으려는, 깊이 담금질하려는 노력 없이 단일사건을 과잉 개념화하는 좋은 예는 스트라우스의『질적분석의 기초』63~64쪽에 나타나 있다. 그 내용을 인용하면 다음과 같다.

"여기서 잠시 멈추고 예를 들어 보자. 당신이 지금 꽤 비싸지만 사람들이 많이 찾는 식당에 있다고 가정하자. 그 식당은 3층으로 이루어져 있다. 1층에는 술집이 있고, 2층에는 작은 식사공간이 있으며, 3층에는 넓은 식사공간과 주방이 있다. 주방문은 열려 있어서, 그곳에서 무슨 일이 일어나고 있는지를 볼 수 있다. 와인, 주류들, 유리로 된 술잔들도 3층에 있다. 식사를 기다리는 동안 당신은 빨간 옷을 입은 여성이 특히나 바쁜 부엌, 바로 그곳에 서있음을 알아챈다. 당신은 호기심이 발동해 그녀가 어떤 직업을 갖고 있는지 알아내기 위해 귀납적 분석을 하기로 한다(한 번 근거이론가는, 영원한 근거이론가다)."

"당신은 그 여자가 열심히 주방 주위를 둘러보고, 주방 작업대의 이곳저곳에 집중하면서 그곳에서 무슨 일이 벌어지는지 기억해 두려는 것을 알게 된다. 당신은 스스로에게 질문을 던진다. 그 여자는 여기서 무엇을 하고 있을까? 그러고 나서 당신은 그것을 〈주목〉이라고 이름 붙인다. 무엇을 주목하는가? 주방 일이다."

"다음으로, 누군가가 나타나서 그 여자에게 질문을 한다. 그 여자는 대답을 한다. 이 행위는 〈주목〉과는 다르므로 당신은 그것을 〈정보통과〉라고 코딩한다."

"그 여자는 모든 것을 알아챈 것 같다. 당신은 이것을 〈주의 깊음〉이라 부른다. 빨간 옷을 입은 우리의 숙녀는 누군가에게 걸어가서 그에게 뭐라고 말한다. 이 사건 또한 정보를 나누는 데 관련되므로 당신은 이것 또한 〈정보통과〉라고 이름을 붙인다."

"그 여자는 이 모든 행위의 한가운데 있지만, 그 행위들을 방해하려는 것 같지는 않다. 이 현상을 서술하기 위하여 당신은 〈방해하지 않음〉이라는 용어를 사용한다."

"그 여자는 돌아서서 빠르고, 조용하게, 효율적으로 식당 안으로 걸어가서 여기서의 행위들을 관찰하기 시작한다."

"그 여자는 모든 사람과 모든 일들을 놓치지 않아 보인다. 점검을 하는 것이다. 그러나 무엇을 점검하고 있나? 빈틈없는 관찰자로서 당신은 그 여자가 서비스의 질, 웨이터가 손님과 어떻게 상호작용하고 응대하는가, 서비스의 시간 경과, 손님에게 자리를 안내하고 주문을 받고 음식이 나오기까지 얼마나 걸리는가, 그리고 서비스에 대한 손님의 반응과 만족을 점검하고 있음을 알아채게 된다."

"한 웨이터가 한 무리의 손님들로부터 주문을 받자, 그 여자는 그 웨이터를 돕기 위해 움직인다."〈원조 제공하기〉

"그 여자는 자신이 하고 있는 일이 무엇인지 알고 있는 듯하고, 그 일에 유능해 보인다."〈많은 경험〉

"그 여자는 주방 가까이 벽으로 다가가서 스케줄로 보이는 것을 쳐다본다."〈정보 수집〉

"지배인이 내려와서 그 두 사람은 잠시 이야기하고 빈 테이블을 찾아 방을 둘러보면서, 자리에 앉은 손님들이 식사 중 어떤 상태인지 짐작한다. 그 두 사람은 협의하고 있다."

인용된 15개 범주들로부터 우리는 관련성에 대한 어떤 느낌도, 혹은 작동하고 관련성 있는, 한 패턴의 핵심 행위에 대한 어떤 느낌도 받을 수 없다. 우리는 단지 한 행위에 대한 공통점 없는 부호만을 얻었을 뿐이다. 스트라우스가 실패한 것은 비교하기다. 즉,

그는 〈지도감독하기〉혹은 〈주목하기〉의 한 형태를 출현, 생성시키기 위해 〈주목하기〉에 해당되는 10개의 사건들을 비교하는 데 실패한 것이다. 따라서 분석가는 ① 어떤 행위에 단지 라벨을 붙이는 것과(이것은 근거이론의 방법이 아니다) ② 많은 사건 속에서 하나의 패턴을 개념화하는 것 간의 차이에 대해 잘 알고 있어야 한다. 근거이론이 찾는 결과는, 적은 수이지만 고도로 높은 관련성을 가진 범주들과 이 범주들의 속성들이다. 그리고 이들 범주와 속성은 이론적 코드들에 의해 통합된 이론으로 연결된다. 각 사건마다 부호를 부여하면, 관련성도 없고 패턴을 이루지도 않으며 통합되지도 않은 너무나 많은 개념이 양산될 뿐이다. 이러한 개념들은 연구참여자들이 자신들의 주된 관심사나 기본적 문제라고 여기는 것들을 지속적으로 해결하거나 처리하는 과정을 설명하지도 못하고 해석하지도 못한다.

자료를 요약하는 행위는 각 사건을 부호화하는 것과 많은 사건들을 개념화하는 것의 중간에 있다. 요약은 서술적일 수도, 개념적일 수도 있다. 근거이론은 개념적 요약(conceptual summary)의 힘을 활용하거나, 혹은 달리 말해 이미지화하는 요약의 힘을 가진 개념을 활용한다. 따라서 '친분을 돈독히 하기'라는 핵심범주는 우유배달부가 아침 일찍 우유배달을 중단하지 않겠노라고 말함으로써 자신의 손님과 친분을 돈독히 하는 과정을 개념화하는 데 사용될 수 있다.

범주 발견하기

앞서의 스트라우스 책 인용 부분에서, 스트라우스는 각 사건에 라벨을 부여하는 자신의 전략이 수백 개의 개념적 라벨로 끝나게 하고, 그중 어떤 것이 관련성이 있는지도 알 수 없고, 그 라벨들을 그가 범주라 부른 패턴으로 묶는 수고스런 작업을 해야 하는 등 실패한 결과에 이른다는 점을 인정하고 직면한다. 그 후 그는 "범주들은 하위범주들 혹은 다른 개념군과 함께 묶을 수 있다."고 말함으로써 범주들의 개념적 힘을 인정하고 있다.

명명하고 그다음에 묶는 스트라우스의 방법은 전혀 쓸모가 없고, 수고스러울 뿐이며, 지루하고, 시간의 낭비일 뿐이다. 지속적 비교방법을 사용함으로써 분석가는 원하는 '개념적 힘'을 재빨리, 쉽게, 즐겁게 얻을 수 있다. 범주들은 비교를 통해 출현하게 되며 속성들은 더 많은 비교를 통해 출현하게 된다. 해야 할 일은 이것뿐이다.

명명 과정에 선입적 질문을 던져 범주화 과정을 해 나가면 근거이론이 생성되지 않는다. 이 방법은 하나의 기본적 사회적 문제가 그 행위체계 안에서 어떻게 처리되어 가는지 설명하는 이론을 만들어 내지 못하고, 이와는 전혀 다른 목적을 가진 온전히 선입적인 개념적 서술을 생산해 낸다. 『질적연구의 기초』(66~67쪽 참조)에서 이 점을 명시하고 있는 부분을 길게 인용해 살펴보도록 하자.

"한 예로, 우리는 '점검하기'라는 개념을 취하고 질문을 던질 수 있다. 왜 그 여자는 통행의 흐름을 점검하고 있을까? 손님의 만족? 서비스의 질? 시간 맞추기? 그 여자가 부엌 안에서 하고 있던 〈주목하기〉와는 다른 목적을 갖고 있나 아니면 같은 목적인가? 그 여자가 지배인과 나누던 〈협의하기〉와는 어떤가? 경험을 가졌다는 점은 점검하기와 어떤 관계가 있을까? 여기서 우리는 점검하기, 협의하기, 주목하기 모두가 같은 것—그 여자가 일의 흐름을 평가하고 유지하기 위해 종사하는 작업—과 관계되어 있다고 결론 내릴 수 있다. 그러나 식당에서 음식을 준비하고 식탁으로 음식을 가져오는 일은 특수한 종류의 작업이다. 우리는 이 작업과 관련된 모든 개념들을 작업 흐름을 평가하고 유지하기 위한 〈작업 유형들〉이라고 명명할 수 있다. 그러나 '많은 경험'이라는 개념은 이 표제에는 잘 들어맞지 않는다. 만약 우리가 이것을 〈방해하지 않음〉이나 〈주의 깊음〉과 비교해 보면 그것은 유사하다. 따라서 이 세 개념들은 속성 혹은 질이라는 표제 하에 모일 수 있다. 그러나 무엇의 속성이고 질인가? 그 대답은 작업의 흐름을 평가하고 유지하는 데 익숙한 사람이다. 그러나 이렇게 긴 문장은 지나치게 성가시기 때문에, 우리는 그 여자의 일에 좀 더 나은 이름을 붙여야만 한다. 그 여자의 일이 식당에서 이루어지는 작업의 흐름을 유지하는 것과 관련된 듯 보이기 때문에 또 그 작업은 음식과 관련되어 있기 때문에, 우리는 그 여자를 음식 지휘자라고 부를 것이다. 그렇다면 주의 깊음, 방해하지 않음, 경험은 훌륭한 식당 음식 지휘자의 '속성' 혹은 '조건'이 된다. 속성이나 조건은 다른 것이긴 하지만 어떤 현상들에 대해서 서로 관련된 부문이다. 자, 우리는 이제 한 범주(음식 지휘자)와 두 하위범주(작업 흐름을 평가하고 유지하는 데 필요한 작업의 유형들, 또한 좋은 음식 지휘자가 되기 위한 조건들)을 갖게 되었다. 이 장의 서두에서 우리가 '범주'의 정의를 내렸던 것을 기억하라. 우리가 제안하고 싶은 것은, 당신이 앞으로 돌아가서 앞의 단락들에 비추어 그 정의의 내용을 다시 읽어 보라는 것이다."

"물론 그 숙녀의 실제 직업명은 '식당 음식 지휘자'는 아니겠지만, 우리에게는 그것으로 충분하다. 그 여자는 이제 더 이상 설명할 수 없는 빨간 옷을 입은 숙녀가 아니다. 우리는 마음속으로 그 여자에게 직업명을 붙임으로써 그 여자를 분류하였다. 또한 우리는 그 여자의 업무들에 대해 약간은 알고 있고, 그 업무를 하는 데 필요한 속성들을 약간 알고 있다. (실제로 수많은 연구들이 이처럼 평범한 관찰이나 대화에서 비롯되는데, 이 평범한 관찰이나 대화는 관찰자나 청취자가 '이건 연구할 만한 가치가 있겠는데, 혹은 최소한 재미는 있겠는데.'라고 여기게 될 때 좀 더 진지하고 강렬하고 체계적이 된다.) 만약 우리가 진정한 근거이론 연구를 하고 있다면, 우리는 최초의 관찰과 코딩에서 멈출 수는 없다. (당신의 목적이 그저 주제를 끌어내려는 것이었다면, 그때는 여기서 끝낼 수도 있을 것이다.) 당신은 개념의 목록을 만들거나, 그 개념들을 분류하는 것 이상을 원한다. 무엇보다 범주들은 근거이론 연구자에 의해 분석적으로 개발되어야 한다. 그러나 더 나아가기 전에, 우리는 잠시 범주들이 어떻게 이름을 얻게 되는지에 대해 살펴보려고 한다."

스트라우스가 던지는 지속적인 질문으로 인해, 분석이 관련성으로부터 자료를 질서 짓는 또 다른 스타일로 전환해 가는 것에 주목하자. 그것은 자료가 온전한 개념적 서술을 완성한다는 것이다. 이것은 근거이론의 근본적 논점으로부터 돌이킬 수도 저항할 수도 없는 전환이다. 이렇게 벗어나는 선입적 질문들을 가지고는, 참여자가 말하고 의미한 바대로 수집된 자료에 있는 것에만 엄격히 초점을 지켜 나가는 것이 거의 불가능하다. 스트라우스의 방법으로 핵심범주를 발견하고 기본적 사회적 과정을 발견하는 것은 점점 더 어려워지는데, 그것은 라벨들을 범주화하고 그 라벨들의 리스트를 '생각해 낸' 통합된 총체 속으로 전환시키려는 지루한 노력 때문이다.

거듭 말하건대, 범주들과 그 속성들, 이들을 연결시키는 이론적 코드들을 직접 얻으려고 애쓰는 편이 간단하고 또 가장 좋은 방법이다.

범주에 명명하기

범주들은 어떻게 이름을 얻게 될까? 내가 『이론적 민감성』에서 말한 바처럼, 범주들과 그 속성들에 사용되는 개념들의 원천은 두 가지다. 사회학적 구성개념과 현장 체험적 표현들이 그것이다. 사회학적 구성개념은 사회학 문헌, 특히 사회학자들이 형성해 낸 이론적 저작을 지속적이고 성실하게 읽는 데서 온다. 현장 체험적 표현들은 실체적 자료 자체의 언어들로부터 온다. 이 두 원천은 두 개의 구성요소를 갖는데, 분석적 능력과 이미지를 형성하는 능력이 그것이다. 한편의 사회학 저술에 비교적 적당하다고 여겨지는 비율은 보통 10개 내지 15개의 실체적 코드들에 대해 한 개 내지 두 개의 구성개념을 두는 것이다. 근거이론 연구자는 너무 많은 실체적 코드들을 발전시키는 데 주의해야만 하는데, 너무 많은 실체적 코드들은 핵심범주 분석을 혼란하게 하거나 오염시킬 수 있기 때문이다. 『이론적 민감성』에서는 이 두 형태의 범주 명명하기에 대해 다루고 있다.

여기서 우리가 덧붙이고 싶은 점은, 이 코드들에 어떻게 접근하는가라는 질문에 대한 답이다. 하나의 답을 말하자면, 그것은 이 접근방식이 매우 간단하다. 개념들은 연구자가 자신의 자료를 연구하고, 코드를 붙이고 분석하면서 출현하게 된다. 그런데 이렇게 하려면 인내심이 필요하다. 개념들은 분석가가 비교하고 부호화하면서 출현하게 된다. 이 지점이 분석가가 경계심을 가져야 하는 첫 번째 갈림길이다. 연구자가 진정으로 연구하고자 하는 바를 알아내기 위하여 각 사건에 세심하게 귀 기울이는 대신에 선개념으로 빠지게 되는 바로 그 지점이다. 분석가가 사건에서 사건으로 옮겨 가면서 자료 안에 자신을 담그면, 코드들은 분석가의 머릿속에서 저절로 떠오르게 된다. 만약에 분석가가 출현이 일어나도록 인내심과 신뢰를 가지면, 코드는 천천히 관련성을 갖게 되고 적합하게 될 것이며 작동하기 시작하고 결국에는 포화에 이르게 될 것이다. 다시 한 번 말하지만, 코드가 떠오르도록 놔두자. 조급해지면 선개념을 취하게 된다.

범주를 발전시키기

근거이론 분석가가 하나의 범주를 발전시키려면 제일 먼저 그 범주의 속성들과 연관 짓고, 두 번째로 그 범주가 다른 범주들, 속성들, 그리고 무엇보다 핵심범주와 맺는 관계, 즉 관련된 기본적 사회적 과정을 이론적으로 코딩하면 된다. 이것이 범주 발전시키기의 전부다. 범주를 발전시킨다는 것은 이렇게 간단하다.

『이론적 민감성』 73~82쪽에서, 나는 열여덟 가지의 이론적 코딩의 목록을 제시하였다. 이론적 코딩 목록을 활용하려면 지속적 비교 코딩 과정에서 이론적 코드들이 출현되도록 인내심과 신뢰를 가져야 한다. 이론적 코딩은 열여덟 가지로 한정되지 않는다. 열여덟 가지 목록을 학습함으로써 또 다른 이론적 코딩들을 생산할 수 있다. 분석가는 출현에 대한 자신의 민감성을 증진시키기 위해 이론적 코딩들을 학습해야만 한다.

스트라우스는 "속성과 차원들을 인식하고 발전시키는 것이 중요하다(『질적연구의 기초』 69쪽을 보라)." "왜냐하면 그것들이 범주 간의 관계를 만드는 데 기초가 되기 때문이다."라고 말하였다. 이때 그의 말은 절반만 옳다. 그러나 더 염려스러운 것은 틀린 절반인데, 그것은 그가 자료를 강제하고 자료를 선입적으로 다룬다는 점이다. '차원들(dimensions)'은 수많은 이론적 코딩 중 하나에 불과하다. 근거이론 분석가는 열여덟 가지 이론적 코딩들 중 가장 관련성 있는 코드가 출현하기 전에는 어떠한 아이디어도 갖지 않는다. 차원을 마치 하나의 신념이나 엄격한 규칙처럼 여겨, 어떤 하나의 속성을 차원으로 강제하는 것은 ① 자료를 선입적으로 보고 ② 근거이론 분석을 온전한 개념적 서술로 강제하고 ③ 관련성에 근거한 이론적 분석에서 벗어나게 한다. 즉, 기본적 사회적 과정이 연구참여자들의 지속적이고 주된 관심사를 어떻게 해결해 가는지에서 벗어나게 한다.

스트라우스가 '차원적 측면'을 강요한 것에 대한 똑같은 비판이 그가 이후에 끊임없이 요구한 '조건' —6C중의 하나에 불과함— 에 대해서도 가해졌다. 그러한 요구는 선입적인 온전한 개념적 서술을 강요할 뿐이다.

왜 스트라우스는 개념에 대한 개념인 개념적 선개념화로 흘러 들어가게 되었을까? 온전한 서술을 산출하는 아이디어들을 사용하여 논리적인 개념적 정교화를 하는 것이 쉽기 때문이다. 이것은 근거이론을 생성하는 것에 비해 훨씬 쉽다. 이 방법은 출현을 믿지 않으며, 관련성이 출현하도록 기다리지도 않으며, 자신의 관심사를 자료에 부과하는 것을 좋아하는 분석가들이 사용한다. 이 방법은 우리가 피하고 싶어 했던 바로 그 이론구성의 형태로 되돌아 가는 뒷문으로, 존재하거나 해당되는 것에 대해 선입적 생각을 가지고 개념적으로 유추하고 연역하며 정교화한다. 근거이론가의 관심은 그가 직업적으로 원하는 것이나 혹은 자신의 개인적 관점이나 경험과 상관없이, 오직 존재하고 해당되는 것을 개념적으로 발견하는 데 있다.

일단 이런 형태의 강제된 코딩이 시작되면 근거이론은 보통 사라지게 된다. 왜냐하면 분석가를 관련성으로부터 더 멀어지게 하기 때문이다. 그는 통합된 자료분석으로부터 멀어져서 '작동성'도 없고 관련성 있는 관심사를 설명하지도 않는 분석으로 인도된다. 그는 자신의 시간과 노력을 정당화하기 위해 전체적인 장면에 대해 강제하는 서술을 계속하게 된다.

분석가가 '좋아하는' 코드가 있으면, 그는 자신의 자료가 무엇을 연구하는 자료인지와 상관없이 어떤 자료에든 그 코드를 사용하는 데 아주 숙달될 수 있다. 예를 들어, 분석가는 모든 자료에서 속도 조종(pacing)을 볼 수 있고, 모든 자료에서 규범을 볼 수 있다. 그는 지도감독, 계층, 결정, 가시성에 관한 연구를 좋아할 수도 있다. 좋다, 물론 그것은 해당 문헌에 기여할 것이지만, 그러나 그것은 근거이론이 아니다.

"이 각각의 속성들은 차원화될 수 있다."는 스트라우스의 말은 강제의 원칙에서 보면 옳을 수 있다. 그러나 그는 이 차원화가 어떤 문제의 진행과정에 대한 연구와의 관련 여부에 대해서는 말하지 않고 있다. 근거이론 분석은 작동성과 적합성이 있을 때만 관련성이 있다. 그런데 이 관련성은 근거이론 방법의 일부인 지속적 비교 코딩으로 시작하여 발견되어야 한다.

스트라우스가 말한 "범주들, 속성들, 하위속성들 모두를 차원화한다."는 것은 개념들을 쪼개고 늘리고 논리적으로 정교화하는 것에 불과하다. 이것도 물론 하나의 저작을 산출하지만 하나의 이론으로서의 관련성은 없다. 그것은 극도로 구조화하고 강제한다. 그것은 지속적 비교분석을 통한 발견과 출현에 제한받지 않는, 분석가의 고삐 풀린 자아 여행이다. 예를 들어, 누구나 어떤 범주의 빈도와 크기에 대해 말할 수 있다. 그러나 그것이 과연 관련성이 있는가? 근거이론 분석가는 관련성 있는 근거이론으로 인도하는 지속적인 비교 코딩과 분석이라는 힘든 작업을 통해 관련성이 있다는 점을 보여 주어야 한다. 또 다른 예로, 물론 '정보 공유'라는 범주는 '정보의 양'이라는 속성을 갖지만, 그래서 어떻다는 말인가? 적합성과 작동성을 보여 주는 이론 안에 통합되어 관련성을 보여 줄 때까지는 아무 소용이 없다.

　개념적으로 쪼개는 것은 쉽다. 그리고 개념적으로 쪼개는 것을 억제할 만큼 알려진 것이 많지 않은 연구에서 개방코딩을 할 때 특히 쉽다. 그러나 그것은 근거이론이 아니다. 개념들이 쪼개지도록 그대로 내버려 둔다면, 개념들은 지루해지고 너무 많아진다. 이렇게 텍스트를 죽이는 작업은, 주된 관심사의 진행과정을 정확하고 분명히 설명하려는 근거이론이 텍스트를 흥미진진하게 하는 것과 정반대에 있다. 출현과 관련성을 신뢰하면 작동하고 출현하는 개념들만, 그리고 핵심변수 이론과 관련되고 통합되는 개념들만 산출된다.

개방코딩을 하는 다양한 방법

개방코딩의 과정에 접근하는 데는 여러 가지 다른 방식이 있다. 그러나 그중 어느 것도 예견될 수는 없다. 개방코딩 중에 지속적 비교 코딩을 하는 분석가가 ① 줄 단위 분석, 즉 표현, 단어, 문장을 세심하게 검토하고, ② 문장 혹은 단락, 혹은 ③ 전체 기록에서 시작할 것인가는 경우에 따라 다르다. 그것은 수집된 자료의 유형, 자료 수집가의 기술 수준, 면접인가 아니면 관찰인가, 자료 속에 있는 아이디어들의 밀도/회소성 등에 따라 달라진다.

지속적 비교 코딩을 시작할 때, 수집된 자료의 유형은 코드화하고 분석하는 데 가장 생성적인 코드 단위를 곧 알려 준다. 또한 그것은 자료에 질문을 하는 가장 중립적인 방법을 제시해 준다. 이 자료는 무엇에 관한 연구인가, 그리고 이 사건은 무엇에 대한 이론을 가리키고 있는가?

만일 근거이론 분석가가 스트라우스와 같은 박식한 사람의 금언을 극복하지 못하면, 자료에서 매우 다양한 코드 단위가 출현한다. 출현하는 범주들과 그 속성들은 분석가가 자료를 어떻게 코딩해야 하는지 분별 있게 해 준다. 그러나 만약 분석가가 스트라우스가 말한 바와 같이 '조건, 차원, 그리고 유사성과 차이점을 찾는 코드'로 인도된다면, 이것은 선입적인 것이고 출현하는 근거이론으로부터 벗어나게 한다. 근거이론을 성취하기 위하여 분석가는 선입적인 이론적 코드들로 코딩을 해서는 안 된다. 분석가는 자료

안에 있는 여하한 단위로부터 출현하는 여하한 범주에 대해서라
도 코딩을 해야 하며, 이론적 민감성은 적합한 이론적 코드면 어
느 것에도 해당된다. 주의해야 할 것은 여하한 것이라는 부분이
다. 분석가는 자료의 어느 부분에서든지 시작할 수 있고, 개방코
딩을 할 때 출현을 믿을 수 있다. 분석가는 텍스트 내에 있는 사건
들에 대해 자신의 코드를 적어 갈 수도 있고, 여백에 쓸 수도 있으
며, 그것들이 출현함에 따라 이들에 대해 메모할 수도 있다.

제8장

이론적 민감성 향상을 위한 기법

이 장에서는 스트라우스가 『질적연구의 기초』에서 제시한 지침들이 근거이론 분석가를 어떻게 출현에서 선개념으로 빠져들어 가게 하는지, 그리고 이것을 어떻게 피할 수 있는지에 초점을 두려고 한다. 스트라우스는 개방코딩에 대해 우리 앞에 놓인 자료, 오직 관찰된 자료를 코딩하라고 하였다. 이어 그는 "근거이론 분석가는 자료를 코딩할 때 그가 가진 전제나 경험, 자료에의 몰입 여하에 영향을 받게 될 것이다."라고 말했다. 확실히 분석가가 관찰된 것을 코딩하게 되면 그는 자신의 자료에 투사하고 자료를 강제하고 자료를 선입적으로 다루게 된다.

근거이론이 가진 두 측면은 이러한 점을 교정하는 아주 간단한 첫 번째 방법이다. '대부분' 의 정의에 의하면, 근거이론은 연구되는 행위체계 안에서 무엇이 일어나는지를 다룬다. 관찰로 수집된 자료는 이것을 다루는 데 충분치 않다. 연구자는 관찰과 함께 인터뷰를 시행하여야 하며, 그래야 분석가는 관찰된 것의 의미를 포착할 수 있다. 관찰은 그것만으로 혹은 스스로 의미를 갖지 않으며 그 속에 참여자의 관점을 담고 있지도 않다. 관찰한 것을 분석하는 것만으로는 분석가에게 의미가 드러나지 않는다. 우리의 관심은 피관찰자의 의미이거나, 혹은 우리가 관찰하는 참여자들이 보이는 행위들의 의미다. 우리가 그들보다 더 잘 알 리가 없다.

두 번째 방법은 숨겨진 패턴들을 발견하기 위해 지속적으로 비교하는 것인데, 이렇게 하면 저절로 자료를 강제하지 않게 된다. 분석가가 선입적으로 해서 나온 의미는 패턴을 보여 주지 못한다. 그 자료가 무엇에 대한 것인지가 결코 선명히 드러나지 않는다. 자료는 연구참여자들의 행위와 관련된 의미들로 패턴을 보여 주어야 한다.

분석가의 가정, 경험과 지식이 그것 자체로 나쁘다는 것은 아니다. 그것들은 관찰-면접 자료 안에서 무슨 일이 일어나고 있는지에 대한 경각심이나 민감성을 계발하는 데 도움을 준다. 그러나 그것들이 참여자들의 관점은 아니다. 만약 우리가 출현을 통해 새로운 이론을 발견하고자 한다면, 이러한 이론적 민감성의 원천들은 제쳐 두어야만 한다. 분석가가 자료에 접근할 때, 그는 정말로 알지 못하는 상태에 있어야 한다. 그렇게 함으로써 분석가는 자신이 가진 선개념들을 정정하는 데 시간을 낭비하지 않게 된다. 분석가의 가정, 경험 그리고 지식이라는 배경은 잘 해야 개방코딩을 고취시킬 뿐 그것들이 개방코딩을 지시하지는 않는다. 연구참여자 자신들이 말하는 내용들이 자료들을 코딩하고 분석하는 방법을 열어 주어야 하는 것이지, 그 배경들이 그렇게 하는 것은 아니다. 스트라우스가 열심히 권하고 있는 이 배경들은 선개념에 빠져 들어 자료를 강제하거나, 범주와 속성 및 이론적 코드들의 출현을 억누르는 한 유용하게 사용될 수 없다.

나는 스트라우스와 반대로, 자료 분석과 코딩에서 이 배경들이 정말 중요하지 않다고 본다. 이 배경들은 근거이론을 만들어 내는 것이 아니라, 성급하게 온전히 개념화되고 선입적인 서술을 산출할 뿐이다. 더 중요한 것은 분석가가 이러한 배경을 당연한 것으로 여기면, 연구참여자들의 삶은 분석이 이루어지기 전에 이미 사회적으로 조직화되어 있었다는 점을 간과하고, 이 사회적 조직화를 발견하려 하기보다 추정하려 하게 된다는 점이다.

근거이론 분석가는 연구참여자들의 행위체계를 사회적으로 조직하는 사람이 아니다. 이와 같은 선개념의 근원들이 스트라우스의 책에 들어 있기 때문에, 나는 계속해서 이들이 어떻게 지속적 비교방법을 사용할 때 자연스럽게 나타나는 출현과 근거이론에서 우리를 멀어지게 하는지 보여 줄 것이다. 그리고 나서 스트라우스가 개념적으로 아무 관련성 없는 파편화된 서술들을 산출하고 있음을 보여 주고자 한다.

활용을 위해 고안된 기법

스트라우스는 "우리가 제시하려 하는 기법들은 경험과 지식이 통찰력을 가로막기보다는 우리에게 도움이 되도록 사용함으로써 연구 중인 현상들에 대한 우리의 사고를 열어젖히도록 특별히 고안된 것들이다."라고 말하고 있다. 앞서 이야기한 바와 같이, 이 말은 온전한 개념적 서술에는 적용되겠지만, 근거이론에는 적용되지 않는다. 기법들은 왜곡을 가져오는 방해물이다. 기법들이 가져다주는 일반적인 민감성 이외에는 모두 제쳐 놓은 것이 가장 좋다. 『질적연구의 기초』 76~77쪽에 나와 있는 기법들을 인용하면 이렇다.

"① 당신의 사고를 전문적인 문헌과 개인적 경험의 범위에서 벗어나도록 하라. ② 현상에 대한 표준적 사고방식을 피하도록 하라. ③ 귀납적 과정을 촉진하라. ④ 자료를 당연한 것으로 받아들이지 않도록 당신 앞에 있는 자료에 집중하라. ⑤ 자료에 등장하는 사람들이 가진 가정들을 명확히 하거나 그것을 폭로하도록 하라. ⑥ 사람들이 이야기하고 있는 것들과 그 이야기가 의미하는 바에 귀 기울이라. ⑦ 자료를 검토할 때 서두르다가 다이아몬드를 지나치지 않도록 하라. ⑧ 질문을 던지고 그에 대한 잠정적인 대답을 얻도록 하라. ⑨ 비록 잠정적인 것일지언정 풍부한 명명을 하도록 하라. ⑩ 개념들의 가능한 의미들을 탐색하고 명확히 하라. ⑪ 자료 안에서 속성과 차원들을 발견하라."

이 목록은 지나치게 일반적이며 진부하다. 그리고 어떤 점에서는 그 자체로 근거이론 방법의 분명한 일부이기도 하다. 그러나 이 기법 목록은 자료를 강제한 최종 분석의 결과가 출현이라고 한 점을 제외하면, 너무 길기만 하고 관통하는 주제를 찾기 위한 순서로 배열되어 있지도 않다. 이 목록은, 본질적으로 분석가의 사고는 귀납적 출현으로 통제되어야 하며, 자료에 충실해야 하고, 특히 연구 참여자의 의미에 주의를 기울여야 하며, 범주와 속성은 비교와 포화를 통해 패턴으로 드러나기 전까지는 잠정적인 것이어야 한다고 말하고 있다. 이후 7, 8, 9, 10, 11 항목은 거의 진부한 수준이며, 자료를 강제하는 방법에 대해 말하고 있다. 그러나 이것은 정확히 말해 『질적연구의 기초』에 들어 있는 패턴이다. 이 패턴은, 출발은 근거이론 접근으로 시작하지만 얼마 지나지 않아 빠르게 선입적 개념을 강제하는 온전한 개념적 서술로 뒤바뀐다.

질문의 사용

질문을 사용하는 것은 논쟁적 문제다. 특히 개방코딩을 할 때, 자료에 던지는 질문들은 관련성을 가질 수 있도록 전적으로 중립적이어야 한다. 던져야 하는 중립적 질문의 수는 많지 않다. 내가 『이론적 민감성』에서 언급하였듯이 '이 자료는 무엇에 관한 연구인가?' '이 사건이 가리키는 범주나 범주의 속성은 무엇인가?' '중심문제가 행위 장면 안에서 살아 움직여 나가는 기본적 사회적 과정이나 사회구조적 과정은 무엇인가?'가 그것들이다.

충분한 자료, 충분한 코딩과 분석이 이루어져 이론적 표집과 선택코딩이 시작될 때까지, 여기에 예외는 없다. 자료에 근거한 질문들은 여러 시점에서 자료 또는 분석으로부터 직접 나온다.

만약에 경험이 많고 습관이 몸에 배어 있으며 많은 것을 알고 있는 분석가가 인내하지 못한다면, 그리고 그가 발견해야 할 것이 무엇인지 알고 있고 거기에 있어야 할 것을 잘 버무려 서술할 수 있다면, 그는 강제되고 선입적인 개념적 서술로 몰아가는 질문들을 쉽게 던질 수 있다. 그렇게 되면 출현과 관련성은 사실상 사라진다. 자료에 선입적 질문을 던지거나 심지어 인터뷰 대상자에게 선입적 질문을 던지는 사람들이 갖는 선입적 질문의 표준적 흐름이 있다. 그 질문들은 누가, 언제, 어디서, 무엇을, 어떻게, 얼마나, 왜이며, 이것들은 스트라우스의 책을 가득 채우고 있다. 이 질문들은 관련성이 출현하기도 전에, 관련성과 핵심변수들을 미리 예견하며 작동하지 않는 개념들로 분석을 혼란하게 한다. 만일 관련성이 있다면, 그것은 성별이나 연령 변수가 출현하는 것처럼 관련성이 있을 때 출현할 것이다. 스트라우스는 그런 질문들을 출현 전에 던진다. 따라서 당연히 관련된 주제와 어떤 관련성이 있는지 생각하지 않고 그것이 연구참여자들의 주된 관심사에 관한 근거 이론인지 의식하지도 않은 채, 그 주된 관심사가 어떤 과정을 거치는가 하는 기본적 사회적 과정에 대해 아무런 생각도 없이 그저 서술뿐인 응답들을 듣게 된다. 이런 질문들은 자료에 근거해 '생각해 낸 것'을 만들어 낼 뿐, 근거이론을 만들어 내지는 못한다. 연구참여자들은 자신들의 진정한 관심사와 아무 관련이 없는 어떤 질문에도 대답할 수 있다. 그들의 대답은 피상적이 되기 쉽다.

이제 스트라우스의 작업을 좀 더 자세하게 들여다보면서 독자들이 그것을 어떻게 방지할 수 있는지를 살펴보자. 기본적으로 스트라우스는 다음의 단락에서 몇 가지 출현하는 범주들과 속성들로 시작하는데, 이것은 관절염을 앓고 있는 여성 인터뷰이의 말에서 인용한 것이다.

> "관절염을 앓고 있을 때 가장 중요한 문제는 통증 완화예요. 어떤 때 통증은 다른 때보다 더 심하지만, 통증이 진짜로 심해질 때는, 세상에! 너무 아파서 침대에서 일어나고 싶지도 않지요. 아무것도 하고 싶지 않아요. 먹는 약에서 얻을 수 있는 통증 완화는 그저 일시적이거나 부분적일 뿐이에요."

이 인용문은 당연히 스트라우스의 책에 실려 있는 의미심장한 단락이다. 출현하는 범주들은 이 사람의 중심문제라 할 통증 완화다. 간헐적으로 나타나는 여러 수준의 통증, 자발적으로 침상에 누워서만 지내기, 활동에 대한 의향, 통증 완화 약물에 대한 신뢰 등이 그 범주들이다. 그러나 스트라우스는 이 범주들이 작동성, 적합성, 관련성을 갖고 포화에 이르렀는지 보기 위해 이후의 자료들과 지속적으로 비교하지 않는다. 그는 길고 지루한 과정을 종료한다는 미명하에 관절염을 앓고 있는 대개의 사람들에게 이런 질문들을 적용함으로써 조급한 결과를 가져오는 분석으로 방향을 튼다. 이것은 해당 인터뷰는 물론 이후의 인터뷰들과도 그 어떤 관련성을 갖지 못한다. 스트라우스는 범주들과 속성들을 좀 더 발전시킬 목적으로 자료를 벗어났다. 그러나 범주와 속성들을 발전시킬 수 있는 곳은 어디일까? 그는 범주와 속성들은 자유로운 연상과 창의적인 방식으로 개인적 경험, 전문적 경험, 기술적 문헌에서부터 나온다고 말한다. 자료에 충실하려는 열정은 사라져 버렸다.

요약하자면, 스트라우스는 자료를 버리고 극단적으로 과장된 선개념의 형태로 돌아섰는데, 그렇게 하는 것이 추론하기가 쉽기 때문이다. 우리는 이들 자료에 근거를 두는 어떤 개념이나 기준이 있는지도 모르고, 설혹 안다 해도 연구 중인 행위와 관련성이 있는지도 알지 못한다. 그 어떤 것도 모른다. 물론 추측한 질문들로 개념적 서술을 강제하는 것이 근거이론이 출현하도록 인내심과 믿음을 갖는 것보다 더 빠르기는 하다. 스트라우스는 자신의 방법이 이론적 민감성을 증가시킨다고 말하고 있지만, 그렇지 않다. 그 방법은 정반대되는, 강제되고 개념적인 서술을 생산하며, 이 서술은 자료 안에 실제로 존재하는 근거이론에 대한 어떤 민감성으로부터도 심히 벗어난다.

스트라우스는 이어 나머지 인터뷰와 후속되는 인터뷰에 대해서도 선입적인 빠른 길로 들어서는 것이 좋은 시작이라고 말한다. 그는 자료가 어느 방향으로 끌고 가든 그 안에서 스스로 출현하는 이론이 나오도록 인터뷰 자료에서 나온 개념들을 코딩하고, 비교하고, 이론적으로 코딩하고, 포화에 이르도록 하지 않는다. 처음에 그는 이론적 코딩에 해당하는 질문을 던진다. 그런데 그것은 자료에 적용될 수도 있고 안 될 수도 있으며, 자료와 관련성이 있을 수도 있고 없을 수도 있는 것이다. 그는 말한다. "관련된 조건들, 결과들과 전략들은 무엇인가?" 만일 이들 중에 어떤 것이 자료에 존재한다면 그것들은 출현하게 될 것이다. 그러나 스트라우스는 참지 못하고 신속한 결과를 억지로 끌어내기 위해 이 두 가지의 이론적 코딩들을 자료에 강제한다. 그의 질문들은 다음과 같다. "누가 관절염을 앓는 사람들에게 통증 완화를 제공하나? 무엇이 통증 완화를 가져오나? 통증은 어떻게 경험되고 어떻게 다루어지는가? 얼마만큼의 완화가 필요한가? 언제 통증은 일어나고 언제부터 완화를 위한 조치를 실시하는가? 왜 통증 완화가 필요한가?" 이 질문들 때문에 우리는 그것이 어느 정도의 관련성을 가진 이론인지도 알지 못한 채 수많은 하위질문에 포위된다. 이 질문들 중 어느 것도 자료에 대한 지속적 비교분석을 통해 신중하게 나온 질문은 아니다.

그리고 나서 스트라우스는, 이것으로도 충분치 않다는 듯이, 자신이 애호하는 시간과 공간 변수에 대한 이론적 코딩들에서 비롯된 일련의 시간 관련 질문들을 던진다. 어떤 빈도, 기간, 비율, 타이밍, 속도, 공간적 범주들이 관련되어 있는가? 그는 그가 '애호하는 것들'에 흡족한 듯 어떤 개념적 서술이든 온전히 하려면 이것들이 항상 포함되어야 한다고 본다. 이어 그는 방금 의료장비에 관한 연구를 끝냈기 때문에 어떤 장비와 기술이 통증 완화를 위해 필요한가 하는 질문도 던진다.

유연한 머리와 노고를 제외하고는 아무런 제한도 없이, 경험으로부터 나오는 강제된 질문들을 끝도 없이 들이댈 것인가? 거기에는 분석가의 박식함만이 있을 뿐 아무것도 없다. 그것은 전부 강제된 추측에 불과하다. 분석가의 전문적이고 개인적인 관심사의 조각조각을 선택적으로 사용함으로써 자료가 체계적으로 무시되었기 때문이다.

이렇게 그 자체로 길고, 지루하며, 통제되지 않은 선입적이고 서술적인 방법을 어떻게 끝내는가에 대한 대답은 간단하다. 시작하지 마라! 그저 코딩을 하고 분석하며, 관련성과 적합성 있는 것이면 무엇이든 하나의 근거이론으로 출현하도록 하라. 그렇게 하면 분석가는 끝없는 질문의 횡포에 시달리거나 그 질문들이 올바른 것인지 걱정할 필요가 없게 된다. 그는 이제 더 빠르고 더 관련성 있는 것을 따르고 믿으며, 출현을 기다리는 분석을 신뢰하고 따르게 된다. 그는 이러한 분석이 계속됨에 따라 무엇이 자료 안에 있는지, 핵심범주는 무엇인지, 그리고 연구참여자들의 출현하는 문제해결 과정에 대해 확신을 갖게 되고 민감하게 되는 것을 느끼기 시작한다. 이 시점에 이르러 분석가는(원한다면) 과다한 스트라우스의 질문들 중 어느 하나라도 관련성을 갖는지, 달리 말해 이론에 수용될 수 있는지에 대해 말할 수 있을 것이다. 근거이론은 선입적인 온전한 개념적 서술보다 훨씬 더 간단하게 산출된다. 근거이론은 시간을 덜 낭비하고, 더 많은 관련성을 갖게 하고, 그 이론을 사용하는 사람들에게 더 많은 힘을 실어 준다. 스트라우스의 질문 방법은 근거이론을 창시하고 발전시켜 우리가 없애 버리고자 노력한 그 개념적 분석으로 다시 돌아가게 한다. 그것은 질적분석을 무책임하고 박식한 개념적 억측으로 되돌리는데, 현명한 독자들은 그것들이 진부하고 관련성이 없다는 것을 발견하게 될 것이다. 우리는 근거이론이 그러하듯이, 작동하며 관련성이 있고 독자들의 눈을 뜨게 해 주는 사회학을 생산해야만 한다.

단어, 구, 문장의 분석

선개념으로 쏠리는 스트라우스의 성향은 그의 책 중에 있는 단어, 구, 문장의 분석에서도 가라앉지 않는다. 이 부분에 대한 그의 전략은 지속적 비교방법을 사용하지 않은 채 신속하게 의미들을 얻고자 할 뿐이다. 스트라우스는 다음과 같이 말하고 있다. "여기서의 절차는 먼저 문서 전체를, 혹은 문서 중의 몇 쪽을 세밀히 살펴보고, 그 뒤 의미심장하거나 중요하거나 관심을 끄는 것으로 여겨지는 단어, 구, 문장으로 돌아가는 것이다. 그 단어, 구, 문장은 당신이 좀 더 깊이 사고하고 싶은 것이어야 한다. 그런 다음 가장 그럴듯한 것에서 가장 그럴듯하지 않은 것까지 그것이 가질 수 있는 잠재적 의미들을 죽 나열한다."

스트라우스는 말해진 것 속에 담긴 의미들에 대해 분석가 자신이 가진 관심사와 가정들을 끌어내리려면, 그 잠재적 의미가 추측된 것이든 의도된 것이든 잠재적 의미들에 대해 질문을 던지라고 하였다. 스트라우스의 이 견해는 분석가의 선개념이나 개인적 관심사를 선호하는 것으로서 근거이론에서 벗어나도록 하는 방법임에 분명하다. 연구의 핵심범주와 범주의 가장 온전한 의미를 담은 속성들은 지속적으로 자료를 비교하는 데서 나오고 그것에 의해 좌우된다. 범주나 속성들은 분석가의 선호에 의해 발견되지 않는다. 또한 스트라우스가 제안한 연상, 즉 '분석가가 오랜 세월 동안 개인적이거나 문화적인 이유로 어떤 단어에 대해 연상하는 바로 그 의미에서 추출된 연상'에 의해 발견되지 않는다. 실체적 영역에서 벌어지는 문제에 대한 연구참여자의 진정한 의미로부터 분석가를 얼마나 멀어지게 할 것인가? 얼마나 멀리? 분석가가 근거이론이 아니라 그저 온전한 개념적 서술을 찾고 있지 않는 한 말이다. 스트라우스의 전반적인 전략은 논리적이고 선입적이어서 가능한 근거이론을 발견하는 데 필요한 모든 출현과 신뢰와 인내를 거부하는 억측으로 밀어붙이는 것이다.

스트라우스의 방법은 이론이 작동성을 갖기 위해서 그 근거를 가져야 한다는 목표를 잊고 있다. 스트라우스의 방법은 자료 내에서 지속적으로 코딩하고, 패턴을 분석하며, 그것들을 포화시키는 방식으로 연구를 지속하지 못하게 한다. 그 대신에 관련성 없는 한 사건이나 한 단어에 지나치게 몰두하게 한다. 스트라우스의 방법은 범주와 그 속성들이 출현하고, 이론적 코드들에 의해 연계되고, 실체영역 내에서 일어나는 중심문제 해결 행위들을 설명하는 이론으로 자리 잡도록 의미들을 지속적으로 매만져 가야 한다는 통합적인 취지를 도외시하고 있다. 그의 방법은 사람들이 모인 세미나에서 하나의 단어, 하나의 구절, 한 문장을 눈덩이처럼 부풀려 경쟁적으로 몰두하게 하는 것처럼, 쓸모없는 연구에서 하는 분석을 하게 한다. 그의 방법은 이론적 코드들 중 일부인 '6C'*를 강제하게 하는데, 이것은 아무리 사소한 것에서도 얼마간 쓸 수 있는 거리를 만들어 낸다. 예를 들어, 근거이론과의 관련성 여부와 상관없이, 어떤 사건이 존재하면 누구나 항상 그 사건의 조건 또는 잠재적 결과에 대해 언급할 수 있다. 그렇다. 그의 방법은 서술을 하게 한다. 그러나 만일 'C'에 해당하는 속성이 작동성과 관련성 있는 이론 안에서 출현하지 않으면, 그 사소한 것이 연구의 결과가 된다.

이렇게 쓸모없는 전략에 갇히게 되면 분석시간을 크게 허비할 수 있다. 그런데 분석시간은 무한정 쓸 수 있는 것이 아니다. 사람들은 일시적으로 포화에 이른다. 예를 들어, 스트라우스는 "수업은 한 시간 내내 '한때'라는 단어를 논의하면서 계속되었다. 가능한 의미들을 파헤치고, 질문들을 제기하고, 현상들에 이름을 붙이는 것이었는데, 그중 어느 것도 자료에 기대지 않았다. '한때'라는 단어와 관련되고 따라서 감지적인 의미들의 가능한 한 완전한 범위를……."라고 말하고 있다. 지속적 비교와 출현이 있는데 왜 그렇게 수고하고 그 많은 시간을 허비할까? 왜 그냥 출현하는 의미들을 분석하고 지속적인 비교를 통해 근거이론을 생성해 나가지 않을까? 이렇게 하면 스트라우스가 강조한 그 문제, 즉 "만일 우리가 다른 사람과의 상호작용에서 잠재적 의미를 타당화하지

---

* 역자 주) 글레이저는 『이론적 민감성』에서 열여덟 가지의 이론적 코드를 제시하고 있다. 그중 제일 처음 제시되는 것이 6C 코드로, 여기에는 원인(cause), 맥락(context), 부수사건(contingency), 결과(consequence), 공변이(covariance), 조건(condition)이 속한다. 스트라우스가 제시하는 패러다임 모형은 이 6개의 코드를 그대로 반영하고 있다(자세한 내용은 글레이저, 『Theoritical Sensitivity』, 74쪽을 참조).

못하거나 눈에 띄는 어떤 용어가 우리의 응답자들에게 어떤 의미를 갖는지 자문하는 훈련을 하지 않는다면, 우리는 이론개발에 제한을 받게 된다."는 문제는 해결될 수 있다. 스트라우스의 이런 언급은 장황하고 소모적이다. 의미란 범주나 속성이 그러하듯이 그저 출현하는 것이다. 만일 분석가가 지속적으로 비교하고 그 원천이 무엇이건 자신의 경험적 의미를 자료에 강제하지 않는다면 출현은 자동적으로 이루어진다.

비교를 통한 추가 분석

스트라우스는 또다시 출현을 억제하고 출현에서 벗어나도록 하면서, 분석가를 온전한 개념적 서술 속으로 표류하게 하는 더 많은 전략들을 상세히 묘사한다. 우리는 범주들과 속성들을 좀 더 포화시키고 통합하기 위해 자료와 자료를 비교하고, 나아가서 개념들을 좀 더 많은 자료와 비교하는 것을 지속적 비교방법이라 부른다. 스트라우스에게 비교방법을 사용한다는 것은, 개념들의 의미를 진정으로 추구하지도, 그 개념들이 근거이론으로 작동하고 관련성을 갖는가를 보기 위해 기다리지도 않은 채 얼마간의 자료와 초기에 출현하는 개념을 취하고, 그다음 그 개념들과 스트라우스가 말한바 '개인적 지식, 전문적 지식, 전문적 문헌'과 비교하는 것을 말한다. 따라서 스트라우스의 방법대로 한다면 초기 출현한 개념들은 연구 자료와 지속적으로 비교되는 것이 아니라 분석가의 자기중심적 행위와 지속적으로 비교된다. 자료에 연구자 자신의 의미를 강제하고 참여자들의 의미를 발견하는 어려운 작업을 뒤에 남기고 가는 것은 아닐까?

플립플롭 기법

스트라우스가 이 전략을 상세히 설명한 내용에서 알 수 있듯이, 이 방법은 터무니없이 자료에 강제하는 전략이다. 스트라우스는 컴퓨터 산업을 지배하는 거인으로서 IBM을 예로 들고 있다. 그러나 그런 다음 스트라우스는 전혀 관련성 없는 '경쟁자들에게 일어날 결과는 무엇인가?' 라는 질문을 던진다. 우리는 스트라우스가 "이 질문에 대한 대답은 현재 자료에는 없다."라고 말했기 때문에 이 점을 알게 된다. 그 질문은 중심문제 및 그 문제의 진행과정과 아무런 관련이 없는데 왜 그 대답이 자료 안에 있겠는가? 그러나 자료 안에 뚫린 이 구멍은 스트라우스에게 자신이 근거이론이나 응답으로부터 멀어져 감을 알려 주는 지표가 되지 못한다. 그래서 산업을 지배하는 단 하나의 기업이 없어졌을 때 어떤 일이 벌어질까를 물어봄으로써 스트라우스는 자료를 플립플롭한다. 그는 그냥 자료 속에 있는 것들을 코딩하고 분석하고 출현을 믿지 않고, 얼마나 부자연스러운가와는 상관없이 경험을 통해 대답을 얻으려 한다.

어떤 비교라도 그렇겠지만, 이렇게 강제된 부자연스러운 비교들은 분석가들에게 범주들과 속성들을 생성하는 방법을 알려 준다. 그러나 그 비교는 여기서 그치고 만다. 부자연스러운 비교들은 분석가들이 자료의 지속적 비교라는 도전과, 출현하는 개념이라는 고정쇠에서 벗어나게 하는 부정적인 측면도 훈련시킨다. 부자연스러운 비교는 연구하에 있는 행위 체계의 의미들 안에서 관련성 있고 작동하며 포화되게 코드를 찾지 못하게 하고, 적합성 있는 이론으로 통합하도록 분석가를 훈련하지도 않는다. 그 방법은 논리적인 억측, 무언지 모를 것과의 영리한 비교로 이루어진 '생각해 낸' 사고 과정을 훈련시킨다. 이것은 근거이론을 생성하는 데 극히 해롭다. 부자연스러운 비교방법은 사회학의 연구결과들을 강제하거나 끌어내도록 한다. 이렇게 해서 나온 결과는 문외한들도 이미 알고 있는 것이거나 문외한들에게도 사소한 것으로 비춰진다. 진정한 근거이론가는 문외한들에게 줄 것이 너무나 많기 때문에 그들이 결코 생각해 볼 수 없는 방식으로 행동 영역을 조직화하거나 다룰 수 있게 돕는다.

스트라우스의 다음 내용들도 억측, 생각해 냄, 질문들로 부풀려져 있다. 이들은 세심한 이론적 표집에서 비롯되지 않아서 고삐가 풀린듯이 통제되지 않은 질문들로 가득 차 있다. 이런 것은 스트라우스가 제안했듯이 분석을 '열어젖혀 주지' 않는다. 차라리 그것은 있을 수 있는 관련성을 뒤엉키게 하고 영원히 희석시킨다.

두 개 이상 현상에 대한 체계적 비교

스트라우스는 또 다시 분석가의 낡은 사고방식을 깨고 나오는 문제에 봉착한다. 물론 나는 스트라우스가 출현과 지속적인 비교를 그냥 믿는다면, 이러한 '깨고 나오는' 문제는 이슈가 되지 않을 것이고 새로운 사고의 발견은 출현하는 대로 이루어질 것이라고밖에 말할 수 없다. 그런데 스트라우스의 마음속에서는 깨고 나오는 것이 가장 중요한 것임이 분명한데, 이것은 그가 자료를 무시하고 개인적 경험, 전문적 지식, 전문적 문헌을 선호하기 때문이다. 이런 것들은 낡은 사고방식의 보루다. 따라서 개인적 경험, 전문 지식, 서술적 문헌과의 비교는 많은 사람들이 이미 읽은 것들을 단순히 개작한 것에 불과하다. 그것들은 근거이론가들이 자신의 모든 자료에 대해 코드들과 개념들을 지속적으로 비교하면 당연히 해결되리라고 여기는 문제들을 만들어 낸다.

스트라우스는 근거리에서의 체계적 비교가 깨고 나오는 데 도움을 주리라 여기지만, 여전히 '자신의 경험과 문헌'과의 비교로부터 빠져나오지 못하고 있다. 이 전략은 앞서 살펴본 바와 같이, 분석가들로 하여금 '자신'에게 던지는 질문들을 비교하고 만들어 내게 함으로써 분석가들이 제자리를 빙빙 돌게 만들고, 그 결과 근거이론으로부터 벗어나게 한다. 이러한 비교는 코딩이 아니며 지속적 비교분석 방법도 아니다.

근거이론가가 어떤 권리로 스트라우스가 말한 다음과 같은 질문을 자료나 분석에 강제할 수 있단 말인가? "이제 당신은 스스로 자문할 수 있다. 꼭 끼는 옷을 입고 길을 걸어가는 비만한 여성을 사람들은 어떻게 볼까? 사람들은 그 여자를 감탄하며 바라볼까, 아니면 혐오스럽게 바라볼까? 어떤 조건하에서 사람들은 그 여자를 경탄하며 바라볼까? 어떤 전략으로 그들의 느낌을 전달할까? 이 사람들의 느낌이 그 여자의 신체 이미지에 어떤 결과를 가져올 수 있을까?" 그 후에도 관련성이 의심되는 질문들이 계속해서 흘러나온다. 스트라우스는 계속 다음과 같이 말한다. "이 질문들을 통해 당신은 아마도 비만한 모든 여성이 초라한 신체 이미지를 갖지는 않는다는 점을 생각하게 될 것이다." 만일 스트라우스가 분석에서 지속적 비교방법을 사용하였더라면 그리고 이 이미지 문제가 연구참여자들과 관련이 있었더라면, 그들은 그냥 이야기를 했을 터이고 그 내용은 출현하였을 것이다. 그런데 왜 출현이 일어나기 전에 그것에 대해 생각해야 하는가? 지속적 비교방법을 사용하여 코딩하고 분석하는 것만으로도 생각할 것은 충분하다. 스트라우스는 "당신의 이론적 설명은 훨씬 더 두터워질 것이다. 왜냐하면 당신의 질문들이 당신을 표준적 사고방식에서 벗어나게 하여 또 다른 새로운 사고 경로로, 새로운 통찰로 이끌어 줄 것이기 때문이다."라고 말한다. 이것이 바로 스트라우스가 반복해서 말하고 있는 슬로건이다. 우리는 이미 발견을 가능하게 해 주는 것에 대해 언급해 왔다. 그것은 몇 개의 중립적 질문들을 던지고 지속적 비교방법을 적용하는 것이다.

원거리 비교

스트라우스가 제시한 이 전략은 도구를 필요로 함과 같은 보편적 문제 안에 있는 서로 다른 실체영역을 비교하는 것을 말한다.

나는 여기에 대해 "조심하라!"고 말하고자 한다. 이 전략은 근거이론을 좀 더 일반적인 것으로 만들어 주지만, 실체이론이 잘 개발된 이후에 더 일반화해야 한다. 그래서 유효한계를 너무 멀리 벗어난 범위와 속성들에 의해 실체이론이 침식되지 않도록 해야 한다. 이 작업은 실체이론이 잘 형성되고 나서 가치 저하나 파괴의 위협 없이 일반화될 수 있을 때 사용하는 것이 좋다.

스트라우스는 "비교의 사용은 한이 없다."고 말한다. 이것은 분명한 사실이다. 그러나 이것은 '비교의 한계와 경계를 짓는 체계적으로 발전된 근거이론이 없는 경우'나 '암묵적이더라도 온전한 개념적 서술이 목표일 경우'에 한해 사실이다. 제대로 연구된 근거이론이라면 관련성을 가진 비교가 포화상태에 있다고 할 수 있다.

붉은 깃발 흔들기

이것은 스트라우스의 매우 모호한 전략이다. "우리는 자료 안에서 뻔한 것들을 넘어서서 보아야만 한다. 단어들과 구절들은 자세히 들여다볼 필요가 있는 신호로 받아들여야만 한다. 우리는 어느 것도 당연하게 받아들여서는 안 된다." 좋다. 그렇지만 이 모든 것에 대한 접근은 앞서 스트라우스가 했던 내용을 자세히 묘사했었던 것처럼 예견되고 선입적인 방식으로 이루어져서는 안 된다.

분석가는 코딩을 계속하면서 지속적 비교의 정상적 과정인 자명한 것을 넘어서 보게 된다. 이 점은 문화적 유산이나 관점의 의미를 이해하는 데도 적용된다. 이런 것들을 깰 필요는 없다. 이들은 유효한 범주들로 출현하여 이론에 통합될 것이다. 예를 들어, 미국 대학 내 친구관계의 패턴을 연구할 경우, 친구 집에 불쑥 들르는 단순한 행위에 관한 외국의 친구관계 패턴은 외국인 기숙사에서의 친구관계를 코딩하고 분석할 때 출현한다.

예전에 출간된 책에서 상세히 설명했듯이, 분석가가 앞에 언급된 전략들을 무시하거나 우회하여 지속적으로 비교하고 코딩하는 몇 가지 단순한 방법을 따라 하면, 출현하는 범주들과 속성들에 초점을 둘 수 있고 그것들의 밀도를 높이고 포화시킬 수 있으며 하나의 이론 속에 그것들을 통합시킬 수 있다. 분석가는 수렁에 빠지지 않을 것이고 얼마나 빠르게 하나의 이론이 출현하는지에 놀라게 될 것이다. 분석가는 앞의 기법들에서 알 수 있듯이, 가능한 한 빠르게 많은 양의 자료를 지속적으로 코딩하는 것이 적은 양의 자료를 분석하는 것보다 훨씬 생산적임을 알게 될 것이다.

이슈와 관심사

스트라우스는 다음과 같이 말하고 있다. "그의 학생들은 앞의 기법들을 사용하는 선생의 능력에 감탄하고 있다. 학생들이 그 기법들을 사용하기 두려워하는 까닭은 자료에 무언가를 강제하지 않을까 하는 우려 때문이다. 학생들은 그 기법들을 어떻게 그리고 언제 사용할 것인가를 확신하지 못하기 때문이다." 학생들이 스트라우스의 방법에 대해 이런 반응을 보이는 것은 놀라운 일이 아니다. 학생들은 강제하거나 선개념을 갖지 말라는 권고를 받는 바로 그 순간에 자료의 분석을 강제하고 선개념을 갖게 하는 와글대는 기법들과 마주하게 된다! 더 나아가 학생들이 스트라우스의 다음과 같은 진술로 인해 충분히 위협받을 경우 그들의 반응이 그러하다는 점은 그리 놀라운 일이 아니다. "만일 여러분이 자료를 '열어젖히고' 여러분이 가진 창의력과 이론적 민감성의 수준 여하와 상관없이 그것들을 자유자재로 사용하고자 한다면, 이 기법들을 사용해야 한다. 만일 여러분이 이 기법들을 사용하지 않는다면, 여러분의 발견은 극히 작을 것이며, 여러분의 이론은 개념적으로 빈약하고 타당성이 낮은 것이 될 것이다."(『질적연구의 기초』 94쪽)

스트라우스가 전하는 이러한 권고와 협박은 그가 학생들에게 행사하는 상당한 존재감과 권위 그리고 공인된 능력을 감안할 때, 일개 학생이 행동으로 버텨 내고 잘못된 생각이라 물리치기는 너무 어려운 것이다. 그러므로 이 기법들은 학생들에게 아주 중요한 진리가 될 것이고, 학생들의 근거이론 기술과 근거이론 방법 자체를 영원히 망쳐 버리게 될 것이다. 이러한 결과는 스트라우스의 기법과 그 사용의 권고 사이에 있는 모순, 근거이론의 바람직한 결과와 선입적이며 개념적 서술이라는 실제 결과 간에 있는 모순에서 유래한다.

이러한 모순에 혼란을 더하면서, 스트라우스는 다음과 같이 말한다. "이 기법들은 단지 분석의 보조 도구로 사용될 뿐이며, 모든 현장노트와 인터뷰에 적용할 필요는 없다. 그리고 학생들은 이 기법들을 언제 그리고 어떻게 사용해야 하는지를 배워야만 한다."

그러므로 우리는 이 기법을 어떻게 사용할지 모르는 학생들이 자유자재로 이 기법을 사용해야 하는지 아니면 사용하지 말아야 하는지 더 많은 혼란과 불명확함에 직면하게 된다. 스트라우스의 방법 속에서 사라진 것은 자료로부터 이론을 체계적으로 생성해 내려는 『근거이론의 발견』 속에 나타난 우리들의 최초의 명백한 접근방법이었다. 스트라우스의 기법들은 분절되고, 지나치게 사소하며, 다루기 어렵고, 지나치게 자의식적이다. 그것들은 코딩과 분석의 지속적 비교방법에서 나오는 출현과 발견을 방해하게 된다.

제9장

축코딩

스트라우스의 『질적연구의 기초』에 있는 이 장은 그의 책 전부를 통틀어 그가 학문적 역량이 부족함을 보여 주는 가장 명백한 예다. 이 장은 또한 그 정당성의 근거가 어디에 있든, 매우 뛰어난 사회학자에 의해 인정된 방법, 즉 자료를 선입적으로 대하고 자료에 이론을 강제할 때 취할 수 있는 충만하고도 요구가 많은 우아함을 보여 주는 분명한 예이기도 하다. 그러나 이 글 속에서 스트라우스 방법들에 대한 혼란스러운 정당화는 일어나지 않고 있다. 스트라우스의 책 속에 있는 이 장을 다시 써 가면서 예를 찾아보기로 하자.

학문적 역량의 부족

"(스트라우스에 따르면) 축코딩(axial coding)은 범주 사이에 연결을 만듦으로써 개방코딩을 한 후 새로운 방식으로 자료를 되돌리는 일련의 절차다. 축코딩은 조건, 맥락, 작용/상호작용 전략과 결과를 포함하는 코딩 패러다임(coding paradigm)을 활용하여 행해진다." 스트라우스가 내린 이런 정의는 『이론적 민감성』 안에서 논의된 예전의 형식화, 즉 그 책 안에 이론적 민감성에 관한 장에서 길게 설명된 이론적 코딩(theoretical coding)의 개념을 무시한 분명한 예다. 축코딩에 대한 정의는 이론적 코딩에 신중히 부가된 것도 아니고 이론적 코딩에 기여한 것도 아니다. 더 정확히 말해, 그것은 근거이론에 대한 우리의 공동저술에는 전혀 없었던 것처럼 쓰여 있다. 그의 축코딩 정의는 이론적 코딩을 배제하고 무시하고 있으며, 내가 처음으로 형식화한 것을 이루 말할 수 없이 무시한다. 그것은 근거이론 방법이 더 나아지기 위해 어떻게 변화되어야 하는지와 관련해, 후속 연구에 기초하여 이론적 코딩의 개념을 변화시키려는 학문적 작업을 하지 않은 것이다. 따라서 스트라우스의 축코딩 형식화는 자신의 풍부한 경험에서 한발 더 나아가, 구축하고자 노력해 온 바로 그 방법을 손상하고 혼란스럽게 한다.

이러한 방법상의 변화가 있었던 이유, 자신의 발명품이라고 주창하면서도 이론적 코딩을 무시하는 이유는, 실제로 스트라우스는 온전히 개념적으로 강제된 서술을 생산하는 방법을 개발하고 있기 때문이다. 스트라우스의 이 다른 방법도 그 자체로 의미가 있다. 그러나 그것은 분명 근거이론은 아니다.

말할 필요도 없이 이론적 코딩군(theoretical coding families)들은 범주들과 그 속성을 연결할 때 나타난다. 만약 한 범주가 한 속성의 조건이라면, 이것은 그대로 출현할 것이다. 그러나 출현을 신뢰하는 것은 스트라우스가 말하는 개념적 서술의 방법 속에 있지 않다. 스트라우스는 분석가가 조건들, 맥락, 작용/상호작용 전략, 중재조건과 결과를 포함하는 코딩 패러다임을 활용할 것을 요구한다. 이런 유형의 개념적 정교화는 수행하기 쉽지만, 이것은 근거이론은 아니다. 분석가가 원하는 것은 무엇이든 간에 그 코드로 묶어 낼 수 있다. 이 코드들은 관련성과 작동성이 있을 때 근거이론이 출현하는 것처럼 그렇게 출현하지 않는다. 스트라우스는 여섯 개의 C로 시작되는 코드들을 좋아하며 그것들의 관점에서 모든 서술을 바라보고 있다. 근거이론을 생성할 때 이 코드들은 관련성이 있을 때만 사용될 수 있으며, 관련성을 근거로 포화된다. 그리고 『이론적 민감성』에서 나는 분석가들이 범주와 속성 간의 잠재적 연계 고리에 민감해지도록 해 주는 열여덟 가지의 이론적 코딩군을 상세히 설명하였다. 분석가가 이 코딩군을 전부 알고 있으면, 그는 한 계통에 속한 하나의 코드가 출현할 경우 그것을 알아챌 수 있다. 그리고 독자 여러분은 이것들보다 더 많은 이론적 코딩군을 생각해 낼 수도 있다. 따라서 어떤 한 코드를 당장 선택하는 것은 명백하게 이론을 강제하면서 시작하는 것이며, 자료에 근거한다는 특성을 침해하는 것이다. 분석가는 미리 무엇을 선택할 것인가를 알 수 없다. 그러나 스트라우스는 미리 '알고' 있으며 독자들에게 항상 조건들과 결과들을 밝혀내기를 권하고 있다.

이 비판에 대한 결론을 간단히 말하자면, 『질적연구의 기초』의 축코딩에 관한 장은 근거이론에 필요 없는 부분이라는 점이다. 근거이론은 작동하는 개념들의 출현과 관련성에 기초한다. 실제로 중도적 입장에서 볼 때, 축코딩에 관한 부분은 근거이론에 매우 유해하다. 왜냐하면 축코딩에서 권장되는 사항들은 범주와 속성을 개념적으로 연결할 때 부과되어 개념적 연계를 만들어 낼 것이고, 그렇게 되면 독자는 결코 근거이론을 평가할 수 없을 것이다. 축코딩 장은 개념적 서술이라는 스트라우스의 방법에만 의미 있고 필요할 뿐이다. 스트라우스의 개념적 서술은 다른 모든 저작에서 다루어진 변수들을 기대하는, 사회학자들의 공통된 관심사를 상세히 설명할 뿐이다.

그러나 나는 스트라우스의 방법이 근거이론을 떠나서 개념적 서술로 이탈해 간다는 점, 그리고 근거이론가들을 위해 근거이론과 개념적 서술의 차이들을 좀 더 자세히 설명하고자 축코딩에 관한 장을 계속 고쳐 쓰고자 한다.

스트라우스의 『질적연구의 기초』 99쪽에서 115쪽까지는 범주들과 속성들, 그리고 이들의 이론적 코드들의 출현과는 정반대로, 자료에 개념화를 부과하라는 명령과 요구를 보여 주는 경탄할 만한 부분이다. 여기서 스트라우스는 패러다임 모형을 다루고 있다. 이 부분은 인과조건, 맥락, 중재조건, 작용/상호작용 전략, 결과, 패러다임 모형을 도구로 하여 범주를 연관 짓고 발전시키기, 범주에 하위범주를 연결시키기, 자료보다는 진술을 검증하기, 속성과 차원을 사용하여 범주들과 하위범주들을 좀 더 발전시키기, 복잡성, 귀납적 사고와 연역적 사고 사이를 움직여 가기, 관계를 추적하기, 소규모 구조(Miniframework)의 활용이라는 절들로 구성되어 있다. 이 절들에서 분석가들에게 자세히 보여 주는 것은 어떻게 자료에 선개념을 끌어오고 자료에 개념들을 강제할 수 있는지 안내하는 것이다.

패러다임 모형

근거이론에서 우리는 범주와 속성들을 인과조건들, 현상, 맥락, 중재조건, 작용/상호작용 전략들, 결과를 나타내는 일련의 관계로 연관 짓지 않는다. 이렇게 하는 것은 선입적으로 하는 것이며, 이론적으로 코딩된 개념들을 자료에 극한까지 강제하는 것이다. 근거이론가들은 범주들과 속성들을 찾기 위해 코딩을 할 뿐이며, 그럴 만한 지점에서 이론적 코드들이 출현하도록 내버려 둔다. 분석가가 패러다임 모형을 그대로 사용하면, 자료에 대해 체계적으로 사고하고 복잡한 방법으로 상호 연관 짓는 듯한 외양만 드러날 뿐이다. 실제에서 패러다임 모형은 분석가에게 자료에 온전한 개념적 서술을 강제하도록 가르친다. 분석가가 패러다임 모형에 의한 연관 짓기를 하면, 그는 연구참여자들의 주된 관심사가 어떻게 진행되는지 설명하는 데 있어 출현하는 이론과 연관하여 어떠한 질문도 던지지 않는다.

그리고 분석가가 이 모형을 더 많이 사용할수록 그는 출현하면서 관련성을 갖게 되는 이론적 코드에 대한 반응력을 영원히 갖지 못하게 된다. 분석가는 항상 관련성과는 관계없이 그저 조건이나 결과를 보게 되며, 그것에 자신의 전문적 정체성을 걸게 된다.

스트라우스는 다음과 같이 말하고 있다. "당신이 이 모형을 사용하지 않는 한, 당신의 근거이론 분석은 밀도와 정확성을 얻지 못할 것이다." 이러한 경고는 개념적 서술에는 적당할지 모르지만 확실히 근거이론에는 적용되지 않는다. 범주들과 속성들을 하나의 이론으로 생성하고 통합하는 것이 무엇인가를 분석가가 미리 어떻게 알 수 있다는 말인가? 앞의 경고가 근거이론을 생성하는 데 적용될 가능성은 전혀 없다. 스트라우스의 이론(異論)은 자신이 선호하는 틀에 자료를 우격다짐으로 적용시키는 것이다. 자신이 좋아하는 것은 언제나 옳게 여겨진다. 그리고 결국 자료는 사용되었으니까. 자료는 우리가 기억하는 모든 연구에 사용되지만 방법론마다 그 사용법은 판이하게 다르다. 근거이론은 강제하지 않으며, 근거이론은 틀과 모형이 출현하도록 기다리는 인내심을 요한다—틀과 모형은 출현한다.

현 상

스트라우스책에 있는 현상이라는 제목의 이 짧은 단락은 그의 학자적 역량이 부족함을 보여 주는 또 하나의 전형적인 예다. 스트라우스가 정의한 현상은 우리의 다른 저서에서 연구참여자들의 주된 관심사 혹은 기본적 사회적 문제로 불렸던 것을 가리킨다. 경험을 통해 그 용어를 바꾸는 것이 좋겠다는 결론에 어떻게 이르게 되었는지를 상술하지 않는 한, 용어를 바꾸는 것은 별다른 이득이 없다. 정말이지 스트라우스는 세심한 학자적 태도를 보여 주지 않는다. 스트라우스는 다음과 같이 말하고 있다. "현상이란 일련의 작용/상호작용들 혹은 이들의 상호연관이 다루어지고 처리될 때 일어나는 중심적 아이디어나 사건을 말한다." 이 진술은 맞지만 다소 모호하다. 독자 여러분이 근거이론을 발견하고자 하면, 여러분은 그저 연구참여자들의 주된 관심사나 문제가 어떻게 처리되어 가는지에 관심을 두면 된다.

인과조건

인과조건, 혹은 좀 더 간단히 말해 원인은 다른 범주나 속성의 발생을 이끌어 내는 하나의 범주이거나 속성이다. 다른 이론적 코드들과 마찬가지로 원인이 어떻게 출현하는가는 근거이론 분석가에게 매우 명백히 보인다. 지속적으로 코딩하고 비교하면 여러 개의 사건들이 만들어 내는 기본적 패턴이 출현하고, 주된 관심사와 인과적으로 관련되어 있음이 드러난다. 예를 들어, 재난에 관한 일련의 사건들이 고통과 관련된 소득의 상실이라는 관심사에 인과적으로 연결되어 나타난다. 6C라는 코딩군은 『이론적 민감성』의 74쪽에 분명하게 상술되어 있다. 이것은 사회학에서 가장 중요하게 사용되는 코드들이므로 반드시 읽어 보아야 한다.

그러나 그 책의 74쪽과 조건, 원인, 맥락 등에 대한 스트라우스의 논의는 다르며, 스트라우스는 예전의 논의가 어떻게 진전되어 이러한 결과가 나왔는지를 학자적 태도로 보여 주지 않는다. 스트라우스는 6C가 마치 새로 생겨난 것처럼 쓰고 있다. 그의 책은 우리가 지금까지 이야기해 온 출현과 관련성에 요구되는 인내를 부정하고 손상시키는 강제적 질문들로 가득 차 있다.

그리고 또한 매우 중요한 점이기도 한데, 스트라우스의 정의들은 분명하지가 않다. 그의 정의는 일관성 있는 사용과 이론으로의 통합이라는 점에서 볼 때 명료하지가 않다. 원인에 대해서 '사건들을 가리킨다.'고 하고, 인과조건에 대해서도 '어떤 사건이라도 될 수 있다.'거나 '그 모든 것은 상황에 따라 다르다.'고 말하는 식이다.

어떤 '사건'도 하나의 개념적 패턴을 만들어 내지 못한다는 말과 '달려 있다.'는 말은, 이론적 형식에 온전히 통합되게 출현하도록 놔두라는 의미다. 이 점은 오늘날 근거이론 방법론에서 당연한 것으로 여겨지지만, 스트라우스의 방법론에서는 선입적으로 접근하고 강제한다.

맥락

스트라우스는 다음과 같이 말하고 있다. "맥락은 어떤 현상과 연관된 바로 그 일련의 속성들을 가리킨다." 스트라우스는 또한 '맥락은 특정 현상에 대해 작용/상호작용 전략들이 다루어지고 처리되고 수행되고 반응하는 일련의 구체적 조건들' 이라고 말한다. 이러한 정의는 서로 모순되며 불분명하다. 분석가는 그 내용을 분석적으로 정밀하게 알 수가 없다.

나의 정의는 훨씬 간단하며 지속적인 코딩과 비교를 탐지해 내는 데 더 용이하다. 맥락은 관련된 범주들과 속성들이 발생하는 가장 중요한 영역의 조건을 말한다. 예를 들어, 군인들은 권위주의의 맥락에서 행동하고 상호작용한다.

스트라우스의 책에서 맥락은 또다시 선입되고 강제되는 속성들에 기반해 다루어지고 있으며 이는 온전한 개념적 서술로 이어진다. 스트라우스의 책은 분석가가 나타나기 바라는 것을 상상한다 할지라도, 무엇이나 출현하는 것에 주의를 기울여야 한다는 점을 다루지 않는다.

중재조건

스트라우스는 "중재적 조건은 광범위하고 일반적인 것으로서,

작용/상호작용 전략에 영향을 주는 조건들이며, 좀 더 넓은 구조적 맥락이다."라고 말하고 있다. 스트라우스의 이 설명은 너무 광범위하고 불분명하며 혼란스럽다. 솔직히 나는 이해할 수가 없다. 내가 분석가들에게 말하고 싶은 것은 중재변수들은 출현한다는 것, 원인을 결과와 엮어 준다는 것, 그냥 드러난다는 것이다. 그러므로 분석가는 중재변수의 출현에 주의를 기울이고, 중재변수가 출현할 때는 그들의 개념적 질서에 주의를 기울여야 한다(『이론적 민감성』 79쪽).

작용/상호작용 전략

『이론적 민감성』 책에 있는 이론적 코딩군 6번—전략—을 살펴보자. 결과가 뒤따라오는 원인을 의식적으로 사용하면, 원인에 부수되고 관련되는 속성들이 당연히 나타난다. 스트라우스는 작용/상호작용 전략들의 선입적 속성에 대해 자세히 설명한다. 내가 분석가들에게 줄 수 있는 조언은 속성들이 관련성과 작동성이 있으면 그와 함께 전략들이 출현되도록 내버려 두라는 것뿐이다. 미리 추측하는 것은 시간 낭비일 따름이다. 가장 좋은 것은 추측할 시간에 무엇이 일어나는가를 코딩하고 비교하며 분석하는 것이다. 그리고 연구를 위해 가장 좋은 것은 작용/상호작용 전략들이 출현되도록 쓰인 논문을 보는 것이다. 여기서 주의할 점이 있다. 분석가는 전략을 코딩하기 전에 연구참여자가 자각하는 것이 발견되도록 늘 주의를 기울여야 한다. 만일 연구참여자에게 그러한 자각이 없다면 그 때의 개념은 어떤 원인에 따른 결과일 뿐이지, 연구참여자의 전략에 의해 야기된 바로 그 예정된 결과는 아니다.

결 과

'결과'는 구태여 정의가 필요하지 않은 일상적인 용어다. 결과는 단순하게 말해서 이미 일어난 일의 결말을 말한다. 결과는 시간적 특징을 가지고 있기 때문에, 출현하는 결과들을 코딩하고 분석하는 데 있어 시간적 요소를 염두에 두는 것이 중요하다. 결과는 즉각적일 수도 긴 기간이 경과하는 것일 수도 있고, 바로 지금 일어나는 일일 수도 마지막에 출현할 수도 있으며, 실제로 일어난 것일 수도 예상된 것일 수도 있다. 중요한 것은 예상된 결과의 시간적 특성이 그다음 행위를 일어나게 하는 원인이 될 수 있다는 점을 깨닫는 것이다. 예상되지 않은 결과는 그냥 일어난다. 이처럼 우리는 주어진 시간 안에서 항상 실제적 결과와 잠재적 결과를 다루게 된다. 결과의 이러한 시간적 속성은 결과의 다른 특질 혹은 다른 엄밀함이 그러하듯이 즉시 출현한다. 결과에 대해 질문할 필요는 없으며, 어떤 결과가 출현하며 그것들의 본질적인 속성들이 무엇인지 그저 바라보는 것이 제일 좋다.

패러다임 모형을 사용해 범주들을 연관 짓고 발전시키기, 범주에 하위범주 관련 짓기, 자료에 대한 진술 검증하기

나는 스트라우스의 책에 있는 이 세 부분을 함께 다루고자 한다. 이 세 부분 모두가 비교를 할 때 질문을 던져 자료를 강제하려 한다는 점에서 동일하기 때문이다. 이런 점 외에도 스트라우스는 강제된 관계에 대한 질문은 입증되어야 한다고 말한다. 관계에 대한 이 질문들은 분석가가 자료를 비교하면서 입증하거나 검증하기 위한 가설들로 여겨진다. 따라서 이것은 사실상 연역적 연구의 표준적 검증 모델이다. 이 모델에서는 가설을 생각해 내고 자료에 대해 그것들을 어떻게든 검증한다.

이러한 검증 모델이야말로 근거이론에서 우리가 피하려고 노력해 온 바로 그것이다. 근거이론의 초점은 자료에 대한 이론적 코딩을 통해 출현하는 가설들을 만들어 내는 데 있다. 근거이론에서 이들 가설은 범주들이 포화되도록 하고, 형식화의 밀도를 높여서 하나의 이론적 형식화로 통합될 때 좀 더 타당성을 갖는다. 그러나 이 가설들은 하나의 근거이론을 만들어 내는 데 그친다. 상호 연관된 일련의 가설들은 자료에 근거하며 지속적 비교 코딩과 분석을 통해 자료에서 출현한다. 이들 가설이 정당화될 수 있는지에 대한 검증은 추후에 이루어지는 검증 연구에 달려 있다.

근거이론은 지금 존재하는 것을 찾는 것이지 존재할지도 모를 것을 찾는 것이 아니기 때문에 검증할 필요가 없다. 근거이론은 자료로부터 그 개념들을 취한다. 근거이론은 스트라우스가 제안하는 내용처럼 자료를 강제하거나 추후에 검증될 필요가 있다는 사고로 이끌지 않는다. 근거이론은 분석가의 질문들이 적용될 수 있는 것인지 생각하고 확인하는 데 많은 시간을 쏟지 않는다. 근거이론은 의미 있는 가설들을 생성하기 위해 어떤 범주가 적합하고 작동하며 관련성이 있는지 그 핵심에 빠르고도 즉각적으로 도달한다. 근거이론은 관련성과 거기에 뒤따르는 모든 형식화가 출현한다는 것을 믿는다. 검증 연구에서는 좋은 질문을 던지기만을 바란다. 그런데 이 질문들은 보통 본연에서 벗어난 관련성, 즉 연구참여자의 의미 밖에 있는 것들을 중요하게 여긴다. 좋다. 그러나 두 가지를 혼동하지는 말자. 그 두 가지는 다른 목표를 갖는다.

참 재미나게도 출현은 스트라우스의 검증적 접근 전반에 여전히 끼어들어 있다. 진실이 드러날 것이니 그것을 믿으라. 스트라우스는 "우리는 관계에 대한 우리의 진술을 입증하기 위해 자료 속에서 증거를 찾고 있다. 우리는 또한 그 관계진술이 지지되지 않는 예들을 찾고 있다. ……이런 모든 예는 우리가 제기한 본래의 질문들과 관계에 대한 진술들이 적합한지를 보여 준다. 그 예들이 우리의 질문이나 진술을 반드시 무효화하거나 반증하지는 않는다. 오히려 그 예들은 이해의 폭과 깊이를 더해 줄 것이다. 근거이론 연구를 할 때 차이와 변이의 증거를 찾는 것은 우리의 본래 질문과 진술을 지지해 줄 증거를 찾는 것만큼이나 중요하다."고 말하지만, 그 말의 의미를 아마도 모르고 있는 듯하다.

그러니까 스트라우스도 질문을 강제하고 검증하려고는 하지만, 그 결과들이 실제로 일어나고 있는 일들의 변이의 출현에 비해 중요하지 않음을 인정하고 있는 셈이다. 따라서 근거이론은 의식하지 않을 때조차도 나타난다고 볼 수 있다. 그렇다면 왜 질문과 선개념이라는 진부한 틀을 버리고 이론을 발견하기 위해 그냥 출현에 전부를 걸지 않는가? 근거이론을 실행하는 것은 그 자체만으로도 많은 시간이 소요된다. 근거이론을 실행할 때는 힘들고 괴로운 검증적 질문을 하지 않고서도 즉시 관련성을 얻을 수 있다.

"왜 강제하고 선입된 질문들을 하는가?"라는 질문에 답하자면, 스트라우스의 목표는 근거이론이 아니기 때문이다. 스트라우스의 목표는 얼마나 관련성을 갖는가와는 상관없이 일군의 변수들을 다룰 것을 요구하는 수용된 모델에 따라, 전 범위를 포괄하는 개념적 서술을 산출하는 데 있다. 예를 들어, 잘된 서술은 언제나 성별, 나이, 그리고 그 무엇이든 촉진하는 조건들에 대해 진술한다. 반대로 앞서 내가 여러 번 언급하였듯이, 잘된 근거이론은 적합하고 작동하며 관련성 있는 범주와 속성 그리고 이들 간의 관계들을 출현을 통해 생성해 낸다.

스트라우스가 학자적 입장에서, 예전의 근거이론 관련 저서에 담긴 내용을 지금의 책으로 옮겨 올 수 없었다는 점은 놀라운 일이 아니다. 옮겨 올 것은 전혀 없다. 이 두 가지의 결과물의 목표는 다르며, 언제나 그래 왔다.

이 부분을 마치면서 앞에서 했던 논의의 맥락 안에서 스트라우스가 한 말을 인용해 보기로 하자. "범주들을 연결하고 발전시키는 것은 제5장에서 소개한 기본적 분석절차, 즉 질문하고 비교하는 것을 통해 이루어진다. 범주와 하위범주 그리고 현상 사이에 존재하는 관계의 본질을 보여 주는 진술을 사용하여 한 범주에 하위범주들을 가설적으로 연결한다. 축코딩에서 던졌던 질문들을 토대로 실제 자료에 대해 가설을 검증한다. 축코딩에서 우리가 던졌던 질문들의 본질은 실제로 관계의 유형을 의미하는 질문들이다. 우리는 한 범주가 다른 범주에 어떻게 연관되는가를 묻는 질문을 제기하고 있다."(『질적연구의 기초』에서 인용한 것의 끝)

앞의 인용한 바를 따르는 근거이론에서는 자료가 검증을 요하는 예측된 가설들(질문들)로 강제되므로 자료에서 이론을 끌어낼 때 검증을 지향한다. 근거이론의 지향은 이와는 전혀 다르다. 어떠한 선개념도 가지지 않은 채, 전 범위를 서술해야 한다는 요구도 받지 않은 채, 이론적 코드가 출현하도록 내버려 둔다. 근거이론은 어떤 하나의 문제가 연구참여자들에 의해 어떻게 지속적으로 처리되는지에 대해 설명하는 개념적 이론을 형성해야만 한다. 예를 들어, 관절염 환자들이 통증의 문제를 계속적으로 처리하는 과정은 무엇인가?

속성과 차원을 사용해 범주와 하위범주를 좀 더 발전시키기

길고 혼란스러운 제목이 붙은 이 부분은 스트라우스의 책에서 이상한 단락이다. 여기서도 검증적 모드는 계속된다. 스트라우스는 "우리의 질문과 관계 진술을 지지해 주는 증거를 찾아야 한다."라고 말하고 있다. '자료를 강제하는' 이 늙은 말은 죽도록 얻어맞고 있다. 연구자가 근거이론에서 제시하는 출현 지향을 받아들이면, 강제적 진술들이 사라지게 되어 무엇이 일어나고 있는지를 파헤치게 된다. 그러나 스트라우스의 타성은 그가 애호하는 또 다른 코드인 차원에 대한 코딩과 분석을 계속하게 한다. 스트라우스는 "우리는 계속해서 범주들의 속성에 해당되는 증거들을 찾고, 각 사건들의 차원의 위치를 찾아야 한다." 또 "우리는 각 속성이 차원상 어디에 위치할 수 있는지를 알아야 한다."고 말한다. 왜 그래야 한단 말인가? 만일 어떤 차원이 관련성이 있다면 그것은 출현할 것이다.

연구자들은 이어, 마른 하늘에 날벼락처럼 아무런 예고도 없이 충분한 밀도를 발전시킬 때 너무 지나치면 안 된다는 경고를 받는다. 밀도란 한 범주의 속성의 양이다. 스트라우스는 말한다. "연구자는 끝도 없이 분석과정을 계속할 수 있다." 온전한 개념적 서술에서는 그럴 수도 있다. 그것은 시간과 에너지라는 인간적 한계 이외에는 한계가 없기 때문이다. 그러나 이러한 끝없음은 근거이론을 생성하는 데서 얻어지는 것이 아니다. 적절한 통합, 적합하고 작동하는 범주들, 범주들의 포화, 이것들이 합쳐진 이론들이 있을 때 분석 과정은 영구히 지속될 수 없다. 이론은 포화되고 스스로 한계를 정한다. 가장 관련성 있는 범주들과 속성들이 논의되고 나면, 더 많은 범주와 속성들은 아주 적은 논의만 허용할 뿐 그 문제에 대한 더 많은 변이를 설명해 주지 않는다.

차원 수준에서 범주들을 연결시키기

스트라우스의 논의는 아무런 견제 없이 점점 더 분절되어 간다. 그의 책에서 이 부분에 대한 진술은 차이를 의식하라는 것이다. 이것은 분명히 지속적 비교방법의 기본적인 구성요소다. 그러나 그는 가장 중요한 점, 즉 차이들이 비교분석을 야기하며, 비교분석은 한 범주의 한 속성을 산출해 낸다는 생각에 이르지 못한다. 이러한 근본원리가 근거이론 이면에 숨어 있는 보편적인 아이디어 중 하나라는 점은 두말할 필요도 없다. 그보다 스트라우스는 통증의 시작이나 통증의 지속 및 강도와 관련하여 통증 완화제를 복용하는 시기를 묘사하는 경험적 수준으로 내려간다. 여기서 시기는 미리 약을 먹는 것에서 약을 먹기 전에 가능한 한 통증을 참는 것까지다. 스트라우스의 이러한 서술로는 방법론적 아이디어를 개념화할 수 없다.

복잡성

드디어 스트라우스는 축코딩 안에서 절차, 기법, 단계에 과부하가 걸려 있음을 깨닫기 시작한다. 그러나 그렇다 해도 그는 이러한 아이디어를 분절하여 방법적 절차를 과하게 발전시키는 행위를 그치지 않는다. 대신에 스트라우스는 실재는 복잡하다는 진부한 변명으로 그것을 정당화한다.

실제로 근거이론은 예전의 책에서 우리가 기술한 직접적이고 단순한 규칙, 즉 원론적으로 말해서 지속적 비교방법을 따라가는 것만으로도 충분히 어렵다. 너무 많은 방법적 규칙이 개재되어 있고 그것들은 출현을 가로막는다. 근거이론가들은 단순히 범주와 속성들을 출현하게 하며, 복잡한 세계의 복잡한 이론을 생성해 갈 이론적 코드들을 가지고 지속적으로 코딩하고 분석해야 한다. 그것들은 실체영역의 관심사들을 처리해 가는 방식에 따라서 간단하거나 복잡한 설명을 생산할 것이다. 핵심은 그저 행하라는 것이다.

귀납적 사고와 연역적 사고 사이를 옮겨 가기

이 단락에서 스트라우스는 자료를 강제함으로써 근거이론의 출현에서 완전히 벗어나는, 온전한 개념적 서술에 대한 하나의 전형을 보여 주기에 이른다. 스트라우스는 자료에 강제되는 연역적 가설들을 검증하는 것과 귀납법을 혼동한다. 자료가 가설을 반증한다고 하여 귀납적이라고 말하지 않는다. 그것은 그저 검증일 뿐이다. 귀납은 자료 속에 있는 패턴으로부터 개념들과 가설들이 출현하는 것을 이해하는 것이다.

스트라우스는 이 부분에 대해 다음과 같이 말한다. "여러분이 이미 알고 있는 것처럼, 코딩을 하는 동안에 우리는 끊임없이 귀납적 사고와 연역적 사고 사이를 왔다 갔다 한다. 따라서 자료를 가지고 작업할 때 우리는 관계에 대한 진술을 연역적으로 제시하거나 혹은 속성과 차원들을 제시한다. 그런 다음 사건과 사건을 비교하면서 자료에 대해 추론한 것을 검증하려고 한다. 제시하는 것과 점검하는 것 간에는 늘 상호작용이 있다. 이렇게 앞뒤로 왔다 갔다 함으로써 우리의 이론은 근거에 기반해 만들어진다. 우리가 연역적으로 제시한 것들을 귀납적으로 검증해 가는 것이다."

이 인용구는 확실히 우리에게 익숙한 것으로 일반적인 검증 모델을 보여 주고 있다. 이것은 단지 강제된 개념적 가설들을 입증하는 것이다. 이런 의미에서 그것은 근거에 기반한다. 그러나 그것은 이러한 방식으로 자료를 사용하는 대부분의 연구에서만 그러하며, 그 '근거'에 의해 아이디어들이 점검되어야 한다는 의미에서 그렇다는 뜻이다. 그러나 그것은 근거이론이 아니다. 근거이론은 귀납적 장치인 지속적 비교방법을 사용하여 개념들이 출현하고 통합되도록 함으로써 자료로부터 체계적으로 이론을 발견하는 것이다. 이 지속적 비교방법이 바로 우리가 지금-여기에서 설명하고 있고 예전의 출판물에서 설명했던 바로 그것이다. 또다시 스트라우스는 이전의 출판물들과의 학문적 연결을 완전히 무시하였다. 그러나 이러한 결함은 수긍할 만한데, 스트라우스의 모델은 근거이론과 아무런 관계가 없기 때문이다. 그것은 한 영역을 온전히 또 개념적으로 서술하기 위해 사용하는 하나의 검증 모델일 뿐이다. 그것은 출현과 지속적 비교를 사용하는 생성 모델이 아니다.

스트라우스는 검증 모델의 반복 요건까지 끼워 넣으면서 다음과 같이 말한다. "우리가 제시한 관계들이 자료 안에서 몇 번이고 거듭해 지지되어야만 한다." 이것은 반복을 위해 지속적으로 입증하는 것이지 범주의 속성들이 출현되도록 하는 데 사용되는 지속적 비교방법이 아니다.

스트라우스는 다음과 같이 말하면서 이 단락을 끝맺는다. "우리는 근거이론을 구축하는 중에 있다. 근거이론의 구축방식과 이론구축의 다른 방식들을 구별 짓는 지점은 의도적으로 근거에 기반하고 검증 과정을 가진다는 점이다." 검증 모델은 사실상 전통적인 모델이기는 하지만 실험 모델이나 입증을 거치지 않는 순수한 개념적 연역 모델, 몇몇 서베이 모델과 같은 다른 이론구축 방식과는 다르다. 물론 검증 모델은 근거이론에서 사용되는 생성적인 귀납 모델과도 다르다. 스트라우스가 근거하는 것은 검증이지 출현이 아니다.

출현 추적하기

여기서 우리는 자료를 강제하는 또 다른 전략을 보게 된다. 이 모델에서 강제와 검증이 얼마나 쉽게 일어나는가를 보면 놀랍기까지 하다. "당신이 자료 속에서 우연히 마주치기를 기다리지 않고, 목적을 가지고 관계를 찾아내면 분석은 좀 더 체계적이 되고 좀 더 빨리 앞으로 나아간다."(『질적연구의 기초』 113쪽) 이 부분에서 강제가 세상에 명백하게 드러났다. 출현에 대한 인내와 신뢰는 관계를 추적하고 관계를 재빨리 추측하는 것으로 대체되었다. 더 이상 기다릴 필요가 없는 것이다.

그리고 출현과 지속적 비교방법은 우연히 마주치는 것에 비유되었다! 귀납은 사실 세심한 고려와 시간을 필요로 한다. 또한 귀납은 연역법이나 실험과 마찬가지로 체계적으로 수행될 수 있다. 엄격성(rigor)은 사용하는 방법이 무엇인가와는 상관없이 방법 자체가 가진 패턴이다.

스트라우스는 두 가지의 추적 전략에 대해 간단히 논하고 있다. 소규모 개념틀(miniframeworks)과 논리표(logic diagrams)가 그 전략이다. 이것들은 '연구자가 연구를 해 가면서' 관계를 강제하는 우아한 도구일 따름이다. 이것을 얻기 위해서는 시간이 소요되는 복잡한 과정을 겪어야 하지만, 개념적 서술을 생산할 뿐이다. 여기서도 『이론적 민감성』에서 길게 설명되고 있는 이론적 코드들에 따라 자료를 분류하는 것과 어떤 학문적 연결고리도 없다. 스트라우스의 전략은 근거이론을 형성하기 위한 개념틀의 생성에 필요한 훨씬 더 직접적이고 출현적인 접근을 무시한다. 아울러 근거이론이 관련성을 가지며 작동한다는 점을 확신하게 해 주는 접근을 무시하고 있다. 실제로 스트라우스는 인내와 신뢰, 출현에 필요한 것들은 항상 무시하였다. 그러나 이 요소들이야말로 근거이론이 어떻게 수행되어야 하는지를 보여 주는 것들이다. 분명히 스트라우스는 근거이론과는 다른 방법을 발전시키고 있다. 그의 방법은 연구 중인 어떤 영역을 개념적으로 온전히 서술하기 위한 검증 모델이다.

요 약

우리는 지금까지 스트라우스가 '축코딩'이라 칭송한 것들의 현실을 설명하였다. 그러나 그는 다소 거만하게 다음과 같은 경고로 끝을 맺는다. "단지 주제 분석이나 개념 개발에 관심을 갖고 있거나 자신의 프로젝트가 주제 분석이나 개념 개발을 추구한다면, 우리는 여러분들에게 여기서 이 책 읽기를 중단하라고 권한다. 여러분은 이미 여러분의 궁극적 목적을 위해 근거이론 절차를 충분히 알게 되었을 것이다. 만일 당신이 이론을 개발하는 데 관심이 있다면 계속해서 읽어라." 스트라우스가 한 이 말은 참으로 믿을 수가 없는데, 그의 책에서 지금까지 이야기해 온 모든 것이 선입적인 개념적 서술의 기교이기 때문이다. 이 지점에 학생들을 내버려 두면 많은 학생이 비판 능력을 갖지 못한 채 개념적 서술에 묶이게 되고 학생들은 자신들의 연구에서 그러했듯이 강제당하게 될 것이다.

내가 제시하였듯이(다소 장황하게), 강제하는 데 필요한 많은 조건 중 그 어떤 것도 출현적 근거이론 생성과는 관련이 없다. 근거이론을 사용하는 분석가가 스트라우스의 『질적연구의 기초』 115쪽에 의거하면, 거의 아무것도 시작할 수 없다. 그리고 실체영역을 다루는 논문과 책들이 보여 주듯이, 근거이론이 생성되는 것을 발견하면서 느끼는 고양됨, 묘미, 즐거움은 『질적연구의 기초』 115쪽에 스며들어 있지 않다.

제10장

선택코딩

용어의 정의

선택코딩

선택적으로 코딩한다는 것은 개방코딩을 멈추고, 핵심 변수에 관련된 변수들에 대해서만 이론의 간결성에 사용되는 주요 방식들로 코딩을 제한하는 것을 의미한다(『이론적 민감성』 61쪽). 선택코딩(Selective Coding)은 스트라우스가 말한 '핵심변수를 선택하는 과정'이 아니다. 근거이론에 있어서 선택코딩은 분석가 자신이 핵심변수 발견을 확신한 후에야 비로소 시작된다. 핵심범주는 그냥 지속적 비교 코딩과 자료의 분석으로부터 출현한다. 이때 핵심변수는 이후의 자료수집과 이론적 표집을 위한 안내 역할을 하게 된다. 즉, 분석은 핵심변수에 의해 안내된다. 코드들, 메모들,

그리고 통합은 핵심변수와의 관계 속에서 일어나기 시작한다.

핵심변수

『이론적 민감성』에서 나는 다음과 같이 말했다. "근거이론의 목표는 관여된 사람들에게 관련성이 있고 문제가 되는, 행위 패턴을 설명하는 이론을 생성하는 데 있다." 근거이론의 목표는 방대한 서술도 아니고, 숙련된 검증도 아니다. 근거이론의 목표는 하나의 핵심범주를 중심으로 하여 이론을 생성하는 데 있다. 핵심범주 없이 근거이론 작업을 하면 관련성과 작동성에서 멀어져 간다. 핵심범주는 행위의 패턴들에 존재하는 대부분의 변이를 설명해 주기 때문에, 몇 가지 측면에서 근거이론 형성에 중요한 기능을 한다. 그것은 통합, 밀도, 포화, 완전성, 초점 제한하기 등이다.

독자 여러분은 『이론적 민감성』 안에 있는 '기본적 사회적 과정'에 대한 장을 참조할 필요가 있다. 이 장에서는 핵심범주의 기본적 속성들에 대해 길게 논하고 있다. 물론 여기에는 스트라우스가 분석에 필요한 아무것도 알려 주지 않은 채 "핵심범주는 모든 다른 범주들이 그것을 중심으로 통합되는 중심 현상이다."라고 말할 때 간과했던 학술적 내용이 담겨 있다. 스트라우스의 용어 정의는 중심현상들에 대한 '내러티브적 서술'에 초점을 두고 있는데, 이것은 곧 온전한 개념적 서술로 귀결된다.

근거이론의 초점은 어떤 문제적 상황이 지속적으로 해결되는 것을 하나의 이론으로 설명해 보려는 데 있다. 이 이론은 핵심범주의 여하에 달려 있다. 여기서 핵심범주는 문제적 상황의 패턴들 속에 들어 있는 대부분의 변이를 설명해 준다. 요컨대, 우유배달부는 식료품점에서 우유를 사는 것이 더 싸고 쉽다는 문제에 대응하기 위해 지속적으로 주부들과의 관계를 돈독히 함으로써 고객을 유지한다. 실제로 대부분의 전문가들은 다른 전문가들과의 경쟁에서 살아남기 위해 자신의 고객들과의 관계를 돈독히 한다. 이 경우에 관계를 돈독히 해 가는 기본적 사회적 과정이 핵심범주가 된다.

이 장을 읽어 나갈 때 분석가가 기억해야 할 것은, 스트라우스가 '어떻게 할 것인가'에 관해 제시하는 무수한 규칙들과 언명들을 다루어야 한다는 점이다. 분석가가 출현을 믿고 지표를 개념화할 수 있는 자신의 능력을 믿는다면 이 무수한 규칙과 언명은 쓸모없는 과다한 짐이 된다. 출현과 발견은 그저 일어날 뿐이며, 기대했던 것보다 빨리 일어나는 경우가 많다. 따라서 밀도를 높이고, 포화에 이르고, 수준을 선별하는 것에 대해 인내심을 갖는 것이 좋다. 그러는 동안에 지속적 비교를 통해 계속 개념들을 점검하고 범주의 속성들과 거기에 관련된 이론적 코드들을 생산해 내게 된다. 통합은 근거이론이 출현함에 따라 일어난다.

통합은 스트라우스가 말한 것처럼 어려운 일이 아니다. 통합은 이론적 코드들을 분류하는 가운데 그냥 출현한다(『이론적 민감성』의 분류하기에 관한 장을 참조). 그리고 스트라우스가 "통합은 축코딩과 많이 다르지 않다. 통합은 분석의 좀 더 높은 추상적 수준에서 이루어진다."라고 말했는데, 이 주장은 불필요하고 정체가 모호하다. 왜 이런 진술을 생각해 냈을까? 통합은 이론적 코드들에 근거하여 범주들과 속성들을 연계하면서 출현한다. 그것은 그냥 일어날 뿐이다. 왜냐하면 세계는 통합되어 있어서 우리가 세계를 발견하는 것이지 우리가 세계를 창조하는 것이 아니기 때문이다.

스트라우스는 "현실의 모습을 개념적이고, 이해할 수 있게, 그리고 무엇보다 근거에 기반해 체계적으로 발전시키기 위해서는 여러 단계를 거쳐야 한다."고 말했다. 그런데 이것은 스트라우스 자신이 배출하고 지도하고자 하는 분석가들을 여러 세부 단계의 늪에 빠지게 한다. 왜냐하면 그는 출현을 믿지 않으며, 강제를 통해 온전한 개념적 서술을 향해 나아가기 때문이다. 스트라우스의 '초기 저작과 논문에 발표된 근거이론'과 '온전한 개념적 서술의 방법' 간의 차이에 대해 자세하게 살펴보도록 하자.

스트라우스는 통합 과정의 단계에 대해 다음과 같이 말한다. ① 스토리 윤곽(story line)을 설명한다. ② 패러다임을 사용하여 핵심범주에 하위범주들을 연결시킨다. ③ 차원의 수준에서 범주들을 연결시킨다. ④ 이 관계들을 자료에 대비하여 입증한다. ⑤ 범주들을 채워 나간다.

나는 스트라우스가 했던 것처럼, 이 단계들을 하나씩 밟아 나갈 것이다. 그러나 먼저 전반적인 몇 가지 측면에 대해 살펴보자. 이 단계들은 온전한 개념적 서술을 위해서는 필수적일지 모르지만 근거이론을 위해서는 필수적이지 않다. 스토리 윤곽은 연구참여자들의 문제 패턴 안의 대부분의 변이를 설명해 주는 핵심범주일 뿐이다. 스토리 윤곽은 참여자들의 이러한 문제를 계속적으로 나아가게 한다. 2단계와 3단계의 강제된 패턴을 제외한 나머지 단계는 근거이론의 일부로서 그냥 일어난다. 즉, 지속적 비교방법이라는 코딩과 분석이 핵심범주와 그 속성들, 그리고 핵심범주에 비해 덜 중요한 범주들을 자료로부터 출현하게 한다. 그리고 범주를 채운다는 용어는 그것이 범주들의 속성을 개발하는 또 다른 방식을 말하는 것이 아니라면, 나로서는 이해할 수 없는 말이다. 범주의 속성을 개발하는 것은 자료의 한계 내에서 비교를 통해 각 범주가 포화되었을 때 어차피 일어난다.

스토리 윤곽 설명하기

스트라우스는 말한다. "때로 스토리 윤곽에 몰입하는 것은 대단히 어렵다. 연구자가 자료 속에 깊이 빠져서 모든 것이 중요해 보이거나, 하나 이상의 현상이 두드러져 보이기 때문이다." 이 말은 아마도 귀납되지 않고 강제된, 온전한 개념적 서술에서는 사실일 것이다. 그러나 이 말은 근거이론에서는 사실이 아니다. 핵심범주를 발견하는 일은 자동적으로 일어난다. 충실한 코딩과 분석을 하면 핵심범주는 출현한다. 핵심범주는 출현해야 한다. 왜냐하면 모든 연구참여자의 마음속에 어떤 방식으로든 핵심범주의 내용이 들어 있기 때문이다. 핵심범주에 몰입하는 것은 쉽다. 근거이론에서 단 하나 어려운 것이 있다면, 그것은 연구참여자의 주된 관심사가 해결되는 주요 과정을 간과하는 것이다. 예를 들어, 알코올 재활시설에 거주하는 사람들이 자신들이 원하고 필요한 것을 얻기 위해 속임수를 사용하는 경우, 그것은 핵심범주 혹은 기본적 사회적 과정이다. 어떻게 이렇게 두드러지게 나타나는 현상을 간과할 수 있단 말인가? 이러한 현상을 간과하는 단 한 가지 방법은 온전한 서술을 목표로 하여 선입적 방식으로 자료를 강제하는 것뿐이다.

스토리 윤곽 확인하기

스트라우스는 말한다. "스스로에게 물어보라. 이 연구영역에 대해 가장 인상적인 점이 무엇인가? 나는 무엇을 핵심문제로 여기고 있나?" 그 후 스트라우스는 한 예를 제시하는데, 이에 대해 너무 많이 쓰고 있다. 근거이론 분석가는 자신이 생각해 낼 수 있다는 듯이 이런 질문들을 스스로에게 던지지 않는다. 그보다 근거이론에서 분석가는 주된 관심사가 출현할 때까지 수많은 사건들(incidents)을 계속해서 코딩하고 비교한다. 그다음에 연구참여자들이 몇 번이고 반복해서 자신들의 주된 관심사로 여기는 것을 중심문제로 추정한다. 중심문제에 이르기 위해서는 분석가가 스트라우스가 제시하는 것처럼 한 개나 두 개의 사건을 분석해서는 안 되고, 노트와 인터뷰에 있는 수많은 사건들을 항상 비교하면서 코딩하고 또 코딩해야 한다. 근거이론을 점검한다는 것은 늘 중심문제와 그 해결 과정을 지속적으로 찾는 과정인데, 여기서 나타나는 변이들은 속성을 만들어 낸다. 추측하고, '생각해 내는' 것은 근거이론에 고유한 것이 아니다. 근거이론의 고유성은 끈기와 인내와 출현에 있다.

그러나 여전히 내가 놀랍게 생각하는 점은, 스트라우스의 방법이 자료를 강제하는 방법임에도 불구하고 그 근거함이 자료에 귀기울여야 하는 것으로 여겨지듯이, 선계획된 다른 방법들에서도 근거이론 접근을 들이댄다는 것이다. 스트라우스는 이 부분에 대해 다음과 같이 말하면서 마무리하고 있다. "연구자가 위험관리에 초점을 두기로 결정한 이유는 이 현상이 모든 인터뷰와 관찰 내용을 강하게 관통하고 있기 때문이다. 모든 여성은 위험부담에도 불구하고 건강한 아기를 갖기 원한다고 하였고, 이 목표를 쟁취하는 데 필요한 것들을 하겠다는 의지가 있다." 수많은 사건을 코딩하고 분석할 때 바로 이러한 일이 일어난다. 그렇다면 왜 스트라우스는 핵심범주에 몰입하기가 어렵다거나 핵심범주에 대해 '생각해 내는' 것을 강조하고 있는 걸까? 스스로도 핵심범주의 출현이 그토록 강하게 나타난다는 점을 인정하면서 말이다.

서술에서 개념화로 옮겨 가기

이 부분도 역시 애매모호하다. 스트라우스는 '서술에서 개념으로 옮겨 가는 것과 스토리 윤곽을 분석적으로 이야기하는 것'에 대해 말한다. 이러한 이동은 분명히 온전한 개념적 서술에서는 좋은 것이다. 그러나 근거이론과는 아무 관련이 없다. 왜냐하면 이것은 근거이론을 연구하는 분석가가 연구 시작부터 하는 일이기 때문이다. 이것이야말로 근거이론을 연구하는 분석가가 하는 바로 그 일이다.

그리고 나서 스트라우스는 핵심범주에 대한 개념적 이름을 어떻게 선택할 것인가에 초점을 맞춘다. 그는 여러 가능한 이름들 중에서 하나를 고르라고 말한다. 이런 자세는 근거이론 관점에서 보자면 명백한 강제다. 근거이론에서 핵심범주는 코딩과 지속적 비교를 통해 그냥 일어나게 되는 출현적 적합성을 통해 그에 대한 이름을 얻게 된다. 즉, 출현하는 범주와 그에 대한 명명은 그 다음 사건과의 적합성 여부에 따라 바로 그 이름을 갖게 되는데, 이때 분석가는 그 이름을 그대로 사용하기도 하고 혹은 현재 일어나는 일을 더 잘 담아낼 수 있는 적절한 이름으로 수정하기도 한다.

스트라우스는 이름의 선택이 분석가에 달려 있다고 말한다. 이는 근거이론 관점에서 보자면 그렇지 않다. 물론 분석가가 그 이름을 제시하는 것은 사실이다. 하지만 근거이론 분석가는 연구참여자들이 자신들의 주된 관심사가 어떻게 처리되는지에 대해 말한 방식 중 출현되는 것에 하나의 이름을 부여하는 것이다. 근거이론 분석가는 코딩하고, 비교하고, 분석함으로써만 연구참여자들이 그들의 관심사에 대해 이야기한 것 속에 들어 있는 바로 그 개념화를 읽어 낼 수 있다.

두 개 이상의 중요한 핵심변수 중 선택하기

문제를 처리하고 해결하는 데 있어 그 변이에 대해 똑같은 관련성과 설명력을 가진 두 개의 핵심범주가 출현한다면, 연구의 초점을 어디에 둘 것인지 반드시 결정해야 한다. 물론 이런 일은 거의 일어나지 않는다. 일반적으로 두 개의 핵심범주를 하나의 설명적 과정으로 온전히 발전시키기는 매우 어렵다. 이 문제에 대한 하나의 해결방법은 하나를 택하고 나머지 하나는 핵심범주의 하위범주로 연결하는 것이다. 이렇게 하면 두 핵심범주는 통합되며, 근거이론 분석가는 하위범주가 된 핵심범주를 다른 때에 다른 장이나 논문 등에서 핵심범주로 다룰 수 있다. 그리고 분석가가 자신의 자료를 계속 쫓아가다 보면, 이러한 경우가 매우 드문 경우라는 것, 대부분의 경우 하나의 핵심범주만이 해당 문제의 패턴에서 일어나는 대부분의 변이를 설명해 준다는 것을 알게 된다. 다른 핵심범주는 사회학적 관심사이기는 하지만 출현을 고려할 때 그 관련성을 강제하는 관심사다. 이러한 연구결과로 미루어 볼 때, 분석가는 이 차이를 구분할 수 있도록 자신의 자료를 계속해서 잘 분류할 필요가 있다.

만약 분석가가 하나의 핵심범주를 찾아낼 수 없다면, 그때는 그 자료가 근거이론 작업을 하는 데 적정한가에 관해 다른 사람들에게 자문을 구하여야 한다. 분석가는 또한 『이론적 민감성』 안에 있는 '기본적 사회적 과정'에 관한 장을 다시 읽을 필요가 있는데, 여기서는 핵심범주를 선택하는 기준을 보여 주면서 분석가가 이러한 행위를 훈련할 수 있도록 돕기 때문이다.

그러나 대부분의 경우 분석가는 핵심범주를 꽤 빠르게 발견하게 된다. 그러면 분석가는 선택코딩에서 핵심범주를 완전히 포화시켜야 하며, 그것이 핵심범주임을 확신하기 위해 철저하게 그 범주의 속성들과 다른 범주들과의 관계를 이론적으로 코딩하여야만 한다. 이때서야 비로소 분석가는 현혹되기 쉬운 그 한 범주를 즉각 낚아챔으로써 그것이 때 이른 선택이 아니었음을 확신하게 된다.

핵심범주의 속성과 차원을 결정하기

스트라우스 책의 이 부분과 그다음 몇몇 부분에는 '강제된 온전한 개념적 서술'과 '출현 및 지속적 비교 코딩과 분석을 통한 근거이론 발견이라는 정반대의 목표와 방법들'이 소개되고 있다. 이러한 차이는 열심히 작업하는 근거이론 연구자에게 지극히 혼란스러운 일이다. 이것에 대해 나는 안타깝게 생각하며 내가 이 책을 쓰는 이유도 바로 이것 때문이다.

　스트라우스 책에서 부족한 학자적 역량은 믿기 어려울 정도로 생소하다. 스트라우스는 근거이론에 대한 과거 저술에 대한 어떤 설명도 없이, 근거이론에서 이미 사용된 용어나 개념을 더 발전시키기 위해 어떤 이유로 변화시켰는지에 대한 어떤 회고도 없이, 마치 그 책이 최초의 것인 양 쓰고 있다. 여기에는 어떤 해명도 없고 어떤 학문적 가치도 없다. 그가 처음부터 근거이론을 얼마나 이해하고 있었는가를 의심하게 하는 대목이다. 분명히 그의 방향의 근거는 모든 서술에 있어야만 하는 변수들을 포괄하는 온전한 개념적 서술이다. 결과적으로 그의 책은 양적 관점을 사용해서 질적 묘사를 수행하려는, 구체적이고(분절적이기까지 하다) 낮은 수준의 검증적 작업이다. 이 관점은 스토리를 통합하기 위해 자료를 강제하는 선입적 패러다임을 활용한다. 반면에 근거이론은 핵심범주를 둘러싸고 범주들과 그 속성들을 하나의 통합된 이론으로 연계시키는 이론적 코드들에 의해서 출현하는 분류를 활용한다.

　스트라우스의 책은『근거이론의 발견』과『이론적 민감성』에 기원을 둔 근거이론에 관한 것이 아니다. 그의 책인『질적 연구의 기초』는 관련성 있는 하나의 핵심범주에 대해, 간결성과 범위를 가진 이론을 발견하고 생성해 가는 자유를 분석가에게 주기 위하여 우리가 근거이론가에게 부여한 개방되고, 창조적이며, 출현적이고, 모형화하지 않음으로써 갖는 힘을 빼앗아 간다. 그의 책은 선개념을 갖고, 강제하며, 검증적 방법이고, (참여자가 아닌) 사회학자의 문제를 모델로 하고, 기억하거나 따라가기 무척 어려운 규칙과 분절된 방법으로 가득해서 그 산물로 낮은 수준의 추상적 서술을 산출하게 되는 연구와 분석으로 되돌리고 있다. 그 결과 불행하게도 『이론적 민감성』에 나타나는 더 높은 추상적 수준과 비교할 때, 이 낮은 수준의 추상화는 그의 책을 같은 낮은 수준으로 끌어내린다. 분명히 스트라우스는 그간 다른 길을 걷고 있었음이 분명하다. 내가 말할 수 있는 점은 모든 연구는 어떤 방식으로건 자료에 근거를 두고 있다는 것이다. 그러나 '어떤 방식으로든'으로 근거이론이 되지는 않는다.

이제 스트라우스의 방법과 근거이론의 차이를 계속해서 살펴보도록 하자. 스트라우스는 이 단락을 다음과 같이 시작한다. "핵심범주는 다른 범주들과 마찬가지로 그 속성의 관점에서 발전되어야 한다. 만약 여러분이 스토리를 적절하게 이야기했다면, 핵심범주를 드러내는 것 외에도 그 핵심범주의 속성들을 표시해야만 한다." 스트라우스는 "일단 핵심범주의 속성들이 밝혀지고 나면 그 다음 단계는 다른 범주들을 핵심범주에 관련시켜서 그것들을 종속적인 범주로 만든다."라고 말한다.

첫 번째로, 이 양날의 제언은 다시 언급할 필요도 없다. 이것은 우리 모두가 하는 작업이다. 그러나 두 번째로, 더 중요한 점은 이 제언들이 근거이론에서 우리가 하는 작업과 대척점에 있다는 것이다. 핵심범주를 선택하는 방법은 '한 범주의 속성들'과 '이것과 다른 범주들과의 관계'를 몇 번이고 계속해서 발견하는 것을 통해 결정된다. 이것이 핵심범주가 출현하는 방식이다. 먼저 핵심범주를 선택하고 그러고 나서 그 속성과 다른 범주와의 관계를 강제하는 것은 분명히 미리 계획된 것이며 선입적 어젠다에 기초한 것으로, 스트라우스는 이것을 패러다임이라 부른다. 그리고 이 패러다임은 서술을 위한 스트라우스의 적정한 모델로, 여기서는 그의 6C 이론적 코드들을 사용한다.

두 개의 방법론에서 스트라우스가 말했듯이 "중심현상은 통합과정의 핵심에 있다."라는 점은 옳다. 스트라우스 방법론의 핵심은 패러다임에 의해 강제되는 것이고, 근거이론의 핵심은 출현과 분류하기를 통해 발견된다는 점에서 다르다. 스트라우스는 강제된 개념적 서술에 걸맞게 "분석에서 연구자의 핵심범주에 초점을 둔 것이 중심 현상이다."라고 말한다. 근거이론가는 정반대로 다음과 같이 말한다. "연구자의 핵심범주는 자료로부터 출현한 것이 연구자에게 강제한 바로 그것이다."

다시 스트라우스는 말한다. "범주들을 핵심범주에 연관짓는 것은 조건, 맥락, 전략, 결과로 이루어진 패러다임을 수단으로 해서 이루어진다. 따라서 문제는 어떤 범주가 패러다임에서 어떤 부분을 차지하는가를 밝혀내는 일이다. 이것은 본질적으로 패러다임의 관계 속으로 하위범주들을 정렬시킨다." 분명히 그의 패러다임은 관계를 강제한다. 근거이론가는 이론적 코드에 따라서 범주와 속성들을 분류하기 시작할 때 어떤 패러다임이 출현할지 알지 못하며, 미리 생각할 수 없었던 것들이 출현하는 것에 기뻐한다. 출현이란 유레카 과정이다. 나는 '분류하라. 그러면 질서를 이루리니.'라고 말한다. 여러분은 관련성, 작동성, 적합성으로 충만한 출현 결과에 흥분하게 될 것이다. 이것이 천편일률적으로 조건들과 결과들을 상술하는 스트라우스풍의 것보다 훨씬 재미있다.

다른 범주들에 대해 조건과 결과들을 밝혀내고 연계시키는 것이 필수적이라는 스트라우스의 견해는 아주 표준적인 개념적 서술에 불과하다. 근거이론은 이론을 통합하도록 하는 훨씬 복잡한 이론적 코드의 모자이크를 산출한다. 근거이론은 매우 신 나며 창의적인 연구다.

스토리로 돌아가기

스트라우스의 책에서 선택코딩을 다룬 장의 마지막 17쪽은 그가 설명해 온 모든 강제 전략을 사용하여 이루어진 대단한 노력의 결과다. 패러다임 모형을 강제함으로써 통합을 패러다임에 맞추려 하는 것, 서술의 방향을 취하도록 자료를 강제하는 질문을 계속 던지는 것, 자료와 범주들을 지속적으로 비교하지 않고 논리를 통해 비교하는 것, 서술, 타당화를 위한 증명 방법, 검증에서 꼭 '다루어져야 하는' 규칙에 대한 논리적 연역과 논리적 정교화(logical elaboration) 등등이 거기에 담겨 있다.

스트라우스의 목표는 스토리 윤곽에 적합하게 들어맞도록 하기 위해서 패러다임 관계로 범주들을 배열하고 재배열하는 데 있다. 그의 목표는 완전하고 철저한 선입적인 개념적 서술을 강제하는 데 있다. 스트라우스는 만성질환을 앓으면서 임신하게 된 여성들의 예를 들고 있다. "한 연구자의 연구 과정 전반을 통해 이루어진 모든 해석적 작업을 통합하는 것은 아마도 가장 어려운 과업일 것이다. 경험이 많은 연구자들도 이 지점에서는 비틀거리게 된다."

여기에 이르면 그의 분석을 통합하는 것이 너무나 어려워진다는 점은 그리 놀랍지 않다. 헐값에 넘기는 것처럼 근거이론에 관한 과거의 저술들을 버림으로써, 그리고 현재에 이르러 스트라우스에게 학문적 자질이 결여되었기 때문에, 그에게는 통합을 상대적으로 용이하게 해 주는 이론적 코딩과 이론적 분류하기(theoretical sorting)*라는 방법들이 남아 있지 않다. 요컨대, 그는 코드들과 메모를 사용해 하나의 핵심범주 주변으로 이론을 작동시키고 통합하여 관련성 있는 연결들만 출현하도록 해야 한다는 점, 그리고 나서야 관련성 있고 작동성 있는 측면들이 즉각 하나의 근거이론으로 쉽게 통합된다는 점의 두 가지 방법을 무시하고 있다.

스트라우스는 자료에 선개념을 강제함으로써 따라오는 지적 훈련은 물론 그것과 씨름하는 것을 좋아하는 것 같은데, 이것은 우리가 근거이론 방법에 대한 예전의 출판물에서 제외하려고 그토록 애썼던 것들이다. 스트라우스 책에서 이 점을 더 자세히 살펴보도록 하자. 스트라우스는 말한다. "분석가는 이러한 하나의 스토리를 지침으로 사용함으로써, 그 스토리에 들어맞고 분석적 틀을 제공한다고 여겨질 때까지 패러다임 모형으로 범주들을 배열하고 재배열한다." 분명히 스트라우스는 서술, 즉 하나의 스토리

---

* 역자 주) 이론적 분류하기는 연구과정에서 발생한 수많은 메모를 하나의 이론을 이루도록 분류하여 정서하는 작업이다. 여기서 분류하는 것은 자료가 아니라 연구자의 개념적 아이디어들이다(자세한 내용은 글레이저, 『Theoretical Sensitivity』 7장 참조).

를 얻기 위하여 패러다임 안에 강제로 집어넣을 것을 권하고 있다. 그리고 근거이론의 요구와 반대로, 범주들과 이 범주들 간의 연결은 스토리에 알맞도록 만들어진다. 근거이론에서는 스토리가 귀납적으로 출현하면서 분석적 설명과 통합을 이끈다.

다음과 같은 진술에서 스트라우스의 분투는 또다시 계속된다. "이렇게 범주들을 질서 짓는 작업은 엄청난 양의 사고 없이는 이루어지지 않는다." 생각해 내고, 논리적이고 개념적으로 연역하는 사회학적 작업은 확실히 어렵다. 자료에 어떤 것도 부과하지 않고, 출현하는 개념들을 통합하는 방식으로 자료를 읽어 내는 것이 훨씬 더 쉽다.

스트라우스는 다시 "만일 여러분이 하는 연구에서도 비슷하게 범주들을 연관 짓기가 어려울 때, 이때는 스토리를 다시 써 보고 다시 말해 보아야 한다."라고 말한다. 이 진술은 매우 서술을 염두에 둔 어투다. 스트라우스는 계속해서 "통합이 어렵게 느껴진다면, 그것은 여러분의 스토리의 논리가 무언가 잘못되었거나 부족하다는 것을 말해 준다."고 말한다. 그런데 이런 경우는 항상 강제할 때 일어난다. 왜냐하면 인간의 사고는 늘 생각해 내야 할 때 무언가를 놓쳐 버리기 때문이다. 반면 근거이론에서는 분석가가 이론적 코드를 가지고 분류하면 모든 것이 적합성을 가진다. 세계는 사회적으로 통합되어 있고 근거이론은 단순히 출현을 통해 이 통합을 포착하기 때문이다.

스트라우스는 "연구자는 이제 범주들 간의 관계에 대한 가설적 진술들을 써 나가고, 그 가설적 진술들을 타당화하기 위해 자료로 돌아가야 한다."라고 말하는데, 이러한 그의 검증적 방법은 또다시 근거이론과 정면으로 배치된다. 근거이론에서 연구자는 가설을 생각해 내지도 않고 그 후에 가설을 입증하지도 않는다. 그것은 검증적 방법론이다. 근거이론에서 분석가는 자료가 제시하는 관계들의 패턴을 귀납하며, 관계의 패턴은 그것들을 상호 연계시키는 이론적 코드들과 함께 출현한다. 분석가는 이렇게 통합된 가설들을 근거이론으로 써 내며, 가장 관련성 있는 가설들 중 몇 가지는 이후 검증적 연구에서 입증되리라는 점을 염두에 둔다. 그러나 현시점에서는, 겨우 몇 개의 제안에 불과하더라도, 출현이 보여 주는 분명한 통합만으로도 하나의 이론을 위한 충분한 근거가 된다.

스트라우스는 다음과 같이 말한다. "연구자는 축코딩 중에 확실한 패턴들을 알아채기 시작한다." 나도 그러기를 바라는데, 왜냐하면 이런 작업이 근거이론 분석가가 코드들과 자료를 지속적으로 비교하면서 적극적으로 찾고 있는 바로 그것이기 때문이다. 그는 계속해서 말한다. "이들 패턴과 집단을 자료 안에서 확인하는 것은 매우 중요한데, 그 여하에 따라 이론에 구체성을 부여해 주기 때문이다." 패턴들을 찾아내어 통합하는 것은 근거이론 연구의 과제다. 이 과제는 패러다임에 맞추어 개념적 서술을 할 때의 그런 부가적인 과제가 아니다.

그러나 범주와 속성들을 그가 애호하는 이론적 코드들로 다시 강제함으로써 그는 근거이론으로부터의 이탈을 계속한다. 그는 말한다. "그때 우리는 다음과 같이 말할 수 있어야 한다. 이러한 조건하에서 이것이 일어났으므로, 이런 조건하에서는 (조건들을 제시하면서) 이것이 일어난다." 그 연구가 어떤 유형의 방법론을 사용하든, 분석가는 항상 그의 연구결과가 나온 조건들하에서 말할 수 있다는 점은 기본적인 사회학적 진리다. 이것은 서술의 기본적 진리다. 그러나 근거이론에서 '조건들'은 '결과들'과 같이 6C라 부르는 계통 코드의 두 측면일 뿐이다. 이 둘은 발견되고 있는 실체이론의 통합과정에서 6C가 관련성과 작동성을 갖고 출현될 때에만 사용될 수 있다.

또다시 스트라우스는 말한다. "연결을 체계화하고 견고히 하기 위해 우리는 귀납적 사고와 연역적 사고의 결합을 활용하는데, 그 사고 안에서 우리는 질문을 던지고, 가설을 생성하고, 비교를 해나가는 행위를 지속한다." 나는 이미 앞에서 연역과 귀납의 문제를 다룬 바 있다. 스트라우스가 말하는 귀납적 사고란 검증적 연구에서처럼 강제하는 것을 의미한다. 그는 어떤 연구자든 자료로부터가 아닌, 자신의 사회학적 경험과 관심사로부터 질문을 던짐으로써 가설을 논리적으로 연역하게 된다고 강력히 주장한다. 여기서 그는 그 가설을 자료와 비교—입증—할 때, 그것을 귀납이라고 부르고 있다.

근거이론에서 분석가는 개념들이 그냥 출현하도록 내버려 두는데, 이 개념들의 이론적 코드들이 출현하면서 이것이 가설이 된다. 이것이 귀납이다. 그 후에는 이론적 표집을 사용해, 좀 더 많은 자료를 수집해 내용이 빈약한 영역에 대하여 더 많은 자료를 모아 개념적으로 정교화한다. 근거이론은 추후의 자료수집을 위해 이미 출현한 것들로부터 최소한의 연역만 하는, 자료로부터의 귀납이다.

패턴

이제서야 드디어 스트라우스는 패턴들을 발견하는 데에 이른다. 패턴을 발견하는 일은 근거이론가들이 연구초기부터 지속적 비교를 하면서 해 왔던 일이다. 그는 말한다. "연구자가 패턴들을 발견하는 방법에는 여러 가지가 있다. 그 조합은 분석 중에 간단히 출현할 수도 있다.""때로 당신은 예기치 않게 패턴상의 차이들과 마주칠지도 모른다.""이렇게 갑작스러운 통찰과 그에 따라오는 고양감이 근거이론가들이 '발견의 기쁨'이라고 부르는 것이다."

분명히 해 두자. 근거이론 전체는 출현하는 패턴들에 기초한다. 스트라우스의 서술의 방법론에서는 출현을 패턴을 얻기 위한 여러 방법 중 하나일 뿐이며, 의도적인 것이 아니라 우연한 것으로 여긴다. 또한 발견의 기쁨인 '고양감'이 예기된 것이 아니라 우연한 것이라 여긴다. 확실히 발견의 기쁨과 의도성을 체계적이고 유의적인 방법으로 보지 않고 우연한 것으로 취급하는 자세는 근거이론을 떠난 자세다. 근거이론은 발견의 기쁨에 수반되는 것과 맞먹는 출현적 패턴들에 초점을 둔 체계적이고 유의적인 방법이다.

스트라우스의 서술의 방법에서 왜 기쁨이 드문지 그 이유는 궁금하지 않다. 논리적으로 정교화되고, 선개념화되었으며, 강제하는 스트라우스의 방법은 연구자에게 매우 고통스럽고 관련성의 느낌과 핵심적인 '결말'을 발견하는 느낌을 주지 않는다. 논리적 규칙과 복잡한 여러 언명과 씨름하는 것은 재미없다. 근거이론은 이런 모든 부담을 우회하여 어떻게 문제가 계속 진행되느냐를 설명해 주는 핵심에 곧바로 다가가는데, 이것이야말로 즐거움의 연속이다.

스트라우스는 일단 출현을 제쳐 두고 패턴을 발견하는 자신의 다른 방법—모두 강제되고 선개념화된 것임—에 관심을 쏟는다. 스트라우스가 이에 대해 설명한 내용 중 일부를 살펴보자. "즉, 일단 중심현상의 속성들을 알게 되면, 여러분은 다양한 조합을 연역할 수 있다. 네 개의 칸을 가진 표가 이 조합에 잘 쓰일 수 있다." 이 표에 있는 네 개의 빈칸을 채워 가는 방식은 논리적으로 강제하는 전형적 방식이다. 그는 계속해서 말한다. "그것들은 발견된 패턴에 맞추어, 그 속성들의 차원의 범위에 따라 묶인다. 자료에 근거한 이러한 작업은 또다시 질문을 하고 비교를 함으로써 이루어진다." 이 말은 매우 추상적이고, 장황하며, 강제하는 것이고, 구상화한 것이다. 스트라우스는 앞서 이들 개념에 대해 논의하면서, 분석가가 그 개념들을 마치 정말로 실재하는 것으로 여기도록 하고 있다. 그가 말한 것들은 말할 나위 없이 지루하게 반복적이다. 아니면 질문하고 비교하면서 차원과 범위라는 강제적인 표준적 기법들을 사용하라는 것 이외에는 말하는 바를 알기가 매우 어렵다. 무엇에 대해 무엇을 질문하고 무엇을 비교해야 하나? 근거이론가는 지속적으로 자료와 자료를 비교하고, 자료와 출현하는 개념을 비교함으로써 자료를 코딩하고 분석하고 귀납하는 훨씬 간편한 작업을 하면 된다. 그것만으로도 시간이 걸리고 충분히 어렵다. 내가 계속해서 말하는 바는 바로 이 점이다. 나는 근거이론이 스트라우스의 규칙과 언명으로 만들어진 환상에 의해 길을 잃고 허물어지지 않기를 바랄 뿐이다.

스트라우스는 여기에 더한다. "자료는 이제 포괄적인 개념적 수준에서뿐 아니라, 각 주요 범주의 속성과 차원 수준에까지도 연결되었다." 이 진술은 사용하고 있는 각 범주를 균등하게 발전시키려는 균등적 공식을 전제로 하는데, 여기서 출현과 관련성은 또다시 무시된다. 그는 관련성에 대한 감각은 전혀 없이, 모든 것을 동등하고 체계적으로 고려해야 한다고 주장한다. 이 원칙은 서술을 구성하기 위한 또 다른 강제 기법이다.

이후 스트라우스는 다음과 같이 말할 용기를 낸다. "우리는 우리의 이론을 타당화함으로써 자료에 근거하는 작업을 완성한다." "따라서 분석가는 시각적으로건 서술적으로건 메모 형식으로 펼쳐진 이론의 다양한 양상들을 가지고 관계를 진술할 준비를 갖추며 자료를 통해 이 진술을 타당화할 준비를 갖춘다." 물론 이것은 스트라우스처럼 강제된 연역을 사용해 입증하려는 검증모델(verification model)을 사용할 때 당연하다. 생성모델(generating model)은 애초부터 자료로부터 이론이 나오도록 하는 것이므로, 그의 진술은 의미가 없고 근거이론 연구의 논점에서 벗어난다. 생성 모델은 스트라우스의 서술 방법에서 이미 오래전에 사라져 버렸다.

이 두 가지 서로 다른 방법론을 구별하는 좀 더 미묘한 지점은,

스트라우스가 선개념과 검증이라는 원칙과 언명을 통해 자료를 통제함으로써 자료에 대한 통제력과 장악력을 얻는다는 점이다. 근거이론에서는 가능한 한 인간적으로 자료가 분석가를 통제하도록 한다. 그는 자신이 가진 귀납의 기술을 통해 겸손하게 출현하는 것만으로 이론을 기술한다. 코딩하기와 분류하기를 통해 출현하는 실체이론의 통합도 스트라우스에게는 검증이다. 즉, 그 가설과 개념들이 충분히 적합하고 작동하며 관련성 있는지를 제시하는 방식의 검증이다. 근거이론은 증명되는 것이 아니다. 그것은 이론이다.

형식에 관한 다음의 스트라우스의 이야기에서처럼 그의 강제하기는 그 이후에도 끝나지 않는다. "범주들 각각의 관계를 보여 주는 진술이 있어야만 하는데, 그 관계가 맥락에 따르기 때문이다. 이들 관계는 진술을 검증하기 위해, 그리고 차원 수준에서 맥락 간에 차이가 있음을 지지하기 위해 자료와 비교될 수 있다."

스트라우스는 선택코딩 장의 끝 부분에서 그리고 선입적 강제와 씨름하고 난 뒤, 근거이론가에게는 아주 단순하지만 개념적 서술 분석가에게는 그리 단순하지 않은 두 가지 문제를 거론한다. 패턴에 들어맞지 않는 사례들을 어떻게 할 것인가? 또 범주 안에 있는 빈 곳을 어떻게 채울 것인가? 두 문제를 차례로 살펴보자.

적합성

적합성과 관련하여 스트라우스는 말한다. "연구자는 엄밀한 적합성보다는 가장 나은 기준을 사용하여 사례들을 가장 적절한 맥락에 배치하려고 한다." 그는 비적합성의 이유로 몇 가지를 제시한다. 과도기적 상태를 나타낸다든가, 과도기적 상태를 상쇄할 만큼 중재조건이 작동한다든가, 어디에 적합한지 보여 줄 만큼 충분히 사례의 요소들이 해체되지 않았다든가 하는 이유다. 이렇게 씨름은 계속된다. 그러나 그의 방법이 강제적 방법인 한, 가능한 한 모든 것을 생각해 내야 하는 부담은 분석가가 지게 된다.

반대로 근거이론에서는 모든 코딩과 분석과 지속적 비교가 출현하는 것이기 때문에 범주들과 그 속성들이 발견됨에 따라 모든 것이 어딘가에 적합하게 된다. 적합성이 자동적으로 얻어지는 것이다. 그렇지 않으면 개념은 출현하지 않기 때문이다. 근거이론은 부담과 시간이라는 면에서 매우 경제적인 방법이다.

빈 곳

스트라우스는 말한다. "이론적 틀이 철저한 검토를 거치고 조건과 과정들이 구축되고 설명되었다고 여겨지면, 분석가는 범주로 돌아가서 빠진 세부 내용을 채울 수 있다. 이 작업은 이론에 개념적 구체성을 더할 뿐만 아니라 개념적 밀도를 부여하기 위해 필수적이다." 스트라우스는 또다시 모든 개념들이 충분하고 동등하게 언급될 것을 요구하는 온전한 개념적 서술의 요구사항을 자세히 설명하고 있다─나는 그렇게 여겨진다.

이와 반대로 근거이론에서는 빈약한 범주에 대해 더 이상 이론적으로 표집할 가능성이나 노력이 없다면, 그때는 빈 곳 자체를 자료로 여겨 그에 맞추어 분석하고 이론을 구성한다. 빈 곳은 분석가의 실패가 아니며, 실체 장면의 사실이기 때문에 이렇게 처리되어야 한다. 우리 모두는 항상 의미와 인식의 커다란 빈 곳이 존재하는 세계에 살고 있다. 이것이 사람들이 자신들의 행위를 조립하는 방식이다.

맺음말

나는 '스트라우스의 방법'과 그가 『질적연구의 기초』를 쓰기 전에 『근거이론의 발견』 및 『이론적 민감성』을 통해 발전되고 저술되었던 '근거이론 방법' 간의 차이가 독자들에게 더욱더 명백해졌기를 바란다. 이 장이 독자 여러분에게는 더 피곤하고 지루한 장이었을지도 모르겠다. 그러나 나는 지난 몇 년간 연구 프로젝트에서 자료를 분석할 때 계속되고, 더 커지고, 틈이 더 벌어진 이 차이를 보여 주는 것이 필요하다고 생각했다.

제11장

과 정

　이제 이 책에서 언급해 온 사항들에 대해 일반적인 코멘트를 할 때다. 나는 지금까지 스트라우스와 내가 함께 개발한 근거이론으로부터 스트라우스가 밟은 느린 변화과정을 보여 주려고 노력하였다. 그는 온전한 개념적 서술을 위해 선개념에 대한 연역과 입증을 강제하는 검증적 방법의 개발과정을 밟아 나갔다.

　이런 과정은 스트라우스에게 여러 가지 결과를 가져왔다. 첫 번째로, 전문용어가 학문적 논의 없이도 바뀔 수 있었다. 그래서 심사숙고하지 않고서도 자신의 방법론을 기술하기 위한 용어들을 사용할 수 있었다. 출현을 신뢰하지 않는 것이 수용될 수 있었고 혹은 필수적인 것이 되었다. 이렇게 출현에 대한 신뢰의 부족은 스트라우스를 통제불능의 상태로 만들었고 출현에 요구되는 인내심을 버리게 하였다. 동시에 그것은 온전한 서술에 필요한 것으로 여겨지는, 자료를 강제하는 초강력 통제 패턴을 취하도록 하였다.

이 방법은 분석가로 하여금 현재 통용되는 사회학적 정체성을 유지하고, 출현을 불필요하며 결코 일어나지 않을 것으로 여기게 한다. 그의 방법은 우리가 그토록 극복하려고 노력해 온 것, 즉 이론에 대한 판에 박힌 논리적 연역에 요구되는 사회학의 모든 강제된 '의무들'을 이론화 과정에 밀어 넣는다.

스트라우스의 방법은 선생들이 학생들로 하여금 자료를 강제하고, 그 연구 결과를 다시 강제하는 방식으로 연구하도록 강제한다. 결과는 둘 다 생산적으로 보인다. 독자들은 연구 결과에 들어있는 범주와 패러다임 모두 그들에게 익숙하고, 공유되고, 편안하다고 느낀다.

또 하나 좀 더 근본적인 결과는 개념적 서술이라는 스트라우스의 방법(method)이 방법론(methodology)이 되지 못한다는 점이다. 즉, 특정 유형의 연구를 산출하기 위해 필요한 방법에 관한 이론도, 방법들의 통합에 요구되는 기본적 패턴도 없다. 스트라우스의 대부분의 방법은 관련성을 탐구하지 않고 자료를 강제하는, 판에 박은 듯하고 너무 일반적이며 혼란스럽다. 자료에 질문을 던지고 코드를 강제하기 위해, 어떤 방법을 사용해야 할지 어떻게 알수 있을까? 스트라우스 방법을 이용하는 분석가들은 이렇게 자료를 지나치게 통제하려는 엄청난 욕구로 인해 자료 속에 있는 진정한 보편성을 포착하지 못한다. 즉, 어떤 이론적 코드의 진실값은 무엇인지, 언제 그것을 귀납하고 사용하는지 알지 못한다. 좀 더 구체적인 예로는 과정이라는 이론적 코드를 들 수 있다. 이 경우 근거이론이 제공하는 탁월하고 설득력 있는 설명보다는 개념상의 지적 훈련으로 인한 아주 혼란스러운 결과를 가져온다.

　자료에 조직화나 통합을 강제하는 것은 본질을 포착하는 데 그리 도움이 되지 못한다. 본질은 항상 통합이 출현되도록 할 때 포착된다. 스트라우스의 방법으로는 그의 스토리 안에서 우리가 어느 지점에 있는지 결코 알 수 없다. 근거이론 방법으로 우리는 늘 우리가 왜 여기에 있고, 어디에 있는지를 알 수 있다. 만일 출현하지 않았다면, 그것은 작동하지 않는 것에 그 어떤 것도 개입하지 않았기 때문이다. 강제하고 입증하는 것은 발견이 아니며, 출현이 발견이다.

　이런 생각을 염두에 두고, 스트라우스가 말하는 과정의 개념으로 돌아가 보자. 그가 말한 과정에 대한 정의는 애매모호하고 불완전한 방식을 취하고 있다. 그는 자료 안에서의 정상적인 움직임을 시간 순서에 의한 국면들, 단계들, 경과 등등과 혼동하고 있다. 하나의 과정의 모습을 그리는 데 기본적으로 요구되는 것은 두 가지 요소다. 즉, 『이론적 민감성』에서 설명되고 있는 바와 같이, 적어도 두 개 이상의 단계로 이루어지면서 시간 경과에 따른 움직임이 있어야 한다.

　스트라우스는 말한다. "'과정'이란 하나의 현상을 관리하고 통제하고 혹은 대응하기 위한 작용/상호작용의 순차적 행위들 간의 연결을 말한다." 이 말은 그럴듯하게 들리지만, 곧 그가 선호하는 이론적 코드로 강제하고 과잉 일반화하는 개념들로 즉시 그렇지 않음을 알게 된다. 그는 말한다. "순차적 행위들의 연결은 다음에 대해 주목함으로써 얻을 수 있다. ① 시간의 흐름에 따라 작용/상호작용에 영향을 주는 조건들의 변화, ② 이 변화에 대한 작용/상호작용적 대응, ③ 대응에서 야기되는 결과, ④ 이 결과들이 다음 행위에 영향을 주는 조건들의 한 부분이 되는지를 설명하는 것이 그것이다." 이 정의는 모든 연구에서 보편적인 일반적 움직임을 기술한 것이지, 즐거움과 유익을 도모하는 예에서처럼 구체화된 과정이 아니다.

스트라우스가 "과정은 파악하기 어려운 용어로 쉽게 설명되지 않는 용어이다. 과정은 자료에서 언제나 눈에 잘 띄는 것은 아니다."라고 말한 것은 놀랍지 않다. 그리고 그는 말한다. "과정은 처음에 분석가들이 포착하기에 어려운 아이디어일지라도 매우 강력한 개념이다." 과정의 개념을 포착하고 발견하기 어려운 까닭은 과정을 개념적으로 명명될 수 있는 일련의 구체적 단계들(예를 들어, 정보 획득 과정: 『어수룩한 사람과 하도급자에 대한 연구』와 『이론적 민감성』의 제4장 참조)로 보는 근거이론의 본래의 정의에 머물지 않고, 움직임에 대한 일반적 개념으로 보았기 때문이다.

스트라우스는 계속해서 과정을 파악하는 어려움에 대해 이야기한다. "과정이란 그냥 자연스럽게 출현해야 하지 않나?" 이 질문에 대한 그의 대답은 이렇다. "그래야만 하지만, 분석가가 분석을 통해 과정을 밝혀내고 구축해야 할 필요를 예민하게 의식하고 있지 않으면 보통 빠뜨리거나 제한된 방식으로 드러난다." 내가 말할 수 있는 것은, 과정은 자연스럽게 출현하며 분석과 관련이 있을 때는 그 지배력이 알려진다는 점뿐이다. 그것은 관련성이 있을 때는 출현하고, 그렇지 않을 때는 출현하지 않는 또 다른 이론적 코드일 뿐이며, 그것을 찾으려고 파헤치는 것은 강제하는 것이다.

그러나 스트라우스는 주체하지 못하고 반복해서 이 관련성을 우리에게 강제한다. "분석에 과정을 끌어오는 것은 모든 근거이론 연구에서 중요한 부분이다……. 분석에 과정을 끌어오는 것은 근거이론 분석의 필수적인 부분이다……. 분석에서 과정이 구축되면서 나오는 근거이론은 역동적인 이론이 된다. 과정은 자료에 생명을 불어넣는 방식이다." 다시 말하건대, 이것은 스트라우스가 추정한 관련성이다. 그것은 선입적 강제하기다. 과정은 있는 그대로 출현해야 하며, 그렇지 않다면 과정이 중요하지 않고 필수적이지 않으며 참여자들을 움직이는 가장 중요한 요소가 아니라는 의미다. 과정이 출현하지 않은 경우에는 변천 등의 기본적 구조적 조건과 같은 주된 관심사를 해결하는, 그 다른 어떤 것이 핵심범주가 된다.

스트라우스는 굴하지 않고 강제하기를 계속한다. "분석가들은 행동의 변이를 설명하지 않고도, 혹은 이후의 추이가 왜 그 방향을 바꾸거나 멈추었는지를 설명하지 않고도, 그리고 어떤 결과를 초래했는지 설명하지 않고도, 현상 속에서 일어나는 단계들에 대해 이야기할 수도 있다." 우선 모든 자료 안에는 일반적인 흐름이 있어서 모든 것이 움직인다. 그러나 이 일반성은 분석 도구도 아니고 하나의 범주도 아니다. 이것은 이론 안에서 하나의 가설을 생성할 수 있도록 다른 것과 명확히 연결해 준다. 자료 안에서 일어나는 움직임은 그냥 일반적인 방향일 뿐인데, 대부분의 우리는 그것에 전념한다. 근거이론에서 과정은 하나의 범주다. 그것은 이론적 코드들을 사용해 하나의 이론으로 통합될 수 있게 다른 범주 및 속성들을 관련지어 개념화될 수 있는 하나의 범주다. 클라이언트와 관계를 쌓아 가는 것은 세 단계로 이루어지는 과정이고, 학생이 된다는 것은 세 단계를 거치는 과정이라고 말할 수 있는데, 이때 우리는 각 단계를 순서대로 밟아 간다. 과정은 핵심적인 기본적 사회적 과정(basic social process) 주변으로 모든 관련 범주와 속성들을 관련시킴으로써 드러난다. 그리고 정보획득 과정이 경쟁적 입찰을 촉진하는 예에서처럼 여타의 과정들은 핵심범주의 하위범주가 된다(『어수룩한 사람과 하도급자에 대한 연구』 참조). 가장 중요한 점은 근거이론가들은 출현하는 해당 이론과 관련성을 가지는 과정의 속성들에 대해서만 논의할 뿐 그 이상에 대해서는 논하지 않는다는 점이다. 스트라우스가 움직임의 속도, 방향, 서로 다른 해석과 결과에 대한 속성들이 포함되어야 한다고 말할 때 그것은 순전히 강제하기이며, 관련성과는 무관한 온전한 개념적 서술의 형식과 패러다임이 요구하는 것들이다. 근거이론 분석에서 이런 속성들을 요구하는 것은 과장된 선개념이며, 과정이 출현할 때 갖는 그 진정한 힘을 약화시키고 침해한다. 분석가가 인내심을 가지고 이 속성들이 출현하게 내버려 둔다면, 그는 '미리 생각지 않은' 그리고 '생각해 낼 수 없는' 속성들을 발견하게 될 것이다. 분석가는 진실이 허구보다 강하다는 점을 깨닫게 된다. 이 경우에 허구는 강제된 선개념들이다.

이어 『질적연구의 기초』에는 과정을 거의 놓칠 뻔한 분석에 대한 두 가지 예가 나온다. 분명히 해 둘 것이 있다. 분석가가 어떤 패러다임 모형으로 그의 자료를 강제하게 되면 그는 어떤 부분에서든 비판을 받을 수 있다. 그는 그가 남겨 둔 것에 대해 강제하는 무수히 많은 질문을 던져 분석에서 빠뜨린 부분을 지적받게 된다.

이러한 유형의 비판은 강제되고 개념적인 서술에 대해 가해진다. 근거이론에서는 빠뜨리는 것이 없다. 근거이론에는 종속변수의 변이를 이론이 얼마나 잘 설명해 주는가가 있을 뿐이다. 또한 이론이 자료로부터 발견되고 생성되고 출현했다는 말은 제시된 것이 관련성 있고, 그 이론이 그것을 어느 정도 설명한다는 의미다. 제시되지 않은 것은 관련성이 없는 것이다. 만일 분석가가 지속적 비교방법을 믿는다면, 그는 주된 관심사의 상당 부분의 변이를 설명해 주는 범주들과 속성들을 귀납적으로 도출하게 될 것이다.

과정, 그것은 수준의 문제다

스트라우스는 말한다. "분석에서 과정이라고 할 때, 우리는 작용/상호작용의 변화가 어떻게 결합되는지 심층적으로 검토해야 한다. 과정은 조건들이 변화함에 따라, 시간의 흐름에 따라 달라지기 때문이다. 과정은 독자들에게 시간의 추이에 따라 일어나는 사건들의 움직임을 주기에 충분한 수준에서 설명되어야만 한다." 여기서 우리는 또다시 스트라우스가 '움직임을 꼭 필요한 것'으로 봄을 알 수 있다. 그러나 그의 과정에 대한 개념은 너무 일반적이다. 근거이론가는 흐름, 시간, 추이, 변화는 여러 가지 방법으로 논의될 수 있으며, 과정을 이렇게 개념화하는 것은 이들 여러 방법 중 하나에 불과하다고 본다. 내가 다시 하고 싶은 말은 다음과 같다. "무엇이 출현하는지 보도록 하자. 그리고 연구에 선개념을 갖고 접근하지 말자."

그러나 스트라우스는 또다시 다음과 같이 말하면서 강제한다. "분석가는 자료 안에서 과정의 증거를 찾을 수 없을 때가 있다." 스트라우스는 자료를 강제하는 연역적 사고—입증할 가설들을 생각해 내는 검증적 접근—에 의지해야 한다고 말한다. 근거이론의 핵심은 발견과 출현에 있기 때문에 이런 설명은 전혀 필요하지 않다.

변 화

앞에서 말했듯이, 과정은 변화를 설명하는 방법들 중 하나에 불과하다. 그러나 스트라우스는 "과정은 변화를 설명하는 분석가의 방식이다."라고 말한다. 이것은 변화와 과정이라는 두 단어가 같은 것을 의미한다고 보는 한에서 그렇다. 이 견해에서는 과정은 변화와 동일한 것이며, 분석가는 먼저 출현하는 변화를 구체화해야 하며, 자료에 대한 분석에서 변화가 드러나면 그 변화의 원인이 무엇인지 보여 주어야 한다고 본다. 그러나 자료는 분석가를 변화의 결과나, 변화에 대한 사회심리적 방어 혹은 변화에 대한 반동형성으로 안내할 수도 있다. 내가 다시금 독자에게 말하고 싶은 것이 있다면 그것은 변화는 분석 중에 출현할 것이라는 점이다. 과정이 전혀 중요한 사태가 아닐 수도 있다. 그러나 만일 과정이 중요한 사태라면 그것은 출현해야 한다.

스트라우스에게 있어 변화는 그 어떤 것 속에 존재하는 차이를 의미한다. 그래서 그는 이 차이를 조건과 전략이라는 자신이 선호하는 이론적 코드들과 연결시킨다. 그는 변화가 시간, 속도, 움직임, 형태, 모양새, 특징이라는 속성 그리고 차원 수준에서의 범위를 갖는다고 말한다. 이런 속성들은 과정에도 있다. 따라서 스트라우스는 변화와 과정의 동일 여부와 관계없이 변화와 과정 분석을 같은 속성들로 강제하고 있다. 변화와 과정은 같은 것일까, 아니면 다른 것일까? 스트라우스의 생각을 누가 알겠는가? 근거이론에서 그 대답은 출현이다. 모형화와 논리적 정교화를 통한 스트라우스의 추론은 그의 책 148~157쪽에서 고삐가 풀린다. 그는 자신이 선호하는 C로 이루어진 패러다임으로 개념마다 강제한다. 여기서 우리가 알 수 있는 것은 더 이상의 논의가 무의미할 정도로 근거이론의 단순하고 직접적인 규칙들로부터 너무 멀리 와 버렸다는 점이다. 강제, 강제가 스트라우스의 방식이다. 그에게 근거이론 용어와는 전혀 다른, 새로운 용어와 새로운 방법이 필요하다는 사실은 놀랍지 않다. 그것은 새로운 방법이기 때문이다. 강제된 모델은 온전한 개념적 서술을 낳으며, 이것은 지속적 비교 코딩에 의한 출현을 통해 근거이론을 산출하는 발견 모델과는 대립된다.

여기에 이르러, 『질적연구의 기초』의 선입적 강제하기는 매우 정교화되고 C 계통을 지나치게 선호하게 된다. 내가 내 의사와 관계없이 이 점을 계속 지적할 수 밖에 없는 이유다. 내가 스트라우스를 처음 만난 1960년대에 모든 것은 시간과 속도라는 속성을 가졌던 데 비하여, 지금 모든 것은 조건과 결과를 갖고 있다. 강제하기가 일어나면, '선호하는 이론적 코드들' 이 넘쳐난다. 근거이론에서 우리는 코딩, 범주화, 이론적 코드에 의한 통합 모두에 계속 열려 있어야 한다. 근거이론에서 출현하는 모든 것은 관련성이 있고, 적합성이 있으며, 출현하기 전에는 전혀 알 수 없다.

과정을 기술하기

스트라우스는 과정을 다루는 두 가지 방법을 '① 국면들이나 단계들에 반영된 점진적인 움직임, ② 비점진적인 움직임—단계나 국면에서 필연적으로 일어나지는 않는 변화들' 로 설명하고 있다. 여기서 또다시 우리는 더 진전된 정교화와 과정, 변화, 일반적 움직임이라는 세 가지를 혼동하고 있는 스트라우스와 마주친다.

① 우리 모두는 사회학적 연구에서 자주 사용되는 점진적 움직임의 과정에 익숙하다. 앞서 언급했듯이, 근거이론이 과정을 취하는 방식은 과정으로 명확히 개념화될 수 있을 때와 다른 개념들과의 관계에서 하나의 이론으로 통합되어 사용될 때

다. 이처럼 과정은 분명한 분석적 힘을 갖는다. 그러나 스트라우스는 과정이 진행되어 가는 것을 보여 주기 위해서는 "패러다임 모형에 의해 전개되는 중심현상처럼 다루어져야 한다."라고 말한다. 패러다임 모형은 여러 조건들과 결과들로 구성된다. 그래서 또다시 순수한 출현일 수 있는 것들이 온전한 개념적 서술이라는 그의 방법이 요구하는 대로 강제된다. 스트라우스에게 강제하기는 도무지 수그러들 기미가 없다. 재론할 필요도 없지만 근거이론에서는 과정, 즉 하나의 단계적 과정이 어떻게 관련될지 미리 알지 못한다. 그러나 만약 독자 여러분이 스트라우스가 예로 드는 만성질환에서의 '귀환'을 검토해 보면, 비록 과정에 패러다임 모형을 강제하지만 출현이 어떻게 그 실재를 드러내는지에 놀라게 될 것이다. 근거이론에서 사용되는 출현은 아주 강력하게 일어나며, 기다릴 만한 가치가 있고, 뜻하지 않게 나타난다.

② 비점진적 움직임은 순차적 단계로 나뉠 수 없는 과정이다. 스트라우스를 인용하자면, "그것은 극히 가변적이며, 변하기 쉬운 조건들과 예기치 못한 뜻밖의 결과로 인한 움직임이다."다. 앞서 언급했듯이 이런 방식으로 과정을 보면 과정의 분명한 의미와 분석적 활용이 약화된다. 비점진적 움직임에 대한 스트라우스의 개념은 조건과 결과들이 변화함에 따라 범주들이 서로 영향을 미치는 모든 다변량 연구에서 발견되는 정상적인 움직임이다. 이런 과정은 유용한 분석적 개념이 아니다. 우리가 말하는 것은 바로 정상적 움직임과 변화이며

이것은 딱 떨어지는 순서를 갖지 않는다.

다음 장으로 넘어가서는 스트라우스가 제기한 연구에서 우선시
되고 기본이 되는 더 높은 수준의 강제하기에 대해 다룰 것이다.
그의 열정은 끝이 없다.

제12장

조건 매트릭스

좋아하는 이론적 코드에 대한 선호는 끝이 없다. 이 장에서 스트라우스는 C로 시작되는 여섯 개의 이론적 코드들로 개념적 서술을 강제한다. 이로 인해 개념적 서술은 압도적이라 할 만큼 더 번잡하고 정교하며 복잡해진다. 확실히 스트라우스의 방법은 이 지점에 이르러, 출현에 방점을 둔 비교적 간단한 근거이론으로부터 아주 많이 이탈한다. 스트라우스는 어떤 현상이나 핵심변수의 모든 조건들, 조건의 형태들, 결과들을 애써 보여 주려 함으로써 근거이론과는 더욱더 멀어진다. 그는 그가 생각하는 관련성인 온전한 개념적 서술을 택해 주된 관심사의 해결과정을 설명하느라 출현으로부터 나오는 관련성에 대한 모든 감각을 잃어버렸다.

이 장은 복잡하고 불필요한 반복이 되겠지만 함께 살펴보도록 하자. 나조차도 이 책을 시작하면서 가졌던 근거이론 정정의 수준을 잃어버렸다. 여기에서 다루는 많은 것이 전부 근거이론에 대한 부인과 무관하게 여겨질 만큼 근거이론과 이질적이기 때문이다. 그러나 몇 가지 점은 근거이론의 관점에서 정정할 만한 게 있다.

용어의 정의

『질적연구의 기초』의 조건 매트릭스(conditional matrix)에 관한 부분에서 6C 코드들은 더욱 복잡해진다. 조건 매트릭스는 핵심범주인 종속변수의 변이를 설명하기 위해 근거이론 접근을 하려고 출현하는 범주들을 따라가는 분석가에게 혼란을 준다. 여기서 핵심범주에 해당하는 종속변수는 다른 이론적 코드에서는 조건이나 결과가 될 수도 있다.

수없이 되풀이하지만, 근거이론에서 모든 범주들과 속성들은 발견되는 것이지 미리 정해져 강제되는 것이 아니다. 대조적으로 스트라우스가 말한 바를 살펴보자.

변환 체계

조건과 결과와의 관계 속에서 작용/상호작용을 검토하는 분석 체계다. 이것은 확실히 분석가에게 조건들과 결과들을 검토해야 한다는 것으로서 자료에 대해 강제하라는 말과 같다. 근거이론 관점에서 이것은 고려할 가치가 없다. 분석가는 그저 발견할 뿐이다. 변환 체계라는 범주는 자료에 근거한 실체이론을 생성하는 데 쓸모없는 말일 뿐이다.

조건 매트릭스

연구 중인 현상과 관련된 조건 및 결과의 광범위한 범위를 고찰하는 데 유용한 다이어그램 같은 보조적 분석도구다. 매트릭스는 분석가가 조건과 결과를 구분해 내고, 조건과 결과의 수준을 결부시키도록 돕는다.

조건 경로

조건과 결과를 하나의 현상에 직접 연결하기 위해, 작용/상호작용으로부터 일어나는 사건들을 조건과 결과 수준을 통해 추적하거나 거꾸로 사건을 통해 다양한 조건과 결과 수준을 추적하는 것이다.

앞의 두 가지 정의—조건 매트릭스와 조건 경로—는 단순히 변환체계라는 첫 번째 정의를 좀 더 복잡하게 반복한 것에 불과하다. 이것들은 불필요하다. 이것들이 사용되려면 자료에 강제해야 한다. 근거이론가는 그것이 일어날 때 그에 합당한 수준의 분석을 활용하면 될 뿐 그것을 선입적으로 다루지 않는다. 스트라우스는 어떻게 미리 알 수 있었을까? 그는 "이 틀은 우리가 전에 제시했던 모든 것을 요약하고 통합해 주며, 동시에 다양한 조건(원인적·맥락적·중재적 조건)이 연구자의 분석 속으로 탄탄하게 엮여질 수 있는 방법들을 제시해 준다. 이것은 작용/상호작용에 이들을 의도적이고 직접적으로 연결함으로써 달성된다."고 말한다. 스트라우스가 자료를 개념화하는 데 이 틀을 부과할 수 있다는 점을 미리 알 수 있었던 단 한 가지 이유는 스트라우스의 방법이 선입적이고 강제적이며 개념적 일반화를 하는 것이기 때문이다. 그의 책『질적연구의 기초』는 아무리 상상해 보아도 근거이론의 절차와 기법에 관한 것이 아니다.

근거이론의 공동 창시자로서, 나는 근거이론이 '탄탄하게 엮여야만 한다.'는 점을 알지 못했다. 내가 아는 근거이론은 실체적 연구에 기대며, 출현하는 것들에 기댄다. 그러나 스트라우스는 자부심을 가지고 "근거이론의 초석이자 근거이론을 덜 탄탄하고 덜 정교한 다른 질적방법들과 구별 짓는 것은 통합을 촉진해 주는 세부항목들, 절차들 그리고 조작적 논리다."라고 말하고 있다. 강제된 선입적 서술이라는 그의 방법에서 이것은 아마 사실일 것이다. 그의 대부분의 연구가 상당히 느슨한 서술이라 할지라도 말이다. 이것은 근거이론의 창시자들이 초기 저술에서 개발한 바로 그 근거이론에 대한 것이 아니다. 스트라우스는 이 점을 알아차릴 만한 학문적 역량을 보여 주지 못하고 있다. 그는 그저 현재 머리에 떠오르는 대로 쓰고 있을 뿐이며, 자신의 지명도가 정당성을 가져다 줄 것임을 믿고 있다.

교류 체계로서 근거이론

스트라우스는 "우리는 근거이론을 교류 체계로 여기기를 원한다."고 말한다. 이것은 내 생각으로도 옳지 않으며, 근거이론을 출현과 귀납으로 여기는 분석가들이 보기에도 옳지 않다. 스트라우스는 이 부분에서 무지에서 비롯된 잘못된 견해를 제시한다. 수도 없이 이야기하지만 잘못된 것 중의 하나는 "모든 현상과 그것과 관련된 작용/상호작용은 조건들의 조합 속에 녹아들어 있다."라는 말이다. 앞서 지적했듯이, 그것은 근거이론에서는 옳지 않다. 그것은 스트라우스의 선입적 서술 방법에서만 유효하다.

『질적연구의 기초』의 이 부분에서 교류체계의 여러 속성 목록이 제시된다. 그것들은 우리가 이미 알고 있는 똑같은 이론적 코드들—조건, 수준, 원인, 맥락, 중재적 작용/상호작용 결과, 시간적 속성, 조건 매트릭스—이다. 이 항목들은 조건에 대한 견해를 극도로 중복적으로 보여 준다. 어떤 영향도 이런 지향을 막지 못한다. 서술적 방법론에 대한 스트라우스의 관점에서 모든 범주는 조건화되어야만 한다.

스트라우스가 사용하는 조건 매트릭스의 이점은 조건적 관계를 연구에 강제하려는 연구에 세 가지 정당화를 해 준다. 스트라우스는 "모든 수준의 조건들은 어떤 연구와도 관련성을 갖는다."고 말한다. 이것은 아마도 선입적인 개념적 서술의 경우에는 그러할 것이다. 하지만 스트라우스는 어떻게 '모든 수준의, 어떤 연구에도' 근거이론이 일반성을 갖는다고 알 수 있었을까. 그것은 오직 출현에 달려 있을 뿐인데 말이다.

스트라우스의 이 문장은 근거이론에는 아주 낯설지만, 이후 용어에 대한 가장 정교한 장의 발판이 되었다. 그것은 모든 수준에서 조건과 결과를 발견하는 것이 아니라 개발하는 데 사용되었다. 조건에 대한 이 언명은 하나의 장으로 채워져 있는데 엄청나게 장황하다. 여기에 어떤 제재도 없다. 스트라우스의 서술적 방법론의 견지에서 보면 모든 범주는 조건이 되어야 한다.

같은 이유로, 나 또한 독자들에게 스트라우스가 자료를 개념화할 때 자료에 대해 모형을 적용하고 선입적으로 강제한다는 점을 거듭해서 말하고 있으니 엄청나게 말이 많은 듯하다. 나는 근거이론 발견에 익숙하지 않은 독자가 충분히 이해할 수 있게 근거이론에 대한 논의와 정정을 시도하였다. 나는 학생들과 초보 근거이론 사용자들을 스트라우스의 규칙들과 분절된 개념으로부터 보호하고 싶으며, 그들이 출현하는 것의 관련성을 이해하고 종속변수—주된 관심사 혹은 중심문제—에서의 변이를 설명하는 이론을 발견하기를 원한다. 나는 이 책을 읽고 있는 근거이론가들이 스트라우스가 끊임없이 "연구자는 이렇게 하기를 원한다."고 말하는 것을 잊기 바란다.

그러나 『질적연구의 기초』에 있는 조건 매트릭스에 대한 장에 대해 마지막으로 한 가지만 정정하고자 한다. 예전의 저작인 『이론적 민감성』과 『근거이론의 발견』에서 우리는 실체이론(substantive theory)을 탐구의 실체영역에 대한 이론으로 정의하였다. 통증 관리, 과학 경력, 환자 보호, 전문적 교육과 같은 것들이 실체영역이다. 근거이론은 실체영역의 주된 관심사에 들어맞고 실체영역 안에서 결과를 예측할 때 작동하는 이론이다. 근거이론은 그 영역에 있는 사람들과 밀접한 관련을 갖는다. 반면에, 형식이론(formal theory)은 계급 이동, 사회적 만족, 공식적인 조직, 낙인(stigma)과 같이 탐구의 개념적 영역에 대해 개발되고 발견된 이론이다. 이들은 단지 수준이라는 견지에서 차이가 있고, 개념적으로 질서지워진 일반성의 수준에서 차이가 있다 하더라도, 이 둘의 차이는 매우 명백하다.

실체와 형식에 대한 구별은 얼마나 많은 상황을 비교하였는가에 달려 있지 않다. 상황들은 실체이론을 위한 동일한 실체영역에 있기도 하고, 혹은 하나의 개념을 분석하기 위한 다양한 실체영역 안에 있기도 하다. 연구자는 다양한 실체영역 중에서도 그가 관여하는 실체영역들 예를 들어, 간호학, 의학, 약학과 같은 전문영역에 머무를 수도 있다. 이때 분석가가 산출하는 것은 일반적인 실체이론이지 형식이론이 아니다.

스트라우스는 말한다. "실체이론과 형식이론 간에 차이를 가져오는 것은 조건의 수준이 아니라, 연구된 상황의 다양성이다." 이 말은 분명히 틀렸는데, 둘 간의 차이는 실체 대 개념에 있기 때문이다. 그는 덧붙여 말한다. "실체이론은 하나의 특정한 상황적 맥락에 자리 잡은 현상에 대한 연구를 말한다. 반면에 형식이론은 검토된 어떤 현상을 서로 다른 여러 유형의 상황에서 연구함으로써 출현한다." 근거이론의 관점에서 볼 때 스트라우스의 이러한 정의는 틀렸다. 이것은 스트라우스가 이들을 좀 더 효과적으로 구분하는 데 필요한 능력, 즉 연구를 통해 과거의 아이디어를 적절히 변화시킬 수 있는 학문적 역량을 갖고 있지 못함을 보여 주는 좋은 예다. 아니, 그것들은 마치 어떠한 역사도 없이 아주 새로운 무엇인 것처럼 갑자기 나타났다.

제13장

이론적 표집

이 책의 출발은 근거이론에 관한 예전의 논의들을 기반으로 현행 근거이론이 제시하고 있는 바를 정정하려는 것이었다. 그러나 이 지점에 이르러서는 두 개의 다른 방법—선입적 모델에 의한 온전한 개념적 서술과, 귀납과 출현의 체계적 모델에 의한 근거이론—간에 존재하는 간극에 대한 것이 되어 버렸는데, 이 점이 독자 여러분에게 전달되었기를 바란다. 근거이론에서 분석가는 지속적 비교와 출현이라는 몇 가지 간단한 규칙들을 따라간다. 스트라우스의 온전한 개념적 서술에서 분석가는 따라가기 힘들고 생산성도 떨어지는 분절되고 강제하는 무수한 규칙들을 좇아가야만 한다.

이것이 이론적 표집에 어떻게 적용되는지 좀 더 자세히 살펴보도록 하자. 여러분은 스트라우스의 이론적 표집 방법과 예전의 근거이론 작업에서의 이론적 표집이 유사하게 출발한 것처럼 보겠지만, 곧 아주 다른 접근으로 바뀌어 버렸음을 알게 될 것이다. 근거이론 분석가는 조밀하지 않은 영역들을 마무리 짓고 자신의 실체이론을 확장하기 위한 출현이 이루어지도록 이론적 표집을 활용한다. 스트라우스를 따르는 분석가는 그가 '선호해야만 하는' 조건들과 결과—그외 무엇이랴?—코드들을 발견하기 위해 틀에 맞춰진 표집 설계를 사용한다.

정 의

근거이론

『근거이론의 발견』에 뒤이은 『이론적 민감성』 제3장에서 나는 이론적 표집을 다음과 같이 정의하였다. "출현하는 바대로 자신의 이론을 발전시키기 위하여, 분석가가 자신의 자료를 수집하고 코딩하고 분석하며, 다음에 어떤 자료를 수집할지 어디서 자료를 찾을 수 있을지를 결정하게 되는, 이론을 생성하기 위한 자료수집 과정이다. 자료수집의 과정은 출현하는 이론에 따라 이루어지는 이론적 표집에 의해 통제된다. 이론적 표집의 일반적인 절차는 자료가 쏟아져 들어오는 최초의 자료수집 시기부터 지속적 비교분석을 통해 원자료로부터 코드들을 끌어낸다. 그다음 연구자는 차후 자료수집의 방향을 결정해 줄 코드들을 사용하는데, 여기서 코드들은 속성들과 다른 범주들을 이론적으로 코딩하여 연결함으로써 더욱 이론적으로 발전된다. 이 작업은 각 범주가 포화될 때까지 이루어진다. 범주에 대한 이론적 표집은 범주가 포화되고, 정교화되고, 출현하는 이론으로 통합될 때 끝난다."

요컨대, 근거이론에서 이론적 표집은 자료수집의 방향을 이끌어 가는 과정이다. 근거이론은 귀납적 방법이다. 근거이론에서 연역은 출현하는 코드들로부터 다음에 어디로 갈 것인지를 개념적으로 안내하기 위하여 최소한으로 그리고 면밀히 사용된다. 이것은 개념적 정교화의 행위다. 개념적 정교화는 출현하는 이론이 가진 설명과 해석이 정교화될 수 있음을 보여 주기 위해, 출현하는 이론으로부터 체계적 연역을 하는 것이다. 집단들에 대한 선택은 연구 시작 전이 아니라 필요할 때 이루어진다. 이때 집단들이 비교될 수 없어 보여도 그것은 문제가 되지 않는다. 중요한 것은 그 비교가 집단들에서 드러나는 개념이나 범주, 속성에 근거해 이루어져야 한다는 점이다. 따라서 우유배달부와 의사는 고객과의 관계를 돈독히 한다는 점을 기반으로 하여 비교될 수 있다. 『이론적 민감성』의 제3장은 근거이론에서 자료수집의 끊임없는 안내자로서 이론적 표집의 과정을 길게 상술하고 있다.

온전한 개념적 서술

스트라우스가 책 앞 쪽에서 "이론적 표집은 전개되는 이론과 이론적 관련성이 있음을 보여 주는 개념들에 기반해 표집이 이루어진다."라고 말했는데, 이때까지는 어렴풋이 근거이론과 유사해 보인다. 그러나 그다음 스트라우스는 개방 표집(open sampling), 관계 표집(relational sampling)과 변량 표집(variational sampling), 판별 표집(discriminate sampling)에 대해 정의를 내리는데, 이로써 이론적 표집의 개념을 분절시키고 그 의미를 오염시킨다. 이런 표집들은 내가 보기에 어떻게 하더라도 일어나며 어떤 방법론적 도움도 주지 못한다. 그러나 스트라우스의 이러한 구별은 우리가 이미 누누이 보아 온 것, 즉 자료에 자신의 패러다임을 강제하게 될 뿐이다. 스트라우스는 "우리는 사건을 표집하며, 사람 그 자체를 표집하지 않는다. 우리의 관심사는 사람들이 작용/상호작용이라는 측면에서 하는 것과 하지 않는 것들, 행위를 일으키는 조건의 범위, 변이의 범위, 조건들이 시간의 흐름과 그 영향으로 인해 변화하는 방식, 실제 행동이나 실패한 행동 혹은 행동으로 옮겨지지 않은 전략의 결과들에 대한 자료를 수집하는 데 있다."라고 말한다. 이것은 이미 존재하는 틀에 근거해 이루어지는 모형 표집(modeled sampling)으로서 분석가는 이 기존의 틀로부터 다음 표집에 대한 가설들과 질문들을 연역한다.

스트라우스는 자료 안에서 자신의 패러다임을 찾고 있으며, 그의 방법에서 자료수집은 출현하는 것에 따라 이루어지지 않고, 그의 패러다임을 위해 논리적으로 연역된 가설들을 검증하는 것에 따라 이루어진다. 이것은 바로 틀에 박힌 검증 방법론으로 논리적으로 가설을 연역하고 가설을 입증한다. 이 방법은 이론이 생성됨에 따라 자료 안에서 출현하는 것들로 진행되는 근거이론과는 상당한 거리가 있다.

스트라우스의 표집에 대한 다른 접근 역시 인습적이다. 그는 주요 연구질문, 자료의 종류, 자료 발견지점, 초기 결정 등과 같은 전형적인 표집의 문제에 대해 이야기한다. 이것은 근거이론과는 완전히 다르다. 근거이론은 어떤 한 지점에서 출발하는데, 분석가는 연구질문이나 주된 관심사가 출현하기까지는 그것이 무엇인지 모르는 상태에서 어떠한 질문도 갖지 않은 채, 그저 듣고 대화하면서 그로부터 나아간다.

스트라우스의 표집은 전개되는 개념들의 관련성에 따라 이루어진다. 여기서 관련성은 출현하는 그 무엇에서가 아니라, 찾고 있는 것을 입증하는 데서 나온다. 스트라우스는 "입증은 근거이론의 매우 중요하고 통합적인 부분이다."라고 말한다. 따라서 그는 학생들에게 확인하고 입증하기 위한 표집을 하라고 일러 준다.

개방코딩, 선택코딩, 축코딩에서 이론적 표집을 할 때 스트라우스가 목표로 하는 것은 단순히 점차 초점의 범위를 정해 나가는 선입적인 작업이다. 표집에서 근거이론과 다소 유사한 유일한 초점은 관련성 있는 범주들을 찾는 개방코딩뿐이다. 스트라우스가 앞 장에서 정의하였던 대로, 분석가가 축코딩과 선택코딩에 진입할수록 표집은 강제적이 된다. 그리고 스트라우스를 따르는 분석가들이 선입적 조건들, 결과들, 전략들, 관계들 등을 찾으려 노력하는 동안에 강제하는 기법들은 급격히 늘어난다.

스트라우스가 추구하는 것은 관례적인 표집이지 이론적 표집이 아니다. 관례적인 표집에서 분석가는 자신의 가설을 검증하고 선입적 이론을 발견하기 위한 자료를 얻을 수 있다고 생각되는 곳으로 가기 위해 질문을 하고 추측하고 경험을 활용한다. 스트라우스에게 있어서 발견은 귀납과 출현을 의미하는 것이 아니라, 자료 안에서 자신의 이론을 발견하여 입증할 수 있다는 것을 의미한다. 물론 이것은 아이디어들이 출현하고, 출현하는 것들이 추후 자료수집을 안내해 감으로써 발견하고자 하는 근거이론과 전혀 다른 반대의 것이다. 입증은 근거이론과 관련된 부분이 아니다.

이론적 표집에 관한 스트라우스의 논의는 개념적으로 꽤 정교화되어 간다. 거기에는 너무나 많은 규칙과 제한, 언명과 모델이 있어서, 그것을 따르려면 연구자는 그 많은 것을 이해하고 난 다음 자료를 위해 다음에 어디로 가야 하는지, 어떤 이유로 가야 하는지의 실제적 문제를 해결하려고 노력하다가 길을 잃게 될 따름이다. 스트라우스의 개념적 묘사가 풍부해짐에 따라 강제하기와 언명은 점점 더 엄격해진다. 또다시 그는 말한다. "입증은 이론의 극히 중요하고 통합적인 부분이다. 그것은 과정의 각 단계의 일부가 된다." 그리고 "이 이론적 포화를 위해 노력하지 않으면 당신의 이론은 개념적으로 불충분한 이론이 될 것이다." 이런 협박은 그를 따르는 연구자들에게 잔인하면서 위협적임은 물론이려니와 의미도 없다. 무엇이 불충분한가? 근거이론에서 연구자는 연구의 한계와 자원의 한계 속에서 그저 종속변수 안의 가능한 한 많은 변이를 설명하는 이론을 생성한다. 또 무엇이 있나? 공허한 협박이?

근거이론에서 이론적 표집은 훨씬 간단하고 좀 더 직접적이다. 이론적 표집이 이론의 생성을 이끌어 가도록 함으로써 분석가는 자료와 자료수집 원천의 극한까지 가게 되고, 출현하는 것들은 분석가가 갈 수 있고 보여 줄 수 있는 것보다 훨씬 더 관련성을 갖는다. 분석가는 훨씬 적은 걱정을 하면서 훨씬 더 빠르고 더 의미 있게 관련성 있는 지점에 도달하게 된다. 이 이론적 표집을 개념적으로 정교화할 필요는 전혀 없다. 분석가는 그저 그것을 행한다. 스트라우스를 따르는 연구자들과는 달리 근거이론 분석가는 출현은 무시하면서 어떻게 찾을 것인지, 무엇을 찾을 것인지에 대한 공식대로 진행시키지 않는다.

실제로 스트라우스 이전의 세 권의 책에서 우리가 발전시켰던 근거이론의 전체 형식을 바꾸어 놓았다. 그러나 스트라우스에게 학문적 역량이 없기 때문에 이러한 변화에 대해 아무런 답변이 없다. 나는 스트라우스가 또 하나의 방법론을 발전시켰고, 그것은 관련성, 적합성, 작동성을 무시한 채 사회학자들의 모든 보편적 관심사를 건드리는 선입적이고 온전한 개념적 서술이라고 부른다는 말밖에 할 수 없다.

나는 스트라우스가 이론을 목표로 한다는 이유만으로, 보통의 관례적이고 입증적 표집을 '이론적 표집'으로 부른다는 점이 아주 흥미롭다. 이론은 목표일 뿐이며 표집 행위 자체는 아니다. 그의 표집은 평범한 학생들, 특히 개념화하지 않는 학생들이 따라 하기 쉬울 것이다. 그러나 근거이론의 본래 의도, 즉 출현할 때까지는 무엇을 연구해야 할지 아무런 아이디어 없이 현장에 들어가고자 하는 학생들에게는 극히 혼란스러울 것이다. 스트라우스를 따르는 연구자들은 연구참여자들에게 관련이 있든 없든 간에, 대답을 구해야 할 몇 가지의 질문들을 가지고 현장에 들어간다. 그리고 스트라우스는 연구자들에게 출현을 방해하는 의식을 갖도록 요구하기 때문에, 연구자들은 '조건들'을 찾고 규칙을 좇느라 너무나 바쁘다. 그래서 연구자들은 집단 비교를 포착할 시간이 없으며, 논리와 귀납의 미묘한 활용과 상호작용을 포착할 시간이 없다. 그들은 왜 그런지 알기도 전에 이미 바쁘다. 그들은 패러다임의 완전한 적용을 준거로 삼으며, 근거이론가들처럼 이론이 핵심 범주 안에 있는 변이를 설명하는가에 준거를 두지 않는다. 스트라우스를 따르는 연구자들은 근거이론가들이 그런 것처럼, 모집단의 일상생활에 대한 사회적 통합이 출현할 것을 신뢰하지 않으며, 그럴 만한 시간도 없다. 스트라우스를 따르는 연구자들은 패러다임을 위한 표집이라는 규칙을 따르려다 보니 너무 바쁘다.

중요한 질문에 대한 몇 가지 대답

스트라우스는 학생들과 연구자들이 자주 제기하는 몇 가지 질문에 대한 답을 함으로써 이 장을 마무리하고 있다. 그의 대답은 본래 자료에 근거해 개념화가 이루어지는 것처럼 시작하지만, 곧 온전한 개념적 서술을 위한 그의 검증적(발생적이 아닌) 관점으로 변형되고 정교화된다. 그가 말한 간략하지만 가장 중요한 대답 몇 가지에 대해 논의해 보자.

그의 대답 중 처음 두 가지는 본래 발전된 대로의 근거이론과 비교하여 문제가 없다. 특히 원자료는 다른 질적자료에서와 마찬

가지로 코딩되고 분석된다. 그리고 팀원은 각 구성원이 어떤 범주를 생성했는지 배우고, 서로의 메모를 읽고, 모든 것이 투입되도록 분석을 위한 세미나를 열어 함께 일하기를 배워야 한다.

그러나 '나의 이론은 다른 연구자들에 의해 검증될 수 있는가?'라는 세 번째 질문에 대해 스트라우스는 자신의 평상시 검증방식으로 대답한다. '물론 이론은 당신의 연구에서 이미 입증됐더라도 이후에도 입증될 수 있다.' 이와는 달리, 근거이론에서는 출현된 이론은 오직 자료에 대한 적합성과 통합성에 의해서만 타당해진다고 여긴다. 만일 이 이론에 들어 있는 어떤 가설이 연구 참여자들의 주된 관심사 해결에 큰 영향을 주는 것이라면, 그때에는 검증적 연구(실험이나 서베이)로 그 진실 여부를 검증할 수 있다. 예를 들어, 얼마나 많은 사람이 통증을 관리하기 위해 X라는 방법을 활용하고 있는가를 검증하는 것이다. 그러나 설득력(작동성, 관련성, 적합성, 수정가능성) 있는 근거이론은 그 가설들이 다른 상황에도 충분히 적용될 수 있다고 여기게 한다. 또한 이론을 기꺼이 수정하고자 하기 때문에 급속히 변화하는 상황을 입증하는 것은 너무 정태적이다. 조건들이 변화하면 검증된 가설들은 뒤에 남겨지듯이 근거이론은 이렇듯 계속될 수 있다. 검증 연구는 긴 시간이 소요되지만 근거이론은 즉각 활용될 수 있다.

'근거이론 연구에서의 표집은 관례적 형태의 표집과 어떻게 다른가?'는 네 번째 질문이다. 스트라우스의 표집은 내가 설명한 바와 같이 관례적 표집과 차이가 없다. 그러나 스트라우스는 이 질문에 대답하면서 『질적연구의 기초』첫 부분에서 그가 저질렀던

실수를 되풀이하고 있다. 양적연구를 질적연구와 비교하고, 양적연구를 대표 표집(representative sampling) 혹은 단위 표집(unit sampling)과만 결부시키고, 질적연구를 개념을 위한 표집과만 결부시킨다. 이 책의 초반부에서도 언급하였듯이, 이것은 잘못된 이분법이며 실제로 그렇지도 않다. 질적연구와 양적연구는 양자 모두 연구의 목표가 더 큰 인구집단에 일반화하는 것일 때 단위 지향적일 수 있으며, 따라서 대표 표집이 필요할 수도 있다. 혹은 양자 모두 어떤 문제의 해결과정에 대한 이론을 생성하려는 경우 과정 지향적일 수 있으며, 이때 표집은 과정과 문제의 범주들과 속성들에 대해서 이루어진다.

따라서 '한 연구에 양적연구와 질적연구를 결합할 수 있는가?' 라는 스트라우스의 다음 질문에 대한 나의 대답은 '그렇다.'다. 제2장에서 이야기했듯이, 양적연구와 질적연구는 근거이론 내에서 어떤 결합 형태로도 사용될 수 있다. 분석가는 어떤 형태의 자료에서도 개념들을 귀납하고 출현하도록 할 수 있다. 근거이론에 있어 질적자료가 좀 더 분석의 여지가 많다는 말은 부적절하다. 적당한 기기와 재정 자원이 있다면 양적자료도 풍부한 분석이 가능하다. 질적자료의 연구 결과와 비교하여 양적자료의 연구 결과가 얼마나 빈약한가와 관계없이, 언제나 분석의 여지는 있다.

그럼 방법에서의 차이로 돌아가 보자. 스트라우스는 자신의 질적연구에 검증방법을 결부시킨다. 그러나 검증방법은 가설을 입증하기 위한 양적연구에서 더 전형적이다. 이처럼 그는 상황을 더 혼란스럽게 한다. 그러나 스트라우스가 그의 책 전체를 통해 설득력 있게 보여 주듯이, 질적방법은 양적방법의 용어를 사용하면 검증적인 것이 될 수도 있다. 또한 근거이론에 대한 초기 저작과 근거이론을 활용한 책들에서는, 근거이론과 같은 생성적 방법은 쉽게 양적자료로도 사용될 수 있음을 보여 준다.

더 큰 모집단에 일반화하는 것은 단위 지향적인 것으로서, 이는 근거이론에 고유한 것은 아니다. 그러나 일반화를 하나의 현상에 적용되는 조건들을 구체화하는 것과 대비시키는 것은 잘못된 구별이다. 왜냐하면 양적방법과 질적방법, 검증방법과 근거이론 모두 확실히 일반화를 할 수 있기 때문이다. 진짜 차이는 '단위 사회학(unit sociology)처럼 대규모 집단에 일반화하는 것'과 '근거이론처럼 범위와 깊이를 가진 기본적 사회적 과정에 일반화하는 것'을 비교할 때 드러난다. 예를 들어, 만성질환으로 인해 생활 패턴을 재설계하는 것을 일상생활의 만성적 조건에 대해 생활 패턴을 재설계하는 것(예, 직업적 이동가능성)으로 더 일반화시킬 수 있다.

이들 차이가 논란이 된 것은 '패러다임'에 근거하여 온전히 선입적인 개념적 서술을 향한 스트라우스의 열망 때문이다. 이로써 근거이론의 분기는 또다시 명백해졌다.

'언제 이론적 표집은 완결되는가? 얼마나 오래 지속해야 하는가?'라는 질문에 대해 스트라우스는 거의 대답하지 않는다. 온전한 서술에서는 미리 전제된 관련성만이 유일한 기준이어서 설정된 한계가 없기 때문이다. 근거이론에서 표집의 완결은 계속적인 자료수집 동안 포화되고, 밀도를 갖추고, 분류하고, 통합하는 지속적 비교방법의 일부분이다. 따라서 표집은 연구가 끝날 때 끝나게 된다.

스트라우스가 "이론적 표집은 상대적으로 배우기 쉬우며, 그냥 일어나므로 미리 계획하지 않으며, 연구과정 동안에 진전된다."고 말한 것은 옳다. 그러나 여러분이 기억해야 할 것은 그의 대답, 질문과 진술은 언제나 근거이론이 목적인 것처럼 시작하지만, 순식간에 온전한 개념적 서술을 위한 것으로 흘러가 버린다는 점이다. 나는 앞에서 근거이론에서 일어나는 발견과 출현의 경우, 이 질문들에 대해 답하였는데, 그것은 이론적 표집은 쉽고 코딩과 분석에 대한 지속적 비교방법의 일부라는 점이다.

제14장

메 모

『이론적 민감성』에서 나는 메모를 범주와 그 속성들 그리고 이론적 코드들에 대해 코딩하는 동안, 그들이 출현하는 바대로 떠오르는 아이디어들을 이론화하면서 상술하는 것이라고 정의했다. 메모는 지속적으로 비교하고, 코딩하고, 분석할 때 분석가에게 갑자기 떠오르는 것들을 상술한 것이다. 스트라우스는 메모에 대해 '이론 형성과 관련된 분석에 대해 쓰인 기록'이라 말하고 있는데, 이것은 내가 내린 정의에 근접해 있고 매우 유사하다. 이 정의에 뒤이어 스트라우스는 『이론적 민감성』에 쓰여 있는 내용과 매우 비슷하며 대부분은 거기서 유래된 것으로 보이는, 일곱 가지의 일반적인 특징들과 열다섯 가지의 구체적 특징들을 제시한다. 이처럼 스트라우스 논의는 연구를 시작할 때는 근거이론과 일치된다. 이러한 일치된 면은 『질적연구의 기초』가 취한 보조와는 어긋난다. 스트라우스는 왜 이렇게 책의 뒷부분에 이르러서야 근거이론과 일치된 면을 보일까? 『이론적 민감성』에서 가져왔다는 이유 이외에 무슨 이유가 있을까? 이것은 학문적 역량을 보여 주기에는 이미 너무 늦은 것이고, 『질적연구의 기초』 속에 드러난 스트라우스의 추진력에서 벗어나 있다.

이런 형식적인 제스처 이후, 스트라우스는 그의 패턴에 맞게 메모의 장 후반부에서 메모하기의 개념을 여러 유형으로 쪼개기를 계속한다. 코드 기록, 이론적 기록, 조작적 기록, 도표, 통합 도표 등이 그 내용이다. 이와 같이 차원을 결여한 유형화는 근거이론에 들어 있는 단순성과 신뢰를 손상시킨다. 이처럼 메모들을 쪼개는 것은 근거이론 분석에 도움이 되지 않는다. 근거이론가는 출현하는 이론에 의해 형성되는 바대로 메모를 기록할 뿐이며, 메모들은 각 단계에서 분석가들이 바라보는 방식을 변화시킨다. 메모의 형태 또한 출현한다. 메모를 유형으로 나누는 것은 분석가가 근거이론을 생성하는 데 있어 아무런 도움이 되지 않는다.

스트라우스의 유형들은 우리가 이미 다른 장에서 살펴보았던 분기의 형태, 즉 근거이론으로부터 온전한 개념적 서술로 또다시 표류해 가는 양상을 보여 준다. 스트라우스의 유형들은 자료로부터의 이론화를 선입적 방식으로 하기 위해서 사용되는데, 분석가는 자신이 찾기로 했던 것을 찾고 그 내용을 메모로 쓴다. 예를 들어, 통증에 대한 메모는 차원을 갖는 장소, 구체적 통증, 강도의 수준, 신체 내 소재, 지속기간, 변이, 통증의 연속 상태, 이런 특정한 속성들을 불러일으키는 조건들을 담고 있어야 한다. 이 속성들은 온전한 서술에는 필수적인 반면, 근거이론에서는 단지 관련성을 갖는 것으로 여겨진다. 우리는 이론이 출현할 때까지는 출현하는 이론 속에서 그 속성들이 어떻게, 만약에, 왜 그런지를 전혀 알 수 없다. 그 속성들은 모두 동등한 것으로 취급해야 한다. 근거이론에서 관련성은 아주 많은 것에서 전혀 없는 것에 이르기까지 다양하므로 출현할 때까지는 이 속성들이 어떤 범위를 갖게 될지 알 방법이 없다. 그러므로 여러분은 스트라우스에게 있어서 메모는 이전 장에서 그가 논했던 것들을 기록하는 것에 불과하며, 요구되는 온전한 서술을 시각적으로 보여 줄 뿐임을 알 수 있다.

스트라우스는 개방코딩, 축코딩, 선택코딩에서 온전한 개념적 서술이라는 자신의 검증적 방법에 있는 선개념화, 강제하기, 입증하기를 시각적으로 보여 주는 많은 예를 제시한다. 어느 순간 스트라우스는 포함되어야 할 속성들을 목록으로 만들어 보여 주고 있는데, 근거이론에서 연구자가 목록을 만드는 일은 결코 없으므로 이것은 강제하는 서술에서 필요한 사항들을 보여 주는 또 다른 선명한 예가 된다. 범주와 속성들은 작동하면서 적합하고 관련성 있는 의미들을 가지고 있고, 따라서 범주와 속성들은 항상 이론적 코드들에 의해 모자이크 속에 통합된다. 근거이론은 결코 범주와 속성들의 의미와 연결에 대한 고려 없이 전 범위를 짐작으로 덧붙여 각각을 목록화하지 않는다. 125쪽에 스트라우스가 요약한 내용은 목록이며, 관련성을 기준으로 하여 나온 포괄적인 조망은 아니다. 그의 요약은 모형화되고 강제되어 있다.

분류를 위한 메모

『이론적 민감성』에서 나는 다음과 같이 말했다. "아이디어를 담은 메모들은 근거이론의 기본적 자원이다. 하지만 메모들을 이론적으로 분류하는 것은, 말이나 글로 다른 사람들에게 제시할 이론을 형식화하는 데 핵심이 된다. 분류하기(sorting)는 근거이론 과정에서 절대 건너뛸 수 없는 필수적인 단계다. 분류하기는 분절된 자료와 메모들을 다 같이 모으는 것에서 시작한다. 그것은 글쓰는 단계를 준비하기 위해 이론적 윤곽 안에 메모들을 추려 넣는 작업으로 이루어진다." 뒤이어 12쪽의 분량으로 분류하기의 미묘함과 복잡함을 다루고 있다. 거기서는 근거이론의 통합에 필수적인 분류과정과 분석적 규칙들이 길게 설명되고 있다. 또한 창의적 분류하기는 어떤 방법으로 하는가, 분석가가 어떻게 윤곽에 대한 아무런 아이디어 없이 출현을 통해 개념들이 스스로 윤곽을 만들어 가도록 시작하는지를 보여 준다. 분류하기는 이론생성에서 마지막 출현 단계다.

내가 이렇게 말하는 이유는 스트라우스가 왜 분류하기에 단 한 쪽의 분량을 할애하고 있는가에 대해 여러분이 그토록 궁금해할 필요가 없기 때문이다. 이유는 간단하다. 온전한 개념적 서술이라는 스트라우스의 방법 속에서 대부분의 범주와 그 속성은 없어서는 안 될 그의 패러다임이 지닌 선개념들에 따라 이미 분류되어 있기 때문이다. 패러다임의 형식은 스트라우스가 개념적 서술에서 요구되는 것이라고 여기는 것들로 이루어져 있다. 따라서 남아 있는 분류하기는 뿔뿔이 흩어져 있는 아이디어들을 패러다임 속에 집어넣는 것뿐이다. 메모를 분류하는 것은 근거이론에서와는 달리 스트라우스의 방법에서는 중심이 되는 행위가 아니다.

스트라우스가 자신의 방법을 상세히 설명하는 데 처음부터 잃어버린 것은, 분류하기가 진정한 출현적 창의성으로 가는 믿을 수 없을 만큼 강력한 접근이라는 점과 근거이론가는 하나의 이론이 출현하면서 관련성을 갖고 통합되는 것을 발견할 때 기쁨을 경험한다는 점이다. 스트라우스는 또한 근거이론에서 요구하는 바대로, 이론적 분석에서 취해야 할 참여자 관점이라는 자연적 접근도 잃어버렸다. 아니면 애초부터 갖고 있지 않았다. 그의 질문들에 대한 대답은 아마도 참여자들의 관점 안에 있을 텐데, 그의 질문은 참여자들의 관점에 따르지 않는다. 그를 따르는 분석가들은 온전한 개념적 서술을 성취하기 위해 자료에 강제된 빈칸들을 채워 나가고 있는 것이지, 근거이론에서처럼 개념화로 가득 차 있는 (출현하고 분류된) 축적물을 갖지 못한다.

제15장

글쓰기

바라건대, 내가 『이론적 민감성』에서 말한 다음의 내용이 글쓰기에 대해 갖는 마법과 신비감에서 벗어나게 해 주길 바란다. "근거이론 방법론의 마지막 단계인 글쓰기는 이론적 분류하기에서 나온 많은 아이디어들을 '표현'하는 행위다. 글쓰기 기법은 이전 단계의 기법들만큼 중요하지는 않겠지만, 그래도 중요한 것이 사실이다. 분류된 내용(분류된 메모들)을 표현한다는 것은 당시 진행되고 있는 그 무엇을 꽉 붙잡는 하나의 핵심변수에 대한 이론이라는 점이 중요하다. 초안은 보통 분석가에게 기쁨이 되지만 매우 거친 작업이다. 초안에 있는 모든 결함은 초안에 대한 재작업을 통해서만 수정될 수 있다. 우리가 말했듯이, 초안의 목표는 이론의 개념화와 통합을 포착하는 데 있다. 메모와 마찬가지로 완벽한 문장을 초안에 요구하여 짐스럽게 느끼거나 방해받지 않도록 해야 한다. 분석가가 훌륭한 글쓰는 사람이 되기까지, 그가 가진 창의성의 절반 혹은 그 이상은 초안에 대해 재작업하는 중에 일어난다."(『이론적 민감성』제8장 이론적 글쓰기)

이 말에서 내가 노리는 바는, 분석가로 하여금 스트라우스가 글쓰기 장의 서두에서 제시하는 질문들을 뚫고 벗어나도록 하는 것이다. 그가 제시하는 질문들은 '출판을 위해 언제 연구결과에 대해 쓰기 시작해야 할까? 연구에 대해 글을 쓸 준비가 된 시점을 어떻게 알 수 있나? 무엇에 대해 써야 하나? 실제 글쓰기나 글쓰기를 위한 윤곽을 어떻게 시작해야 할까?' 다. 이 질문들에 대한 근거이론의 대답은 물론 『이론적 민감성』에 제시되어 있는데, 그냥 메모를 분류하는 가운데서 출현한다는 것이다. 메모를 전부 분류하고 나면, 언제 써야 할지, 무엇에 대해 써야 할지, 통합된 그림을 어떻게 재현해야 할지가 분명해진다.

글쓰기와 결과물을 얻는 데 대해 이렇게 간단한 해결책이 있는데, 스트라우스는 『질적연구의 기초』에서 무엇을, 언제, 어떻게 써야 할 것인가에 대해 무려 23쪽에 이르는 분량으로 설명하는 엄청난 '고생'을 하고 있다. 물론 이 질문들은 온전한 개념적 서술에서는 매우 문제가 된다. 왜냐하면 온전한 개념적 서술은 관련성이 적어 쓸 필요가 없는 것들까지 덧붙이는 동시에 초점을 희석시키면서 글의 구조까지도 제안하기 때문이다. 스트라우스가 제시하는 글쓰기 방식을 읽는 독자들은 아마도 ① 이 부분을 자신이 왜 읽고 있는지, ② 통합과 초점이 강제됨으로써 무언가를 설명하는 관련성과 이론의 동력은 둔탁해지거나 전부 사라졌으니 그다음에는 어디로 가야 하는지 절대 알 수가 없다. 스트라우스의 방법대로 글을 쓰는 사람은 패러다임을 포괄하는 무한한 개념적 서술을 하느라 바쁘지만 어디로 가야 할지는 전혀 알 수 없다.

그런 이유로 스트라우스는 다음과 같이 말한다. "근거이론 연구에서 코딩을 통해 생성된 상당량의 범주들을 전제로 할 때, 무엇에 대해 말해야 할지를 도대체 어떻게 결정할까? 또한 더 광범위한 이론적 구조 자체는 물론이려니와 연관된 조건, 전략, 결과들에 대해서는 어떠한가?" 이 진술은 근거이론 연구에 대한 언급이 아니라 온전한 개념적 서술에 대한 언급이라는 것이 나의 대답이다. 근거이론에서는 메모를 분류하면서 이 문제들은 이미 해결돼 버린다. 선택코딩에서 이미 관련성 있고 작동하며 적합한 것들로 범주와 속성들을 제한하였다. 그러므로 이 범주와 속성들은 이론에 필요한 것들이며, 핵심변수로 설명되는 주된 관심사에 관한 이론으로 이미 통합되어 있는 것들이다.

스트라우스는 또 말한다. "일반적으로 전반적인 이론적 틀을 제시하지 않는 것이 훨씬 낫다. 대부분의 독자들이 소화하기에 그것은 너무 과하기 때문이다. 하나나 두 개의 범주에 대한 논의에 초점을 둘 때 설명은 훨씬 효과적이고, 파악하기 쉬우며, 기억하기 쉽다." 말할 필요도 없이, 개념적 서술을 위한 스트라우스의 방법론은 실재의 구조화된 관련성 없이 너무 많은 것을 담고 있다는 문제가 있다. 그래서 예전에 쓰인 근거이론 책들에서 오래전에 해결된 것임에도 불구하고, 그의 폭정은 무자비하게 계속된다. 이미 분류하기를 통해 핵심범주를 중심으로 한 하나의 이론이라는 한계가 정해졌으므로, 근거이론 분석가는 그냥 순조롭게 글쓰기를 해 나가면 된다. 개념적 서술에 대해 글을 쓰는 사람은 강제로 제한된 자세, 즉 써야 할 것은 너무 많고 패러다임이라는 틀에 맞추어 글쓰기를 밀어 넣어야만 하는 상태가 된다.

예를 들어, 스트라우스는 "다행히도 당신은 꼭 필요한 분석적 절차를 이미 익혔다. 그 절차들은 당신이 글쓰기의 첫 번째 국면에 진입하도록 도와줄 것이다. 글쓰기에는 다음과 같은 것들이 필요하다. ① 선명한 분석적 스토리, ② 개념적 수준에서의 글쓰기, ③ 범주들 간 관계에 대한 분명한 구체화, ④ 변이를 구체화하고, 더 광범위한 내용을 포함하는 그와 관련된 조건, 결과 등이다."라고 말한다.

첫 번째부터 세 번째까지는 언급할 필요가 없는데, 이들은 개념적 서술에서뿐 아니라 근거이론에서도 필요한 것이기 때문이다. 네 번째 사항은 분명히 근거이론은 아니며, 우리가 끝도 없이 언급했던 바대로 자료를 개념적으로 선입적 패러다임 속으로 강제로 밀어 넣는 스트라우스의 방식을 보여 준다. 스트라우스의 입장에서 글쓰기는 그 결과물이 나오기까지 온전한 서술 방법론을 계속하는 것이다. 좋다. 그렇지만 근거이론 방법론은 이미 오래 전부터 스트라우스의 방법론과 갈라졌다. 그를 따르는 분석가들이 분류된 메모에 대해 글을 쓰는 단계가 아니라 글로 채워 넣는 단계(미리 이론적으로 코드화된 네모 칸 안에 적절하게 채워 넣는 작업)부터다.

절차: 글쓰기의 윤곽

근거이론과 서술적 개념화 간에 있는 또 다른 분명한 차이점은 글쓰기 초기 글의 윤곽에 대한 접근에서 비롯된다. 근거이론에서 글쓰기의 윤곽은 메모들을 분류함으로써 간단히 출현한다. 다시 말하자면, 메모들이 스스로를 분류하면서 글쓰기의 윤곽이 출현하고 분석가는 그저 그 윤곽을 따라가기만 하면 된다.

스트라우스의 개념적 서술 방법에는 '생각해 내기'라는 강제된 노고가 있고, 윤곽에 영향을 주는 패러다임이 있다. 먼저 스트라우스는 "적어도 전체적인 논리적 윤곽을 스케치하라."라고 말한다. 다음에 그는 전부 논리적으로 연결되도록 장과 장 안의 절의 목록을 잠정적으로 만들어서 '분석적 논리'를 형성하고 '윤곽'을 구성하라고 말한다. 그다음에 스트라우스는 윤곽 안으로 관련된 메모들을 분류하여 넣으라고 말하는데, 이것이 바로 『이론적 민감성』에서 설명된 이론적 분류하기와 정반대되는 내용이다. 여기서 스트라우스는 미리 계획되고 이론적으로 코딩된 빈칸을 채워 넣으라고 분석가들에게 말하고 있다. 스트라우스는 이 윤곽에 관한 마지막 부분에서 "중심이 되는 윤곽은…… 스토리의 모든 중요한 구성요소들을 충분히 병합할 것이다."라고 말하고 있다. 두말할 것도 없이, 근거이론에서는 과정의 일부인 이 병합이 분류하기만으로 이루어진다. 그러나 스트라우스의 방법에서 모든 것들은 어딘가에 강제되어야 하고, 패러다임이 사용되기 때문에 적합성도 강제되어야 한다는 점을 상기시켜 주는 것에 불과하다.

스트라우스의 책에 있는 글쓰기 장의 나머지 부분은 매우 명민하고 통찰력 있다. 어쨌든 스트라우스는 경험이 많고 원숙한 저자이므로 사회학적 글쓰기에 대해 학생들에게 존중받을 만하게 할 말이 많을 것이다. 그는 글 쓰는 주제, 전공 논문, 연구 논문, 팀출판, 발표 논문 그리고 자존감에 대해 좋은 조언들을 많이 하고 있다. 그러나 스트라우스는 글쓰기를 위해 메모를 분류하는 것이 갖는 진정한 본질에서 떠나 있기 때문에, 여전히 글쓰기의 문제인 분류하기를 통한 해법에 맞서고 있다.

스트라우스는 가장 먼저 '무엇을 쓸 것인가.' 에 대해 논하고 있다. "글쓰기의 공급원은 전체 연구 과정을 통해 생성된 꽤 복잡한 분석내용이다. 그때 제기되는 커다란 질문은 이것이다. 이 모든 분석 내용 중에 당신은 무엇에 대해 쓸 것인가? ……학위 논문을 쓰든 연구 논문을 쓰든 간에, 이 많은 세부사항 중에서 어떤 특정한 '개념적 세부사항(conceptual detail)'을 어떻게 선택할 것인가?" 근거이론 입장에서 이 질문에 답해 보면, 글쓰기를 위한 분석은 핵심범주를 가진 실체이론에 대해 분류하기를 함으로써 이루어진다는 것이다. 스트라우스는 이러한 지침을 갖고 있지 않기 때문에, 스트라우스를 따르는 분석가들은 관련성을 결정하기 위한 해결책을 갖고 있지 못하다. 이어 스트라우스는 이 문제를 지적한다. "한 가지 문제는 '이 복잡한 연구과정에서 산출된 다양한 분석들을 어떻게 글의 형태로 제시하느냐는 것'과 '이 모든 것들을 글이라는 표현 형태로 어떻게 통합하느냐 하는 것'이다." 거듭 말하지만, 내 대답은 글로 쓰여야 할 자료들을 통합해 주는 것은 출현으로 이끄는 분류하기다. 스트라우스는 근거이론에 대한 학자적 역량이 부족하기 때문에 다양한 분석들을 어떻게 통합된 형태로 제시할 수 있는지의 문제를 해결한 능력이 부족하다. 그는 여기서 『이론적 민감성』에 의지하지 않는다.

더욱이 분류하기는 분석력과 작문력에 대한 자신감의 문제에 크게 도움을 준다. 분류하기가 메모들을 최종적으로 분석하는 것이고, 작문은 써내는 것이기 때문이다. 또한 분류하기는 스트라우스가 언급한 문제들, 즉 "나는 진짜로 마지막 세부사항까지 다 거두어들인 것일까? 제대로 가지고 있나? 이러한 의심들은 더 추가해야 할 세부사항이 있다는 것을 필연적으로 발견하게 됨으로써 고무된다……."와 같은 것에 '신경 쓰지 않게' 도와준다. 이 단계에서 근거이론의 분류하기는 모든 세부사항들에 적합하게 들어맞는다. 즉, 이것은 분류하기를 통해 출현하는 통합이 모든 세부사항을 흡수하듯이 아주 쉽게 일어난다. 진정한 종결의 느낌, 원고가 진정으로 포화에 이르렀다는 느낌이 오는 것은 분류하기 과정에서다. 떠나보내는 것은 강제되는 것이 아니다. 그것은 포화와 함께 온다. 심리적으로 포화되었다는 느낌은 분류하기를 통해 실체이론에 도달함에 필요한 범주들, 속성들, 통합에 대한 포화와 동시에 온다.

스트라우스의 책에 있는 글쓰기에 대한 부분은, 수많은 훌륭한 연구 논문을 써 온 세월을 통해 얻어진 지혜를 반향하고 있다. 그러나 근거이론과 개념적 서술의 분기와 마찬가지로, 스트라우스의 강제하는 기법들은 『이론적 민감성』에서 설명된 것처럼 위에 인용된 많은 문제들을 해결하기 위해 분류하기를 사용하는 것을 미리 배제하고 있다. 개념적 서술에서 이론적 분류하기를 위한 자리는 없으며, 근거이론에서는 출현의 마지막 단계로서 이론적 분류하기가 그 근본이 된다.

제16장
근거이론을 평가하는 기준

이 부분은 스트라우스 책의 마지막 장이다. 여기서도 그는 학문적 관점에서 왜 그러한 변화가 있게 되었는지를 예전의 근거이론 책에 근거하여 보여 주지 못한다. 근거이론을 평가하기 위해서 『근거이론의 발견』과 『이론적 민감성』에서 제시하고 있는 기준들—간결성, 설명력의 범위의 달성과 더불어 적합성, 작동성, 관련성, 수정 가능성—은 완전히 무시되고 있다.

스트라우스의 『질적연구의 기초』 마지막 장을 읽은 독자는 근거이론에 적용하기 부적절한 양적연구 판단기준을 가지고 씨름하게 된다. 나는 스트라우스와 내가 이 검증적 기준들을 떠났다고 여기고 있었다. 내 추측으로 스트라우스는 그 기준들이 온전한 개념적 서술을 평가하는 기준으로 이항될 수 있다고 판단한 듯하다.

재생 가능성

그가 씨름하고 있는 양적기준 중 하나는 재생 가능성(repro-ducibility)과 반복가능성(replication)이다. 그러나 그는 이 개념을 근거이론을 위해 다시 정의하는데, 그의 정의는 부적절하다. 아무도 관심이 없다. 이론은 시간과 공간 속에서 너무도 유동적이며 변하기 쉽다. 실체적 근거이론은 하나의 문제를 해결하기 위한 과정을 계속 일반화하는데, 그것은 근거이론이 그 적합성과 작동성, 관련성을 지속시킬 수 있을 만큼 수정 가능하기 때문이다. 스트라우스는 분명히 전혀 다른 방법인 온전한 개념적 서술에 몸담고 있으며, 온전한 개념적 서술은 실제로 반복 가능성을 필요로 한다. 스트라우스가 "또 다른 연구자가 주어진 현상에 대해 동일한 이론적 설명에 도달할 수 있어야만 한다."고 말한다 해도, 그 어떤 근거이론가도 이러한 시도를 하기 위해 시간을 낭비하지 않는다. 만약에 동일한 실체영역에서 출현하는 주된 관심사에 관해 출현 이론을 내놓은 경우라면 근거이론가가 시도는 해 볼 수 있다. 그러나 만일 기존의 근거이론이 검증될 필요가 있는 경우라면, 핵심 범주 주변으로 통합되는 몇몇 핵심가설을 입증하려는 열성적인 검증방법 연구자가 수행하면 된다. 그러나 나는 이 지점에서 온전한 개념적 서술이 어떻게 평가되어야 할 것인가는 스트라우스가 말하는 것에 달려 있다고 생각하게 되었다.

일반화 가능성

앞에서 이야기한 판단기준에 적용되는 또 하나의 예는 일반화 가능성(generalizability)이다. 검증연구의 일반적 접근은 모집단에 일반화하려는 것이다. 물론 이것은 『이론적 민감성』에서 길게 다뤄진 단위 분석(unit analysis)에 해당된다(109~113쪽). 스트라우스는 "근거이론의 목적은 한 현상에 부수된 작용/상호작용의 구체적인 집합을 야기하는 조건들과 이에 따르는 결과들을 구체화하는 데 있다. 그것은 이 특정한 상황에서만 일반화할 수 있다."고 하였다.

스트라우스가 말하는 일반화 가능성의 개념은 근거이론에 적용되지 않는다. 근거이론은 과정 분석에 초점을 두는 것이지 단위 분석에 초점을 두는 것이 아니기 때문이다. 스트라우스의 두 번째 개념도 적용되지 않는다. 그것은 우리가 길게 논의했던, 6C로 이루어진 그가 선호하는 패러다임을 분석가가 사용했는지를 점검하는 것이다. 근거이론에 적용되는 기준은 적합하고, 작동하며, 관련성을 갖는 능력이 있는가이며, 제한된 범위에 적용되는 간결한 실체이론이 보다 넓은 범위로 일반화될 수 있는 가능성이다. 그것은 쉽게 수정될 수 있는가? 예를 들어, 우유배달부가 고객과 친분을 쌓는 것이 일반적 의미에서의 이익이나 혹은 즐거움과 이익을 위한 모든 관계로까지 얼마나 일반화될 수 있는가다.

연구 과정

스트라우스는 생성되고, 정교화되고, 입증된 이론을 평가하기 위해서 연구의 적절성(adequacy) 평가에 관심을 돌린다. 따라서 스트라우스는 나보다도 이론에 대해 더 일반적인 관점을 취하는 것이라 볼 수 있다. 왜냐하면 근거이론은 오직 생성된 이론에 초점을 두기 때문이다.

평가에 대한 스트라우스의 일곱 가지 기준은 정확한 묘사와 검증의 세계에서는 관례적인 것이다. 그러나 이들은 전반적으로 모든 연구에 적용되는 기준이다. 여러분은 연구의 각 단계에서 분석가가 얼마나 숙련되어 있는지만 보면 된다. 기준을 적용하는 기술은 어떤 방법의 연구이든 그 이면의 중요한 측면이다. 스트라우스는 계속해서 "그녀는 자신이 무엇을 하고 있는지 알고 있을까? 그녀는 과연 잘하고 있을까?"라고 이야기한다. 이러한 평가기준들은 연구자의 적합성에 대한 것이지, 연구가 도달하는 이론이나 방법의 적합성에 대한 것이 아니다.

연구의 경험적 근거

다음으로 스트라우스는 이론이 얼마나 자료에 근거했는지를 평가하는 일곱 가지 기준 질문을 던진다. 이 기준들은 단지 근거이론이 제대로 수행되었는지를 보기 위해 그 단계를 다시 살펴보도록 할 뿐이다. 스트라우스의 인식 안에서 개념들을 생성하고 연결하고 수정하는 것은 가장 중요하다. 스트라우스의 인식 안에는 개념들의 적합성과 관련성은 들어 있지 않다.

스트라우스는 기준 5를 제시함으로써 근거이론에서 완전히 이탈하여 다시 온전한 개념적 서술과 패러다임(6C)이라는 방법으로 나아간다. 여기서 자료에 개념을 강제하는 그의 경향은 매우 강해진다. 그는 말한다. "근거이론 연구 방식에서는 설명적 조건들이 분석에 포함되어야 하며, 연구 중인 현상에 대해 직접적인 관련이 있는 것들로만 제한되어서는 안 된다." 이처럼 스트라우스 방법에서는 분명히 강제하기를 요구하고 있고, 관련성만으로 충분치 않음을 긍정하고 있다. 개념으로 자료를 강제함으로써 출현을 몰아낸다.

스트라우스는 계속해서 말한다. "따라서 이러한 광범위한 조건들을 빠뜨리거나 그 조건들이 탐구하에 있는 현상과의 연결을 설명하지 못하는 근거이론 연구물은 그 경험적 근거에 결함이 있다." 이러한 협박은 근거이론에 적용되지 않는다. 왜냐하면 자료에 개념을 강제할 뿐만 아니라 개념의 간결성을 장려하지 않기 때문이다. 이렇게 되면 패러다임의 요구에 맞는 개념들을 선호하게 되어 관련성은 무시된다. 이것은 아마도 온전한 개념적 서술에서는 상관이 없을 것이다. 그러나 하나의 문제를 처리하는 과정이 어떤지를 보여 주는 개념들과 이 개념들의 사용으로 충분하다고 보는, 개념의 간결성을 요구하는 근거이론에서는 그렇지 않다.

마지막으로, 스트라우스는 검증을 위한 개념적 서술에 초점을 맞추면서 글을 맺는다. "연구에 대한 기준, 이론적 결과물의 경험적 근거 기준이라는 이중적 기준은 주어진 근거이론을 어떻게 검증하고 어떻게 확인할 것인가와 직접적 관련이 있다." 이제 독자들도 알게 되었듯이, 스트라우스가 진정으로 말하는 바는 개념적 서술을 어떻게 검증할 것이냐. 부언하자면, 스트라우스는 책 전체를 통틀어 온전한 개념적 서술이라는 자신의 방법론을 발전시키기 위해서 사용되는 검증적 모델, 강제하는 모델을 포기하지 않고 있다. 분명히 이러한 평가기준들에 의하면, 스트라우스는 본래 의도했고 또 쓰인 대로의 목표, 초점, 기준으로부터 멀어졌고 그것을 포기했다.

제17장
지적 재산

    스트라우스와 코빈이 쓴 『질적연구의 기초』를 읽었을 때, 나는 학문세계에서 지적재산권의 문제가 발생했음을 알고 충격을 받았다. 이 문제를 해결하기 위한 기본적 사회적 과정을 찾아내기 위해 자료를 검토하는 데 여덟 달이 걸렸다. 그것은 정정안을 저술하든가 아니면 잘못된 것들을 그냥 정정하는 것이었다.

    근거이론 방법론의 공동창시자로서 내가 걸어온 길은 다음과 같다. 스트라우스와 나는 1967년 『근거이론의 발견』을 쓰면서 근거이론을 창시하고 공동으로 책을 썼다. 그것은 『죽어감의 인식』에서 사용된 방법론에 대한 설명이었다. 그 후 1978년에 나는 『이론적 민감성』을 썼으며, 이 책은 근거이론 방법론을 좀 더 발전시킨 것이다. 그 후 1987년에 스트라우스는 『질적분석』을 썼다.

    『근거이론 분석의 기초』를 쓰면서 내가 발견한 점은, 스트라우스는 한 번도 나와 공동창시 했음을 부인하지 않았지만 그는 처음부터 내가 연구하고 학습하면서 근거이론에 기여했던 것들을 완전히 무시했다는 점이다. 스트라우스는 나의 지적 재산을 빼앗지 않았다. 스트라우스는 나에게 지적 재산을 부여한 적이 없으며 처음부터 립서비스를 했을 뿐이고, 언제나 공동창시자의 아이디어에서 영향받지 않은 자신의 방법론적 경향을 추구해 왔다. 그는 근거이론에 투입해 온 나의 역사를 전혀 몰랐고 물은 적도 없다. 그러나 이 점에 대해서는 차후에 더 논하기로 하겠다.

지적 재산은 물적 재산, 개인 재산, 부동산 등과 구별되는 몇 개의 자산으로 이루어진다. 거기에는 창시자는 있지만, 고정적이고 구속력 있는 속성을 지닌 소유권은 없다. 일단 출판되었다면, 실제로 누가 무엇을 소유하는가? 그러므로 소유권 없이 어떻게 자신의 지적 재산을 통제하고, 관리하며, 경영하는가? 훔치거나, 오용하거나, 남용하거나, 창시자를 무시한 채로 사용할 때 어떤 일을 할 수 있을까? 약간의 사회적 통제 이외에는 별로 할 수 있는 일이 없고, 특히 자료를 심층적으로 이해하기 쉽지 않을 때는 할 수 있는 일이 전혀 없다.

따라서 근거이론의 운명과 『질적연구의 기초』에 대한 통제를 되찾을 수 있는 모든 방법을 숙고해 본 후에, 나의 모든 노력은 소용없는 것으로 드러났다. 나는 실패한 세 가지 해결책을 시도해 보았다. 첫 번째는 명백히 잘못된 것이기 때문에 스트라우스가 책들을 거둬들이고 출판을 중단하기를 요구하는 것이었다. 그의 대답은 분명한 '아니요.' 였다. 또 한 가지는 그의 책에서 총분량의 90%에 이르는, 내가 잘못되었다고 생각되는 부분을 지적하고 개정판을 내는 것이다. 또다시 그의 대답은 '아니요.' 였다. 또 다른 하나는 언제가 되든 다음 개정판을 낼 때 나의 이름을 빼는 것이었다. 이것은 나를 회유하려는 스트라우스의 일방적인 시도였다. 스트라우스가 가진 지위는 자신이 적합하다고 생각하는 대로 책을 쓰기만 하면 되는 학문적 면허가 되었다. 나의 소유권은 그에게는 문제가 되지 않았으며 의미조차 없었다.

이렇게 고쳐 보려는 무익한 시도와 수많은 자기분석과 숙고 끝에 나는 내용을 정정하는 책을 쓰겠다는 결론을 내렸다. 그것은 지난 25년간 근거이론을 사용해 온 많은 학생과 동료에 대한 의무를 내가 다할 수 있도록 하는 해결책이었다. 만일 그들이 근거이론을 옳게 사용해 왔다면, 그 사람들은 『질적연구의 기초』를 보고 깜짝 놀라며 당황했을 것이다. 그들이 선택한 방법론은 올바르게 유지될 필요가 있다. 그들에게는 연구를 어떻게 해야 하는지 알려 줄 적절한 지원과 준거가 필요하며, 자신의 지적 생산물인 이론의 사용과 정당성을 알려 줄 지원과 준거가 필요하다. 앞선 세 권의 책과 수없이 많은 논문에서 출발한 근거이론의 통합성을 유지할 책임은 나에게 있다. 그의 소문난 변화를 정직하게 직시해 볼 때, 스트라우스가 무시한 학문적 입장으로 돌아가 근거이론이 구성된 원형을 부도덕하게 훼손한 부분에 대해 정정해야만 했다. 나는 그저 비평의 글을 쓰고 있는 중립적인 제삼자가 아니다. 나는 공동창시자의 한 사람으로서, 사용하는 사람들을 위해 나의 생산물이 올바른 길을 가도록 할 권리가 있다.

독자들이 이 책에서 보았던 것처럼, 스트라우스와 나는 근거이론에 대해 심히 다른 관점을 갖고 있다. 정정 내용을 담은 책을 쓰려고 시작하였지만, 스트라우스는 계속—아마도 1967년 출발점에서부터—전혀 다른 방법론을 써 왔다는 것을 보여 주는 것으로 끝을 맺게 되었다. 그리고 그 점은 좀 더 최근에 우리가 명료화한 내용과 형식화한 내용이 나오기까지는 그다지 분명히 드러나지 않았다. 스트라우스의 방법론은 온전한 개념적 서술이며, 나의 방법론은 근거이론이다. 그것은 서로 다른데, 스트라우스의 방법론은 자료를 강제하는 데 따른 모든 문제들을 안고 있으며, 나의 방법론은 출현, 발견, 귀납적 이론 생성을 위해 그 모든 문제를 버리고 있다. 스트라우스의 방법론은 선개념화에 의한 자료에 대해 강력한 지배력을 행사하는 것이며, 나의 방법론은 출현과 인내를 신뢰하면서 자료에 의해 지배되는 것이다. 스트라우스의 방법론은 검증의 개념을 유지하고 있으며, 나의 방법론은 생성의 개념과 제시된 가설들을 시작하게 한다.

사람들은 근거이론의 방법을 따라감으로써 실체이론과 만날 수 있다. 즉, 근거이론 방법은 실체이론을 만들어 낸다. 스트라우스는 널리 알려진 작가이며, 의미 있고 뛰어난 수많은 논문의 저자다. 다행히도 그는 방법론에 대한 저자가 아니어서, 온전한 개념적 서술이라는 그의 방법론을 따라가서는 그가 저술한 책들에 도달할 수 없다. 그저 스트라우스의 책과 그의 방법론을 비교해 보고, 그의 책이 그의 방법론을 사용하여 이를 수 있는 내용인가를 살펴보자. 극도로 의심스럽다.

이 책에 끼친 『질적연구의 기초』의 영향으로 인해 이 책은 피상적이 되어 버렸는데, 그것은 농밀한 심층성을 갖는 나의 스타일은 아니다. 그러나 나는 스트라우스가 쓴 방법론의 수준에 맞추어 정정하는 것으로 나의 과업을 제한하였다. 확실히 나는 깊은 사고와 명석한 과정에 따라 근거이론이 현재 갖고 있는 문제들을 탐구할 수 없었다. 내 지적 생산물의 생명이 달려 있었기 때문이다. 그래서 이 책이 비록 퇴화한 것처럼 보인다 하더라도, 그렇게 할 수 밖에 없었다. 나는 근거이론에 대한 새로운 사용법과 지침을 담은 또 다른 책을 쓰려고 한다.

이 문제에 대해 좀 더 상세히 살펴보기 위해 먼저 스트라우스의 새로운 방법을 논하고, 그 다음에 나의 지적 역사를 살펴보고, 마지막으로 이 일에서 코빈의 역할을 논하기로 한다.

온전한 개념적 서술

만일 여러분이 자료를 충분히 괴롭히면 자료는 항복할 것이다. 이것이 온전한 개념적 서술의 강제하는 선개념 속에 담긴 기저의 접근방법이다. 이 방법에서는 근거이론에서처럼 자료가 스스로 큰 목소리로 말하지 않으며, 간헐적으로 들으려 하기 때문에 자료는 소리를 지를 수밖에 없다. 선개념을 강제함으로써 관련성과는 점점 벗어나게 된다. 선개념은 사회학자·연구자·분석가의 개인적 관심사다. 근거이론에서 우리는 참여자들이 관심이 있는 것에 보조를 맞추어 이론을 만들려 한다.

선호하는 이론적 코드들은 스트라우스의 방법에서 초석이 된다. 6C에 대한 사랑으로 스트라우스는 그것들로 구성된 패러다임을 만들었으며, 좋은 개념적 서술을 창조하기 위해서는 패러다임이 사용되어야만 한다고 요구한다. 출현과 관련성은 해결되지 않는다.

또 다른 지적 재산은 때로 서로 구분하기가 매우 힘들다. 숙련되고 경험 많은 눈이 아니면 그것들은 같은 것으로 보이기가 쉽고, 성실하게 탐구하기 전에는 경험 많은 눈도 속일 수 있다. 따라서 나도 근거이론으로부터 스트라우스가 분기해 가는 것을 처음부터 알아차리지는 못했다.

내가 처음으로 『질적연구의 기초』를 읽었을 때, 나는 근거이론을 비학문적으로 변화시킨 데 대해, 검증적 접근과 요구되는 패러다임으로 전환한 데 대해, 방법에서 선개념과 강제하기의 병폐를 다시 가져온 데 대해, 왜 우리가 함께 쓴 내용을 진정으로 읽고 이해한 것처럼 보이지 않는지에 대해, 왜 나의 근원적인 기여와 근거이론에 대한 자신의 입장을 무시한 듯 보이는지에 대해 분노했다.

우리들의 지적 생산물에 대해 가한 스트라우스의 왜곡과 부당한 행위가 나를 망연자실하게 했다. 그러나 광범위한 탐구 끝에 나는 우리 공동의 지적 생산물은 사실 두 개의 다른 것이었으며, 아마도 출발부터 그러했을 것이라는 점을 이해하기 시작했다. 하나가 다른 하나로부터 분화된 것이 아니며, 하나가 다른 것으로부터 긴 세월에 걸쳐 점진적으로 변형된 것도 아니었다. 지금 나는 왜곡과 부당한 행위가 아니었고, 과거로부터의 변형도 아니라는 점을 깨닫게 되었다. 온전한 개념적 서술은 근거이론과는 전혀 다른 방법이다. 온전한 개념적 서술은 근거이론과 같은 연구에서 자라났지만 다른 연구분석가의 손에 있었다. 그것은 '새로운' 개념적 방법이며—질적연구에 상당히 어울리지만—스트라우스는 처음부터 근거이론이 무엇인지에 대해 깨달음을 얻지 못한 채 근거이론이라는 이름을 그냥 사용하고 있을 뿐이다. 근거이론의 목표, 방법론, 자유로움, 추상화의 수준, 지속적 비교, 자연주의, 출현, 신뢰, 참여자가 지각하는 것들은 무엇인가와 그들의 문제가 무엇인가에 대해 관심을 갖는 것 등에 대해서 이해하지 못했다.

스트라우스가 『질적연구의 기초』를 마치 새롭게 생겨난 것처럼 쓴 것은 놀랍지 않다. 그는 처음부터 근거이론을 이해하지 못했던 것이다. 따라서 스트라우스는 근거이론 방법론과 같이하고 있지 않기 때문에, 학자로서의 역량도 필요 없고 변화를 설명할 필요도 없었다. 그는 자신 만의 방법론적 프로그램을 갖고 있다.

따라서 내게 위안이 된 것은 그것이 다른 방법이라는 점이다. 나는 『질적연구의 기초』라는 그의 방법과 책으로부터 나를 분리시켰음을 선포한다. 그것은 근거이론이 아니므로 그렇게 사용되거나 불러서는 안 된다. 그것은 왜곡되거나 부당한 것이 아니라 그저 자료에 근거한 이론의 발견이 아니다. 그리고 나는 공동창시의 연장으로서 『질적연구의 기초』를 보장하는 데 묶여 있지 않을 것이다. 그것은 근거이론이 아니다. 그것은 그저 선입적 관점에서 나온 규칙과 모델의 사용을 대중화하는 또 다른 강제하는 방법일 뿐이다. 그것은 스트라우스의 관심사이며, 연구되는 실체영역 속에 있는 사람들이 그렇게 행동하도록 하며, 패턴화된 행위의 분명한 원천을 생산해 내도록 하는 문제가 아니다.

따라서 개념, 질적연구와 자료에 대한 스트라우스의 사랑, 개념적 분석과 자신의 관심사에 대한 사랑이 온전한 개념적 서술이라는 그의 방법을 낳았다. 그러니까 그는 자신이 사랑하는 질적연구와 분석에 대한 책을 쓴 것이다. 그것은 근거이론이 아니고, 응답자의 눈에서 발견되고 출현하는 것이 아니다. 다시 한 번 말하지만, 그는 처음부터 근거이론을 이해한 적이 없으며, 이해하려 노력한 적도 없고, 자신의 질적연구 프로그램에 몰입되어 있을 뿐이다. 더 유명하다고 해서 같은 이름을 부여하여 하나의 지적 재산을 다른 것이라고 주장함으로써 이득을 취하는 것은 지적 재산권이 아니다. 따라서 나는 스트라우스의 방법을 '온전한 개념적 서술'이라고 재명명한다.

글레이저의 지적 기여

스트라우스는 나를 사랑하지만, 결코 나를 이해하거나 사회학 내에 나의 뿌리를 이해하거나 우리가 알고 있는 바와 같은 근거이론 안에 투입한 나의 사고와 아이디어를 이해하지 못했다. 그가 나의 배경을 이해하려 한 적도 없다. 그 결과 그는 나의 지적 생산물을 극적으로 경감시켰음을 알지 못한다. 그는 그저 순수하게 자신의 작업에 임하였고, 나를 이해하지 못했을 뿐이다. 그리고 만약 스트라우스가 정직하고 도덕적인 사람이었다면, 나를, 나의 지적 재산을, 그리고 나의 생산물을 파괴하는 그런 방향은 취하지 않았을 것이다.

그럼에도 불구하고, 이러한 무지가 나의 지적 뿌리와 그 조상들이 근거이론 방법론의 형성에 대해 갖는 권리주장을 없애 버릴 수는 없다. 그는 머튼, 라자펠드, 제터버그, 하이만, 샐빈(Hannan Selvin) 아래서 내가 수학한 것의 의미를 모른다. 그 자신은 분명히 근거이론 속에 내가 엮어 넣은 아이디어들, 정교화 분석(elaboration analysis), 추론 분석(reason analysis), 속성 공간과 네 칸의 표(property space and fourfold tables),* 일관성 분석(consistency analysis),** 내용 분석(content analysis),*** 매트릭스 분석(matrix analysis),**** 잠

---

* 역자 주) 속성 공간은 속성들을 교차하여 분류하는 표로 쉽게 나타날 수 있다. 속성, 즉 변수들을 교차하여 분류하면 가능한 한 모든 유형을 산출하게 된다. 이러한 표들 중 가장 간단한 형식이 네 개의 칸을 가진 표인데, 글레이저는 지표를 이분화하여 두 변수 간의 긍정적 또는 부정적 관계를 보기 위해 이 표를 사용하고 있다(자세한 내용은 글레이저, 『이론적 민감성』 65~70쪽 참조).

** 역자 주) 글레이저는 일관성 분석을 양적자료를 정교화하는 방법 중 하나로 사용하고 있다. 관련이 있는 두 개의 변수를 일관성 지표 내부와 일관성 지표 간의 두 가지 방법으로 비교 분석하여 핵심 개념이 다른 범주의 각 지표와 어떻게 연관되는지를 알 수 있다(자세한 내용은 이병식 외 공역, 『근거이론의 발견』 272~275쪽 참조).

*** 역자 주) 내용분석은 일반적으로 2차적 자료를 분석하는 연구방법을 일컫는데, 글레이저는 근거이론과 관련하여 '도서관 자료'를 내용분석하는 것이 어떤 이점과 한계를 갖는지에 대해 『근거이론의 발견』에서 자세히 논하고 있다(자세한 내용은 이병식 외 공역, 『근거이론의 발견』 제7장 참조).

**** 역자 주) 매트릭스 분석이란 행과 열을 이용해 배열해 놓은 자료를 행과 열의 의미를 가지고 분석하는 것을 말한다. 글레이저는 스트라우스의 조건/결과 매트릭스는 자신이 '생성을 위한 비교'에서 집단을 개념적으로 비교하기 위해 매트릭스를 사용하여 분

재적 구조 분석(latent structure analysis),***** 개념적 수준, 서로 다른 유형의 사회학적 단위(unit) 대 과정(process), 지표의 상호교환성, 개념과 지표, 생태적 오류, 부분 분석(partial analysis), 컴퓨터를 이용한 분류하기, 양적 방법 및 분석과 질적 방법 및 분석과의 비교 등을 이해하도록 훈련받지 않았다. 이 목록은 길고 그 내용은 『근거이론의 기초』와 『이론적 민감성』에서 찾아볼 수 있다. 나는 그의 관점과 프로그램에서 벗어나는 방법론 안에서 훈련받았다. 스트라우스는 자신이 하고 있는 일을 사랑하며 나도 같을 것이라 추측한다. 스트라우스가 표방한 결백은 어이없는 것이고 그의 죄, 그의 착취성, 그의 부도덕함을 완전히 감추어 준다. 그는 그 점을 이해하지 못한다.

그러나 자명한 것은, 나의 생애작업, 나의 지적 생산물 사회학에 대한 나의 의무가 이런 책을 쓰도록 했다는 점이다. 근거이론은 이 책에 의해 제자리로 돌려져야 한다. 근거이론은 관련성에 대한 설명력, 연구하면서 내가 계속 사용하여 큰 성공을 얻었던 그 힘을 되찾아야만 한다. 그것은 효과가 있다!

석하는 것과 다르다는 점을 말하고 있다.
***** 역자 주) 잠재적 구조 분석은 글레이저가 이론적 분류하기에서 행하는 작업 중 하나로, 이론적 통합에 이를 잠재적인 윤곽을 분석적 메모들과 지속적으로 비교하고 아이디어들과 지속적으로 비교하는 것이다(자세한 내용은 글레이저, 『이론적 민감성』제7장 참조).

코빈의 역할

코빈은 지적 재산과 관련된 명백한 이슈를 보여 준다. 코빈은 근거이론이 창시된 후 몇 년이 지난 후에 나타난 제삼자다. 코빈은 스트라우스의 제자로, 근거이론 사용을 시도하였다.

근거이론의 사용이 성공했는지 여부와 관계없이, 코빈은 '마치' 자신이 또 다른 공동창시자인 것처럼 책을 공동저술하였다. 소유권을 집행하기가 매우 어렵기 때문에 지적 재산은 관리하기가 어렵다는 사실을 기회로 저지른, 이것은 명백히 부도덕한 행위다. 한 방법에 제삼자인 대부분의 사회학자들은 그 방법에 대해 비평의 글을 쓰며, 그것이 적절한 태도다. 아니면 자신의 이름으로 자신의 지적 재산인 자신의 방법에 대해 쓴다. 왜 코빈은 자신의 이름을 내세워 다른 이름을 가진 자신의 방법에 대해 쓰지 않았을까? 코빈은 분명히 그렇게 하지 않았으며, 명백히 공동창시자인 것처럼 살금살금 걸어 들어왔다. 왜냐하면 뒤를 따라가는 것이 그녀가 가진 재주이기 때문이다. 코빈의 재주는 확실히 창작에 있지 않다.

내가 스트라우스에게 이 문제에 대해 언급했을 때, 스트라우스는 코빈의 기여를 매우 가벼운 것으로 취급했다. "코빈은 별로 관여하지 않았다."라고 스트라우스는 나에게 말했다. 스트라우스는 코빈이 학생 중 하나일 뿐이며, 젊은 동료 공동저자로, 그의 책들에 많은 공동저자 중 한 명으로 책 제목에 관대하게 이름을 넣어 주었을 뿐이라고 말했다. 공동저자들의 도움은 적었기 때문에 그는 관대하다고 볼 수 있지만, 스트라우스가 주요 아이디어 제공자이다. 진실이든 아니든, 코빈은 자신이 한 일을 했다.

나는 코빈을 알지 못한다. 한 모임에서 잠깐 만나서, 2분 정도 이야기를 나눴을 뿐이다. 코빈은 나의 수업에 들어온 적이 없다. 나는 그녀의 논문 중 어떤 것도 읽어 본 적이 없다. 그러나 만약 코빈이 근거이론에 대한 책을 쓰려 했다면, 자신의 프로젝트에 대해 논의하기 위해 내게 연락해서 약속을 잡고 근거이론에 관련된 책에 대한 나의 입장을 의논하는 몇 번의 만남을 가져야 했다. 그러나 다시 한 번, 이런 학문적 자세는 무시되었다. 코빈은 연락한 적이 없다.

코빈은 검증적 방법에 대해 훈련을 받았고 근거이론의 진정한 본질을 파악한 적이 없는 것으로 보인다. 코빈은 『질적연구의 기초』 안에서 자료를 초월하고, 지속적으로 개념화하며, 큰 그림을 만들고, 세부사항을 관통하여 관련성에 이르는 능력을 보여 준 적이 없다. 코빈은 스트라우스의 사고를 검증적 방법으로 전환하는 능력은 확실히 보여 주고 있으며, 스트라우스는 절묘한 순진함으로 그 차이를 파악하지 못했다.

스트라우스와 달리, 코빈은 학자가 아니다. 내가 추측컨대, 코빈이 더 잘 알지는 못한다. 코빈은 아마 단순히 스트라우스와 함께 일하는 것으로 충분하다고 느꼈을 것이다. 이 사실은 한편으로는 스트라우스가 제삼자들에게 근거이론의 창시자는 단 한 명이라는 메시지를 보냈다는 점을 보여 주는 지표이며, 다른 한편으로는 이 연구가 보여 주듯이 스트라우스가 근거이론과는 전혀 다른 방법을 발전시켰기 때문에 나와 이야기하는 번거로움을 피해 갔다는 점을 보여 주는 지표다. 그렇다고 코빈의 부도덕함이 양해되는 것이 아니다. 코빈의 부도덕함은 이렇게 설명된다.

이렇게 해서 『질적연구의 기초』를 정정하려는 나의 노력은 내가 보기에 흡족한 수준에 이르렀다. 나는 근거이론의 공동창시자로서 학생들과 동료들을 두 가지 점에서 구해 내야 한다는 나의 의무를 다했다.

① 근거이론이라는 제목하에 요구되고 제공되지만 근거이론 방법론의 부분이 아닌, 수없이 많은 비근거이론적 규칙과 견해로부터 학생들과 동료들을 구한다.
② 근거이론의 진정한 본질과 통합성 그리고 다른 방법들과의 관계에서 어떤 위치에 있는지에 대한 지지를 회복해서, 논문을 쓰려는 근거이론의 사용자들이 바로 근거이론을 발견하는 작업에 임할 수 있도록 한다.

스트라우스와 나는 아직도 매우 가깝다. 우리는 둘 다 아무리 멀어졌다 하더라도 활기차고 즐겁게 생산성이라는 목표를 향해 우리의 지적 재산을 추구한다. 나는 이 책이 '강제되고 온전한 개념적 서술'과 '전통적인 근거이론 사이에 명백한 차이가 있다는 관점'의 변화를 가져올 것이라 믿는다.

추천도서

1. Organizational Scientists: Their Professional Careers, Barney G. Glaser (Indianapolis: Bobbs-Merrill, 1964)

2. Awareness of Dying, Barney G. Glaser and Anselm Strauss (Chicago: Aldine Publishing Co., 1967)

3. Time for Dying, Barney G. Glaser and Anselm Strauss (Chicago: Aldine Publishing Co., 1967)

4. Organizational Careers: A Source Book for Theory, Barney B., Glaser (Chicago: Aldine Publishing Co., 1966)

5. Status Passage, Barney G. Glaser and Anselm Strauss (Chicago: Aldine Publishing Co., 1971)

6. Anguish: Case Study of a Dying Patient, Barney G. Glaser and Anselm Strauss (San Francisco: Sociology Press, 1970)

7. Second Deeds of Trust, Barney G. Glaser and David Crabtree (Mill Valley, California: Sociology Press, 1969)

8. Experts Versus Laymen: A study of the Patsy and the Subcontractor, Barney G. Glaser (Mill Valley, California: Sociology Press, 1976)

9. Chronic Illness and the Quality of Life, Barney G. Glaser and Anselm Strauss (Saint Louis, G.V. Mosby Co., 1975)

10. The Discovery of Grounded Theory, Strategies for Qualitative Research, Barney G. Glaser and Anselm Strauss (Chicago: Aldine Publishing Co., 1967)

11. The Inheritance Business, Barney G. Glaser (Mill Valley, California: Sociology Press, 출간 예정)

찾아보기

◆ 저자 소개 ◆

Barney G. Glaser PhD
Grounded Theory Institute(Mill Valley, California) 설립
캘리포니아 주립대학교 의학센터(San Francisco) 사회학자

〈주요 저서〉
Theoretical Sensitivity(1978)
The discovery of Grounded Theory: Strategies for Qualitative Research(1967)
Awareness of Dying(1965)

◆ 역자 소개 ◆

김인숙(Kim Insook)
서울대학교 사회복지학 박사
현 가톨릭대학교 사회복지학과 교수

〈주요 저서〉
제도적 문화기술지(공역, 나남, 2014)
가족정책(공저, 공동체, 2011)
여성복지실천과 정책(공저, 나남, 2008)

장혜경(Chang Haekyung)
가톨릭대학교 사회복지학 박사
현 한울사회복지연구소 소장

〈주요 저서〉
사회복지질적연구방법론의 실제(공저, 학지사, 2008)
정신보건의 패러다임(공저, EM출판, 2006)

근거이론 분석의 기초: 글레이저의 방법
Basics of Grounded Theory Analysis

2014년 9월 5일 1판 1쇄 발행
2021년 9월 25일 1판 3쇄 발행

지은이 • Barney G. Glaser
옮긴이 • 김인숙 · 장혜경
펴낸이 • 김 진 환
펴낸곳 • (주) **학지사**

04031 서울특별시 마포구 양화로 15길 20 마인드월드빌딩 5층

대표전화 • 02) 330-5114   팩스 • 02) 324-2345

등록번호 • 제313-2006-000265호

홈페이지 • http://www.hakjisa.co.kr
페이스북 • https://www.facebook.com/hakjisabook

ISBN 978-89-997-0472-7   93370

정가 14,000원

이 도서의 국립중앙도서관 출판시도서목록(CIP)은 서지정보유통지원시스템 홈페이지(http://seoji.nl.go.kr)와 국가자료공동목록시스템(http://www.nl.go.kr/kolisnet) 에서 이용하실 수 있습니다.
(CIP제어번호: CIP2014024327)

출판 · 교육 · 미디어기업 **학지사**

간호보건의학출판 **학지사메디컬** www.hakjisamd.co.kr
심리검사연구소 **인싸이트** www.inpsyt.co.kr
학술논문서비스 **뉴논문** www.newnonmun.com
원격교육연수원 **카운피아** www.counpia.com